Djerba und Südtunesien

Fotos: Liesel Burk
Karten: Horst Stelter

©1996 Edition Aragon Verlagsgesellschaft mbH
Lektorat: Reiner Broden, Peter Kiwitz
DTP: S&ES, Vettelschoß
Belichtung: Klaußner, Köln
ISBN: 3-89535-059-1

Inhaltsverzeichnis

Vorwort 9

Landeskunde 10

Geographie: Zwischen Mittelmeer und Sahara 10
Lage und Größe 10
Bevölkerung 10
Topographie 11
Bodenschätze 11
Klima, Vegetation und Tierwelt 12

Geschichte und Politik 15
Tunesische Geschichte: Von Karthago bis zur Gegenwart 15
Antike: Numider, Punier, Römer 15
Mittelalter: Wechselspiel der arabischen Dynastien 16
Neuzeit: Von der kolonialen Fremdherrschaft
zur modernen bürgerlichen Republik 22
Tunesien nach der Unabhängigkeit 26

Wirtschaft: Schwellenland im Sog
der Abhängigkeit von den Metropolen 36
Ausgangsposition am Ende der Kolonialzeit 36
Entwicklung im Agrarsektor 36
Industrialisierung und Entwicklung 38
Tendenzen in der gesamtwirtschaftlichen Entwicklung 39

Gesellschaft 45
Eckpfeiler der Sozialordnung: Familie, Bildungswesen, Religion . . . 45
Familienstrukturen 45
Bildungswesen 47
Religion in Tunesien 48

Kultur und Alltag 57
Feiertage und Feste 57
Küche und Kulinarisches 60
Der Hammam – Badevergnügen und Kommunikationszentrum 68
Kleidung 70
Handwerk und Volkskunst 70

Praktische Reiseinformationen 78
Reisevorbereitungen 78

Praktische Tips von A bis Z für die Reise im Lande 85

Orts- und Landschaftsbeschreibungen 112

Insel Djerba 112
Basisdaten Geographie 112
Inselgeschichte 113
Wirtschaft und Umwelt 115
Tourismus auf Djerba 116
Kultur und Gesellschaft 118
Houmt Souk 122
Die Hotelzone 131
Die anderen Orte von A bis Z 135

Südtunesien im Überblick 142
Naturräume 142
Wirtschaftlicher Wandel 144
Oasen, Wüstenromantik, pittoreske Höhlendörfer 144

**Die südtunesische Küstenebene: von Gabès über Medenine
bis Ben Gardane** 145
Gabès 145
Medenine 154
Umgebung von Medenine 156

Dahargebirge 160
Angepaßte Agrarökonomie: Djessour 160
Archaische Architektur 160
Höhlendörfer 161
Ksour und Ghorfas 163
Nördlicher Dahar 163
Der mittlere Dahar: Zwischen Beni Kheddache und Tataouine 167
Südöstlicher Dahar: Djebel Abiod 175

Die Sahara 181
Leben in der Wüste 181
Wasser in der Wüste 183
Desertifikation: die Wüste wächst 183
Wüstenwege 184
Zwischen Tataouine, Remada und Bordj el Khadra 185
Zwischen Dahar-Bergland und Douz 185
Südtunesiens große Oasen 187
Die Nefzaoua-Oasen 190

Chott el Djerid: Der größte Salzsee der Sahara 198
Bled el Djerid: Oasen nördlich des Chott el Djerid 199

Bergland von Gafsa 213
Gafsa 213
Umgebung 217
Bergoasen im Westen der Phosphatregion 219
Tamerza 219
Midès 220
Chebika 220
Redeyef 220
Glossar 222
Literaturverzeichnis 226
Sachregister 228
Ortsregister 234

Vorwort

Tunesien hat sich in den letzten Jahren dank seiner schönen Mittelmeerlandschaften, hochinteressanten arabisch-islamischen Altstädte, ausgedehnten Sandstrände, exotischen Wüstenlandschaften und guten touristischen Infrastruktur (Hotels, Restaurants, Straßen, Verkehrsmittel etc.) zu einem überaus beliebten Urlaubsland entwickelt. Die Hauptferiengebiete konzentrieren sich auf **Hammamet** und **Sousse** im mediterranen Nordosten und die Insel **Djerba** im Südosten. Letztere ist nicht allzuweit entfernt von den Wüsten und Halbwüsten der **Sahara**, in die zahlreiche Touren führen.

Gegenstand dieses Buches, das sich als Regionalführer für den Süden des Landes versteht, sind die populären Badestrände von Djerba und **Zarzis**, die bekannten Oasen um den **Großen Salzsee**, der tunesische Teil der riesigen Wüste Sahara und die Berberdörfer des **Dahar-Gebirges**. Zielgruppe sind die zahlreichen deutschsprachigen Urlauber und Urlauberinnen, die in Djerba und Zarzis ein paar Ferienwochen verbringen.

Noch einige wenige Anmerkungen zum Aufbau des Textes. Ich beginne mit einem Teil, in dem wesentliche Elemente von Politik und Geschichte, Wirtschft, Umwelt und Kultur Gesamt-Tunesiens vorgestellt werden – jener Zusammenhang, ohne den man – trotz allerlei Besonderheiten – auch nicht das Leben in der von mir ausgewählten Region verstehen wird.

Als Reisebuchautor hat man es in dieser Hinsicht ja sehr schwer, weil für Hintergrundinformationen nur wenig Raum zur Verfügung steht. Vielleicht ist es mir dennoch gelungen, etwas Licht in die Zusammenhänge von Politik, Wirtschaft und Kultur zu bringen.

Den weitaus größten Raum nehmen „natürlicherweise" Ortsbeschreibungen einschließlich praktischer Reisetips ein. Vorrang haben hier die Hauptreiseziele Djerba, Zarzis, **Tozeur**, **Nefta**, **Gabès** und **Douz**.

Es werden aber nicht nur die angeführten Orte detailliert beschrieben, sondern auch die umliegenden Regionen vorgestellt.

Mein Interesse am arabischen Westen (Marokko, Algerien, und Tunesien) reicht in die 70er Jahre zurück. Im Laufe der Zeit konnte ich durch regelmäßig wiederkehrende Aufenthalte alle Regionen kennenlernen.

Dieser Regionalband zu Südtunesien geht überwiegend auf mehrmonatige Reisen im Frühjahr 1993 und Sommer 1994 sowie einen Aufenthalt im Februar 1996 zurück. Wie bei anderen Projekten in jüngerer Zeit wurden die Recherchen wieder hauptsächlich mit dem ausgesprochen umweltverträglichen Verkehrsmittel Fahrrad durchgeführt. Ergänzend traten Bahn und Bus hinzu. Ich würde mich sehr freuen, wenn ich einige meiner Leser und Leserinnen in dieser Richtung (Modell „sanfter Tourismus") animieren könnte.

Eberhard Schmitt

Landeskunde

Geographie: Zwischen Mittelmeer und Sahara

Lage und Größe

Tunesien liegt zwischen Mittelmeer und Sahara, im Westen grenzt es an Algerien, im Osten an Libyen. Es ist 164.150 qkm groß, das ist knapp die Hälfte Deutschlands, aber die doppelte Größe Österreichs. Das Land ist in der Nord-Süd-Achse etwa 750 km lang und in der Ost-West-Richtung durchschnittlich zwischen 200 und 300 km breit. Die Hauptstadt der Republik Tunesien heißt **Tunis**. Das Land ist in 23 Gouvernorate eingeteilt (gleich Bezirk, arab. Bezeichnung Wilaya). An ihrer Spitze steht ein Gouverneur (Wali), der von oben eingesetzt ist.

Die Gouvernorate bestehen aus Kreisen (arabisch Mutamadia) – 136 an der Zahl. Kleinste Verwaltungseinheiten sind die 1113 Gemeinden.

Bevölkerung

Tunesien hat ca. 8,5 Mio. Ew. (1993 8,375 Mio.). Nach Jahrzehnten eines rasanten Wachstums hat sich in jüngster Zeit die Zunahme der Bevölkerung sichtbar verlangsamt. Das jährliche Bevölkerungswachstum ging von 2,3 % Mitte der 80er Jahre auf 1,9 % in 1991 zurück.

In dieser Hinsicht unterscheidet sich Tunesien gegenwärtig sehr deutlich von den Nachbarländern Marokko, Algerien und Libyen, wo nach wie vor die Population sehr stark wächst. Daß das Wachstum abgebremst werden konnte, ist auf entschiedene Aufklärungskampagnen und die Freigabe von Abtreibung und Verhütungsmitteln zurückzuführen. Unter diesen Voraussetzungen ist die Geburtenrate von 46,5/Tsd. (1965) auf 31,1/Tsd. (1990) gesunken. Der Anteil der Bevölkerungsgruppe unter 20 Jahren ist im Zusammenhang dieser Entwicklung von 55 % (1975) auf mittlerweile nur noch 37 % (1990) zurückgegangen, so daß der Druck auf das **Bildungswesen** etwas nachgelassen hat. Charakteristikum dieser Entwicklung ist ferner, daß sich die mittlere Altersgruppe deutlich verbreitert hat. Auch werden heute immerhin 6,8 % der Bevölkerung (1990) in Tunesien älter als 60 Jahre.

Im Zuge der Verbesserungen im **Gesundheitswesen** und der Steigerung der Einkommen ist auch die Lebenserwartung erhöht worden. Sie liegt gegenwärtig bei 66 Jahren (1990). Damit ist Tunesien gar nicht mehr weit von west- und mitteleuropäischen Verhältnissen entfernt. Sehr allgemein betrachtet gehört Tunesien mit etwa 50 Ew. pro qkm zu den relativ dünnbesiedelten Ländern. Man muß bei der Interpretation dieser Zahlen freilich bedenken, daß große Gebiete als Wüsten und Halbwüsten für die Besiedlung ausfallen und die fruchtbaren Regionen des Landes deshalb viel dichter bevölkert sind, als diese allgemeine Zahl vermuten läßt.

Die Bevölkerung des Landes ist räumlich sehr stark auf die Küstengebiete im Norden (Tunis, **Bizerte**) und Nordosten (**Sousse, Sfax**) konzentriert. In diesem vergleichsweise kleinen Raum sind 70 % der Bevölkerung zu Hause, wobei der Ballungsraum Tunis eine Sonderstellung besitzt; in ihm allein ist ein Viertel zusammengedrängt.

Wie in vielen Ländern Nordafrikas und der „Dritten Welt" besteht auch in Tunesien seit Jahren eine enorme **Landflucht**. Mittlerweile leben 54,3 % der Bevölkerung (1990) in den Städten.

Größte Städte sind Tunis, Sfax, Sousse, Bizerte und **Kairouan**.

Topographie

Im Norden und Osten liegt Tunesien am Meer. Die Küste ist insgesamt 1.300 km lang. Im Norden besteht sie über weite Abschnitte aus Klippen, während sie im Osten – **Cap Bon** ausgenommen – überwiegend flach und sandig verläuft. Im Norden ist das Land gebirgig, es hat hier Anteil am ausgedehnten Atlas-Gebirgssystem (Länge ca. 2.200 km), das bis an die Atlantikküste Marokkos reicht. Das Gebirge ist aber hier längst nicht so hoch (maximal 1.544 m) wie in Algerien und Marokko (höchster Berg: 4.165 m). Im Bereich von Tunesien gliedert sich der **Atlas** in drei Ketten, die jeweils durch Senken getrennt sind: Das **Kroumerie-Mogod-System** unmittelbar im Hinterland der Nordküste, das Hügelland zu beiden Seiten des **Medjerda**-Flusses im mittleren Bereich und die reichlich gegliederten Kalksteinmassive mit den höchsten Bergen des Landes (größte Höhe 1.544 m) als südlichen Beschluß der Atlasregion. Im Nordbereich des Berglandes liegen auch zwei größere Küstenebenen: Das Deltagebiet des Medjerda und das Becken von Tunis, die miteinander verbunden sind. Der Zentralteil von Tunesien und die Ostküste südlich von Sousse (Tiefebene) bilden eine weite Ebene (z.T. Hochebene), die ab und an von Hügeln und Bergketten unterbrochen wird. Sie reicht tief in den Süden hinein, wo sie am Bergland von **Gafsa** (bis 1 165 m) und dem **Dahar-Gebirge** (bis 713 m) endet. Westlich (**Chott el Djerid, Sahara**) und östlich des Dahar (**Djeffara-Ebene**), der bis an die Südspitze des Landes reicht, erstrecken sich weitere ausgedehnte Tiefebenen.

Bodenschätze

Tunesien ist recht reich an Bodenschätzen. Die wichtigsten Rohstoffe sind **Phosphat**, Eisenerz, Erdöl und Erdgas. Von geringerer Bedeutung sind: Blei, Zink, Quecksilber und Kupfer.

Tunesien ist der viertgrößte Exporteur von Phosphat. Die Hauptvorkommen liegen im Raum **Metlaoui**, wo seit dem Ende des 19. Jh. Bergbau betrieben wird. Von hier geht der Rohstoff zur Küste, wo er teils zu Düngemittel verarbeitet wird, teils aber auch direkt (25 %) in die Ausfuhr geht.

Von Mitte der 80er Jahre bis Anfang der 90er Jahre war auch Erdöl ein wichtiger Devisenbringer. Gegenwärtig wird nur noch für den Eigenbedarf gefördert.

1994 wurde geschätzt, daß Tunesiens Ölvorräte, wenn die Förderung auf dem Stand von 1993 gehalten wird, noch für 43,5 Jahre ausreicht. Es wird weiterhin sehr intensiv nach Öl gesucht. Zu diesem Zweck sind mehrere internationale Konzerne in Tunesien aktiv.

Klima, Vegetation und Tierwelt

Tunesiens Klima ist vom Mittelmeer und der Sahara bestimmt. Ganz und gar mediterran sind die Nord- und Nordostküste; hier ist der Winter mild und regenreich und der Sommer warm, aber (in der Regel) nicht unerträglich heiß. Bereits im Süden der Atlasberge ist das Klima erheblich trockener und die Temperaturschwankung merklich größer. Gleichwohl haben wir es hier noch mit einem modifizierten Mittelmeerklima zu tun. Die beiden Klimapole stoßen im mittleren Tunesien, der zentraltunesischen Steppe, „kompromißlos" aufeinander. Dies führt zu zahlreichen Unabwägbarkeiten und mitunter zu unerwarteten, abrupten Wetterstürzen: lange Trocken- und Hitzeperioden werden überraschend von Kälteeinbrüchen und/oder sintflutartigen Überschwemmungen abgelöst. Reines saharisches Klima ist dagegen für den Süden charakteristisch: dies ist das Land der kalten Winternächte und der unerträglichen Sommerhitze (bis zu 50 °C).

Klimatabelle

Monat	J	F	M	A	M	J	J	A	S	O	N	D
Mediterran												
Tunis												
1)	15	16	18	21	25	29	32	32	30	25	20	16
2)	6	7	8	10	13	17	20	21	19	15	10	7
3)	13	12	11	9	6	5	2	3	7	9	11	14
4)	79	48	41	41	29	12	2	14	26	85	56	47
5)	15	14	15	16	17	21	24	25	24	22	19	16
Sousse und Monastir												
1)	16	17	18	20	23	27	30	31	30	25	21	17
2)	7	8	9	12	15	18	21	21	20	17	12	8
3)	8	7	8	7	5	4	1	3	5	6	7	8
4)	31	17	22	32	14	4	1	17	18	48	36	42
5)	15	15	15	16	17	21	24	25	24	22	20	17
Halbwüste/Wüste Tozeur/Nefta												
1)	16	18	22	27	31	36	40	40	35	29	22	17
2)	5	6	10	13	18	22	24	24	22	16	11	6
3)	2	3	3	2	2	1	0	0	2	2	3	2
4)	10	7	3	11	5	3	0	0	7	12	14	10
5)												

1) durchschnittliche Höchsttemperatur am Tag in °C
2) mittlere niedrigste Nachttemperatur in °C
3) Zahl der Tage mit Regenfall
4) monatliche Niederschlagsmenge in mm
5) mittlere Temperatur des Meereswassers in °C

Pflanzenwelt

Dem Klimaunterschied entspricht der Gegensatz von mediterraner (Norden, Osten) und saharischer (Südwesten) Vegetation. Auch hier nimmt Zentraltunesien eine Mischposition ein.

Wie in vielen Regionen rund um das Mittelmeer ist auch im Norden von Tunesien die ursprüngliche Vegetation erheblich verändert worden. Die ehemals dichten Wälder aus Korkeichen, Steineichen, Thuya, Aleppokiefern etc. wurden schon in punischer und römischer Zeit rücksichtslos dezimiert. In späteren Zeiten wurde diese Agrarpolitik verantwortungslos fortgesetzt (Ausdehnung der Ackerfläche; Überweidung).

Erst in jüngerer Zeit – in einer Phase, in der nur noch in der Kroumerie Reste von Wäldern überleben, versucht man erstmals von staatlicher Seite durch **Aufforstung** gegenzusteuern. Freilich ist diese Politik auch nicht frei von schwerwiegenden Mängeln, beispielsweise wurden über Jahre reichlich Eukalyptusbäume gepflanzt – eine Spezies, die einen viel zu großen Wasserverbrauch hat und deshalb in jüngerer Zeit in einer Reihe von Ländern mit notorischem Wassermangel in das Kreuzfeuer ökologischer Kritik geraten ist (z.B. Indien). Mittlerweile wird aber den ökologisch adäquateren Aleppokiefern und Zypressen der Vorzug gegeben.

Zur Absicherung der neuen Baumbestände wurden und werden vielerorts zusätzliche Windschutzgürtel aus Opuntien (Feigenkakteen) angelegt, die traditionellerweise auch vielerorts als natürliche Zäune für Felder und Gärten fungieren. An die Stelle der natürlichen Vegetation ist in Nordtunesien die typische mediterrane Kulturlandschaft getreten, welche aus Getreidefeldern (Weizen, Gerste), Weingärten und Olivenhainen besteht. In der Steppe Mitteltunesiens ist die Pflanzenwelt schon merklich spärlicher; hier gedeihen lediglich gegen Trockenheit relativ resistente Gräser (bevorzugt Halfa), Akazien und Tamarisken.

Diese Zone geht südlich der intensiv kultivierten **Oasen** des Chott el Djerid in **Wüste** über, in der nur stellenweise Agaven, Disteln, Dornsträucher etc. auftreten. Die Verringerung der Grundwasserbestände hat in letzter Zeit dazu geführt, daß die Wüste sich in dieser Zone weiter und scheinbar unaufhaltsam ausdehnt.

Tierwelt

So wie die Flora seit den Tagen der Antike herbe Verluste hinzunehmen hatte, so ist es auch der in jener Zeit außerordentlich artenreichen Fauna ergangen. Die noch in der antiken Kunst abgebildeten Löwen, Leoparden, Bären, Elefanten und Strauße sind inzwischen vollständig verschwunden und auch Gazellen, Antilopen und Hyänen sehr selten geworden. Dagegen findet man noch in recht großer Zahl Wildschweine, Wüstenfüchse, Rotfüchse, Schakale, Mungos, Mähnenschafe, Stachelschweine, Wüstenspringmäuse und eine Reihe von Nagetieren. Ebenfalls kaum unterzukriegen waren die verschiedensten Reptilien, darunter die Giftschlangen Levanteotter, Horn- und Sandviper sowie Wüstenwarane, Chamäleons, diverse Frosch- und Krötenarten (u.a. die große Berberkröte) sowie Skorpione. An Vögeln kann man beobachten Falken, Sperber, Bussarde, Adler, Geier, Uhus, Kormorane, Kanarienvögel, Flamingos u.v.a. Im Winter kommen zahlreiche Zugvögel hinzu.

Geographie: Zwischen Mittelmeer und Sahara

Oase in Nefta

Geschichte und Politik

Tunesische Geschichte: Von Karthago bis zur Gegenwart

Antike: Numider, Punier, Römer

Das legendäre Karthago
Das Gebiet des heutigen Tunesiens taucht im Geschichtsunterricht unserer Schulen in der Regel mit der Gründung der Handelsniederlassung Karthago in der Umgebung von **Tunis** durch die im Libanon beheimateten Phönizier, die die Römer später Punier nannten, auf. Der Gründungsmythos datiert dieses Ereignis auf das Jahr 814 v.Chr. In der **Archäologie** ist man freilich der Ansicht, daß es wohl ein wenig später gewesen sein dürfte.

Die Karthager oder Punier ließen sich in einem Gebiet Nordafrikas nieder, das seit langer Zeit durch die Numider, die wir heute Berber nennen, bewohnt war.

Im Laufe der ersten Jahrhunderte seiner Existenz dehnte Karthago gegen erheblichen Widerstand sein Territorium auf verschiedene numidische Gebiete im Hinterland aus, ferner wurden weitere Städte in der Umgebung gegründet und verschiedene Stützpunkte an der nordwestafrikanischen und spanischen Mittelmeerküste angelegt.

Ab dem 4. Jh. waren die Punier die das westliche Mittelmeer dominierende Seemacht; sie beherrschten nun auch Sizilien, Sardinien und Korsika. Karthago hatte in jener Zeit vermutlich ca. 400.000 Ew.

Ab 264 v.Chr. befanden sich die Punier im Kampf mit der aufstrebenden Macht Rom. Im Laufe von 200 Jahren kam es zu drei Kriegen, die alle verloren wurden. Nach dem ersten (264- 241 v.Chr.) mußten Sizilien, Korsika und Sardinien abgetreten werden, nach dem zweiten (218-201 v.Chr.) wurde die Großmachtstellung verloren, im dritten (149-146) ging es schließlich um das pure Überleben. Karthago verlor und wurde dem Erdboden gleichgemacht.

Römische Provinz „Africa": Auf dem Rücken einheimischer Bauern
Nach dem Untergang Karthagos wurde der Norden Tunesiens als Provinz „Africa" in das römische Reich einverleibt. An den Wüsten des Südens waren die Römer nicht interessiert. Um sich vor Angriffen durch die Nomaden zu schützen wurde das eigene Territorium von einem Schutzwall, dem „Limes", umgeben. Das sehr fruchtbare Nordtunesien mußte sich zum Wohle Roms auf den Anbau von Weizen spezialisieren. Die Provinz „Africa" avancierte zur Kornkammer Roms.

Totengräber der Antike: Vandalen und Byzanz
Als das römische Reich an inneren Auseinandersetzungen im 3. und 4. Jh. zerbrach, kam die Region unter die Herrschaft von Ostrom. In dieser Zeit wurde

die **Christianisierung**, die schon im 2. Jh. begonnen hatte, weiter vorangetrieben. Die durch den Hunnensturm im 4. Jh. in Europa hervorgerufene Völkerverschiebung wirkte bis nach Nordafrika hinein, das von den Vandalen ohne allzu viel Widerstand innerhalb von 10 Jahren (429 bis 439) erobert wurde, wobei deren Heer nicht mehr als 20.000 Personen zählte.

Die Invasoren aus Mitteleuropa herrschten knapp 100 Jahre in Nordtunesien, bevor sie 533 von einem aus Konstantinopel ausgesandten byzantinischen Heer besiegt wurden. Es folgten nun nochmals gut 100 Jahre unter Ostrom/Byzanz.

Ende des Christentums durch die arabisch-islamische Invasion

647 fielen in Tunesien erstmals aus Ägypten kommende arabisch-islamische Heere ein. Sie zogen sich aber nach Plünderungen wieder zurück. 665 erfolgte ein weiterer Raubzug.

Es sollte noch bis 670 dauern, bis das Land schließlich durch den Militär Oqba Ibn Nafi in das arabische Reich der Omayyaden einverleibt wurde, wobei sich jedoch Karthago noch bis 698 halten konnte. Im Gegensatz zu den Byzantinern leisteten die Berber/Numider erheblichen Widerstand. Es gelang ihnen sogar, 683 Oqbas Heer zu vernichten und seine „Residenz" Kairouan zu erobern. Sie mußten sich aber einige Jahre später einem anderen arabischen Heer beugen.

Mittelalter: Wechselspiel der arabischen Dynastien

Während der ersten 100 Jahre blieben die arabischen Invasoren eine kleine Minderheit, die in Garnisonen lebte, während außerhalb – von den Kriegszerstörungen abgesehen – Verwaltung und Wirtschaft in gewohnten Bahnen weiterliefen. Es wurden damals auch keine Islamisierungskampagnen geführt.

In den Jahren um die Mitte des 8. Jh. kam es in Tunesien – das nun Ifriqiya hieß – auf Grund des enormen Steuerdrucks zu verschiedenen Aufständen. Das Ende der kleinen, isolierten arabischen Herrenschicht schien bevorzustehen.

Abbasiden, Aghlabiden

Daß es schließlich ganz anders kam, hing mit tiefgreifenden Veränderungen in Ostarabien, in Bagdad, dem heutigen Irak, zusammen, wo damals die Herren über die arabische Welt residierten. Dort hatten 750 die Abbasiden nach dem Sturz der Omayyaden das **Kalifat** durch die Zentralisierung der Verwaltung (einschließlich eines durchorganisierten Beamtenapparates), die Vereinheitlichung des Steuerwesens, den Aufbau eines umfassenden Rechtssystems sowie den Ausbau des ursprünglich nur von Nomaden gebildeten Heeres durch Söldner erheblich gestärkt.

Diese Reformen wurden durch Emire als Gouverneure des Kalifen in die Provinzen hinausgetragen. Um das aufrührerische Ifriqiya/Tunesien zu befrieden, ließ der in Bagdad residierende Kalif Harun al Rashid seinen ostalgerischen Statthalter Ibrahim Ibn Aghlab 799 nach Ifriqiya einmarschieren. Nach dem Erfolg über die Berber wurde er sodann mit der Würde des Emirs von Ifriqiya belohnt. Er mußte zwar Tribute an das Zentrum entrichten, erhielt aber andererseits eine ziemlich weitreichende Autonomie. Es bestand dadurch Spielraum für die Begründung einer regionalen Dynastie.

Erst unter den Aghlabiden wurde nun die **Islamisierung** der Berber in Angriff genommen. Als Residenz fungierte Kairouan, das nun stark ausgebaut wurde. Kriegszüge nach Sizilien (ab 831), Malta, Süditalien und Sardinien etwa um die Mitte des 9. Jh. hatten einen weiteren Machtzuwachs der Aghlabiden zur Folge. Zwar blieb die formelle Unterordnung unter Bagdad bestehen, aber de facto war Ifriqiya unabhängig.

Fatimiden, Ziriden
Ende des 9. Jh. wurde die Aghlabidenherrschaft durch Nachfolgestreitigkeiten und Steuerrevolten sowie das Vordringen des schiitischen Islams unter den Berbern der Kabylei – hier nach Mohammeds Tochter Fatima Fatimiden genannt – erschüttert.

Unter ihrem Anführer Imam Obeid Allah eroberten 909 die Fatimiden große Teile Ifriqiyas einschließlich Kairouans. Im folgenden Jahre wurde ein neues – eben schiitisches – Kalifat proklamiert. Ab 916 wurde **Madhia**, an der Ostküste des heutigen Tunesiens, zur Hauptstadt ausgebaut.

Mit den neuen Herren setzte alsbald ein beachtlicher Aufstieg von **Wirtschaft** und **Kultur** ein, der 944 vorübergehend durch eine Steuerrebellion unter Führung des kharedjitischen Berbers Abu Yazid unterbrochen wurde. 969 dehnten die Fatimiden ihre Herrschaft auch auf Libyen und Ägypten aus; in diesem Zusammenhang wurde auch die Hauptstadt nach Kairo verlegt.

Bei dieser Gelegenheit wird die verwandte Familie der Ziriden (Beni Zir, Berber vom Stamm der Sanhadja aus der Kabylei) als Statthalter für den westlichen Teil des Fatimidenreiches eingesetzt (Tripolitanien, Tunesien, Sizilien, Ostalgerien). Gegen Ende des Jahrhunderts beendeten die Ziriden ihre Tributzahlungen an die fatimidischen Oberherrn in Kairo. 1016 kommt es jedoch zu einer Wiederannäherung, auf die die sunnitisch-islamische Bevölkerung mit einem spontanen Aufstand reagiert, der das Regime erschüttert und sein baldiges Ende einleitet.

Bald darauf werden Sizilien und Tripolitanien verloren, in Ostalgerien verselbständigt sich die verwandte Dynastie der Hamdaniden. Tunis fällt 1034 vorübergehend den Genuesen in die Hände, bevor es ab 1036 von der Lokaldynastie der Chorassaniden kontrolliert wird.

In einem verzweifelten Versuch, einen Rest von Macht zu erhalten, trennt sich 1048 der Zaridenherrscher al Muizz von den Fatimiden, konvertiert zum **Sunnitentum** und schließt sich dem „traditionellen" Kalifat der Abbasiden an.

Beni Hilal-Invasion
Durch dieses Manöver ziehen sie jedoch andererseits die Rache der Fatimiden auf sich. Letztere überreden mit dem Versprechen auf Herrschaft und reiche Beute den barbarischen arabischen Nomadenstamm der Beni Hilal, der ihnen selbst durch die Plünderung Oberägyptens zugesetzt hatte, nach Ifriqiya/Tunesien einzufallen.

Diese als die „Hunnen des Islams" bekannten Horden der Beni Hilal (insgesamt 150-200.000 Personen einschließlich der verbündeten Beni Sulaim aus Tripolitanien) machten sich sodann 1051-54 in unglaublichem Barbarismus über das Land her. Von wenigen Küstenstädten abgesehen wurde praktisch alles zerstört. Besonders

17

schwer waren die Konsequenzen der Vernichtung der hochentwickelten **Bewässerungssysteme**, dadurch wurde die einst blühende Getreidekammer praktisch ausgelöscht. Die Invasoren konnte das nicht allzu sehr berühren, denn ihrer nomadischen Lebensweise war dies ja nicht sonderlich abträglich.

Gleichzeitig wurde durch die Beni Hilal-Invasion ein starker Arabisierungsschub ausgelöst.

Waren frühere arabische Eroberer zahlenmäßig kaum ins Gewicht gefallen, so kam dieses Mal nun erstmals eine große arabische Streitmacht ins Land, die nun in größerem Stil arabische **Sprache** und **Kultur** – letztere allerdings nicht als verfeinerte höfische Kultur, sondern in der simplen Variante von **Nomadenkultur** – aufzwingen konnte.

In den folgenden hundert Jahren existierte in Tunesien weder eine Zentralmacht noch eine bedeutsame Regionaldynastie. Während in verschiedenen Küstenstädten kleine Lokaldespotien fortbestanden, bestimmte in ausgedehnten, zu verödetem Weidegebiet degenerierten Gebieten im Hinterland nun das Nomadentum.

Ab den 80er Jahren war die wirtschaftlich und militärisch geschwächte Küstenregion zusehends Ziel europäischer Plünderer: 1087 wurden **Tunis** und **Mahdia** von Genua, Pisa und Amalfi angegriffen; 1088 bzw. 1135 wurden Mahdia bzw. **Djerba** von sizilianischen Normannen belagert, 1135 wurde schließlich Mahdia, die Residenz des schon seit dem Beni Hilal-Einfall machtlosen Ziridenemirs, von den Normannen okkupiert.

Almohaden und Hafsiden

Es sollte bis 1159 dauern, bis im weithin verödeten Ifriqiya sich wieder eine größere Territorialmacht etablieren sollte.

In diesem Jahr wird Tunesien von der marokkanischen Berberdynastie der Almohaden erobert, die von Marrakech aus ein maghrebinisches Großreich dirigieren, das Ende des 12. Jhs von Spanien/Marokko bis nach Libyen/Tripolitanien reicht.

Die Almohaden sind Vertreter eines puristisch-fundamentalistischen **Islams**, der intolerant gegen Andersgläubige auftritt (**Judenverfolgungen**). Der Rigorismus der Orthodoxie hat andererseits zur Folge, daß der **Sufismus** und die Heiligenverehrung Anhang gewinnen.

Ab Anfang des 13. Jh. beginnt das Almohadenreich an den Rändern zu bröckeln. In Spanien verliert man Territorien an die christliche Reconquista, Moslems verlassen in großer Zahl das Land. In Südtunesien suchen die Berber durch einen Aufstand die Fremdherrschaft abzuschütteln. Um den östlichen Maghreb wieder besser in den Griff zu bekommen, wird 1207 die Familie der Hafsiden als Vertreter nach Tunis entsand.

Letztere lösen sich bereits 1227 von der wankenden **Almohadendynastie** und dehnen außerdem ihr Territorium erheblich aus, so daß sie bald den gesamten Raum zwischen Algier und Tripolis kontrollieren.

Unter dem dritten hafsidischen Herrscher al Mustansir (1249-1277) nahm Ifriqiya, insbesondere die Hauptstadt Tunis, einen kräftigen wirtschaftlichen Aufschwung. Dazu trugen in hohem Maße muslimische und jüdische Flüchtlinge aus dem islamischen Teil Spaniens bei, der unter den Schlägen christlicher Eroberer ständig schmolz.

Trotz des offiziell praktizierten orthodoxen malekitischen Islams bestand andererseits durchaus **Toleranz** gegenüber Andersgläubigen. In den 70er Jahren gerät das Hafsidenreich dann jedoch in eine existenzgefährdende Krise.

1270 wird die politische Macht al Mustansirs durch christliche Herrscher vom anderen Ufer des Mittelmeeres bedroht. In diesem Jahre landet Ludwig IX. von Frankreich mit einem Heer bei Tunis. Sein Versuch, die Hauptstadt der Hafsiden zu erobern, scheitert aber, er selbst stirbt gar an der Pest.

Dieser Ansturm wird also überstanden, aber nach al Mustansirs Tod im Jahre 1277 wird das Hafsidenreich dann schwer erschüttert durch dynastische Streitereien und eine Reihe von Stammesaufständen, die sich über Jahrzehnte hinziehen. Ostalgerien macht sich selbständig, 1346/47 und 1357/58 fallen die marokkanischen Meriniden in Tunesien ein, 1348/49 wird das Land von einer furchtbaren Pestepedemie heimgesucht.

Erst 1370 gelingt es dem Hafsiden Abdul Abbas, das Reich wieder zu stabilisieren.

Unter ihm wird eine Piratenflotte aufgebaut, die gegen christliche Handelsschiffe erfolgreich auf Beutezüge geht. Allerdings nimmt die andere Seite das nicht so einfach hin und holt ihrerseits zu Gegenschlägen aus.

Auf der wirtschaftlichen Ebene kommt es zu einem Aufschwung, der wie einst unter al Mustansir vor allem das Werk muslimischer Flüchtlinge aus Andalusien ist.

Das **Hafsidenreich** kann sich bis Ende des 15. Jh. halten. Sein Ende hängt sehr stark damit zusammen, daß 1488 nach dem Tod des Emirs Othman sein Nachfolger, ein freigelassener Christensklave, ohne Hausmacht war. Zu seinem Sturz trug ferner wesentlich bei, daß in der **Bevölkerung** große Unzufriedenheit wegen unerträglich angewachsener Steuerlasten bestand.

Um die Jahrhundertwende war der Herrschaftsbereich der Hafsiden auf Tunis und Umland zusammengeschrumpft, während in den anderen Küstenstädten lokale Despoten an die Macht gekommen waren und im Landesinnern die Nomadenstämme die Szene bestimmten.

Osmanen und Spanier:
Kampf um das westliche Mittelmeer
Den politisch desolaten Zustand des Landes suchten die habsburgischen Spanier sich zunutze zu machen. So gelang es ihnen 1508 bis 1511 verschiedene Küstenstädte tributpflichtig zu machen.

Teile der Bevölkerung suchen sich durch ein Bündnis mit dem im westlichen Mittelmeer agierenden türkischen Kosaren Kheireddin „Barbarossa", der 1533 vom osmanischen Sultan in Istanbul zum Statthalter für den östlichen Mahgreb ernannt wird, der Spanier zu erwehren. Letztere bringen zunächst Djerba in ihren Besitz und übernehmen ferner bis 1518 auch in verschiedenen tunesischen und algerischen Häfen das Kommando. 1529 bzw. 1534 okkupieren sie auch Algier bzw. Tunis und Bizerte.

Der zum Mini-Herrscher gewordene Hassan muß aus Tunis fliehen und wendet sich an die Habsburger. 1535 taucht Karl V. mit einer Armada von 400 Schiffen und 33.000 Soldaten in La Goulette auf. Einen Monat nach der Landung wird **Tunis** gestürmt. Hassan wird wieder eingesetzt – jetzt aber als

"Herrscher" an der Spitze eines habsburgischen Protektorats, das wieder große Teile von Ifriqiya kontrolliert.

Damit ist aber der Kampf um die Vorherrschaft längst nicht entschieden. 1540 versetzt Kheireddin bei Primavera der Flotte der „Heiligen Liga" (Papst, Habsburger, Venezianer) eine schwer Niederlage. In den folgenden Jahren plündert er wiederholt tunesische und süditalienische Küstenorte. Sein Nachfolger Dragut, der in Tripolis residiert, nimmt den Spaniern/Hafsiden nach harten Kämpfen 1560 Kairouan und Djerba. 1569 werden die Spanier aus ihrer Festung La Goulette vertrieben. Sie kehren 1571 noch einmal zurück, müssen aber 1574 den Osmanen endgültig weichen. Tunis und Ifriqiya sind fortan in der Hand der Hohen Pforte in Istanbul.

Die Türken betreiben in der Folgezeit von Tunis, Algier und Tripolis aus in großem Stil Piraterie – sie gehen dabei sehr brutal vor. Die überlebenden Passagiere und Besatzungen der zahlreichen gekaperten christlichen Schiffe werden als Sklaven verkauft oder gegen die Zahlung horrender Lösegelder freigelassen. Die Gegenseite verhält sich allerdings auch nicht besser, die maltesischen Piraten des Johanniterordens sind unter moslemischen Seeleuten genauso für Grausamkeiten berüchtigt.

Unter osmanischen Herren

1587 wird in Tunis ein osmanischer Pascha als Provinzstatthalter etabliert. Seine Amtszeit ist allerdings von sehr kurzer Dauer, denn 1590 muß er bei einer Revolte der Janitscharen, den osmanischen Elitetruppen, deren Anführer, dem Dey, Platz machen.

Die Herrschaft liegt in den Händen einer Militäraristokratie, zu neben den Deys – denen es gelingt, ihre Position erblich zu machen – der Rat der Janitscharen und die Kooperation mit den Korsaren/Piraten gehört. Um ihre Machtgrundlage auf breitere Grundlage zu stellen, kooptierten die Osmanen von Anfang an die einheimische **Oberschicht**, die die städtischen **Handwerker-** und Händlergilden sowie großen Landbesitz kontrollierte.

Für die Masse der **Bevölkerung**, die unteren Schichten, waren diese Veränderungen gleichgültig; es war ein Austausch an der Spitze der Hierarchie, der sie in den ärmlichen Verhältnissen beließ.

Die osmanische Zentrale war in Tunesien nur wenig spürbar, sie war zu weit weg, und Tunesien zählte auch nicht zu den Hauptinteressengebieten des Sultans.

Die Entwicklung ging stattdessen in Richtung auf eine weitere **Arabisierung** des Landes, die von den zahlreichen andalusischen Arabern bewirkt wurde, die 1609 im Zusammenhang mit der letzten großen Vertreibung von Moslems Spanien verlassen mußten. Nach dieser Einwanderungswelle waren die Berber nun endgültig in die Rolle einer Randgruppe gedrängt. Die Andalusier brachten auch einen erheblichen Schub an kultureller (Städte) und technischer (Landwirtschaft) Innovation.

Die Phase wirtschaftlicher Blüte ging nach 1666 durch den Ausbruch dynastischer Konflikte, Aufstände, Angriffe christlicher Mächte, ökonomischen Niedergang, eine Pestepidemie und Invasionen aus Algerien zu Ende. Diese Krise dauerte bis 1705, als es Hussein Ben Ali, seines Zeichens Kommandeur der Reitertruppen und oberster Steuereintreiber für ländliche Stämme, gelingt, alle Konflikte zu beenden und sich als Begründer einer neuen Dynastie, der

Husseiiniten-Beys, an die Spitze des Staates zu setzen, die sich zugleich auch von der osmanischen Zentralmacht in Istanbul – von wenigen Formalitäten abgesehen – unabhängig macht.

Die Herrschaft beginnt mit einer Zentralisierung und Straffung der Verwaltung und einer regen Bautätigkeit in Tunis.

Die Aufschwungphase wird aber bald durch interne Machtkämpfe und kriegerische Attacken der algerischen Beys (1740, 1756) beendet.

Die Dynastie kann sich aber unter Hammouda Bey (1782-1814) noch einmal vorübergehend erholen: Algerien wird geschlagen und das Janitscharencorps, das oft die Macht der Beys in Frage gestellt hatte, entmachtet.

Danach setzt ein ökonomischer Niedergang ein, der unaufhaltsam in ökonomische Abhängigkeit und koloniale Unterordnung führt.

Beschleunigt wurde dieser Abstieg durch den Niedergang der Piraterie und den Verlust entsprechender „Einnahmen". Das hing damit zusammen, daß auch der Entwicklung der Dampfschiffahrt, die europäischen Schiffe zu schnell geworden waren. Dies war freilich nicht die wirkliche Ursache für die wachsende Verschuldung und Rückständigkeit, vielmehr war entscheidend, daß – wie überall in der Osmanischen Hemisphäre im 18. und 19. Jh. – die **Industrialisierung** verpaßt wurde.

Während von den Bauern noch mehr verlangt wurde, um finanzielle Defizite zu decken, erlaubte sich die herrschende Clique dynastisches Gerangel, verschwenderischen Lebensstil, Korruption und Vetternwirtschaft.

All das mußte zu einem beträchtlichen Teil durch Kredite englischer und französischer Banken finanziert werden und trieb das Land immer tiefer in die Abhängigkeit von ausländischen Finanzinstitutionen. Unter diesen Bedingungen kann es nicht überraschen, daß die Beys den Europäern zahlreiche Konzessionen machen (Gleichberechtigung von Ausländern bei Berufsausübung und Grunderwerb z.B.). Sind sie einmal arg widerwillig, wird ihnen durch Flottendemonstrationen klar gemacht, welche Risiken Verweigerungsaktionen nach sich ziehen könnten. 1869 wird die Finanzverwaltung, um die Tilgung der Schulden zu sichern, einer internationalen Kommission unterstellt.

Unter dem enormen außenpolitischen und außenwirtschaftlichen Druck sucht andererseits der Großwesir Khereddine ab 1861 verschiedene Reformen durchzuführen, die durch Übernahme westlich-bürgerlicher Institutionen die wirtschaftliche Basis verbessern und die Despotie in Richtung Verfassungsregime abbauen sollen. So wird die religiöse Gerichtsbarkeit abgeschafft und für die Ausbildung einer kleinen modernen Elite das Collège Sadiki in Tunis gegründet, das westliche **Bildung** vermittelt.

Die Reformen hatten jedoch eine zu geringe Basis, waren zu sehr zu Gunsten einer kleinen Schicht ausgerichtet und scheiterten großenteils.

Das benachbarte Algerien war schon seit 1830 unter französischer **Kolonialherrschaft**; nun wurde auf der Berliner Konferenz von 1878, die die Aufgabe hatte, imperialistische Interessensphären abzugrenzen, Frankreich auch freie Bahn für Tunesien gewährt.

Neuzeit: Von der kolonialen Fremdherrschaft zur modernen bürgerlichen Republik

Tunesien als französische Kolonie

1881 marschierten von Algerien her französische Truppen (Stärke 32.000 Mann) nach Tunesien ein, um einerseits ihre Kolonie Algerien gegen Nomadenangriffe abzusichern und andererseits das international hochverschuldete Tunesien nun auch unter direkte Kontrolle zu bringen.

1881 mußte der Bey im „Vertrag" von Ksar Said (La Menouba) Frankreich als „Schutzmacht" annehmen. Zwei Jahre später folgte schließlich noch ein weiterer Vertrag, in dem Tunesien nun restlos unter französische Herrschaft (Souveränität) kommt.

Während sich der Bey kampflos in sein Schicksal fügte, leisteten die Stämme der zentralen Steppe und des Südens längere Zeit Widerstand („befriedet" ab 1891).

Der Bey blieb formell als Staatsoberhaupt bestehen und bekam innenpolitische Aufgaben überlassen, während die Franzosen die **Finanzen**, **Militär** und **Außenpolitik** selbst managten. Die Kommunalverwaltung wurde sehr pragmatisch gehandhabt. Während in den Städten französische Beamten Einzug hielten, beließ man zumindest im Norden, der keinen Widerstand geleistet hatte, die lokale Gewalt bei den traditionellen Autoritäten, den Sheikhs und Caids (Sippen- und Stammesführer). Eine völlig andere Situation bestand im Süden, der von vornherein unter **Militäradministration** gestellt wurde.

Die Interessen der Franzosen waren insbesondere auf die Ausbeutung der **Rohstoffe** (beträchtliche **Phosphatvorkommen** im Raum **Metlaoui**) und die Aneignung der fruchtbaren Gebiete im Norden gerichtet.

Ab 1885 wurde im **Mejerda**-Gebiet und auf **Cap Bon** damit begonnen, den Nomaden und religiösen Stiftungen ausgedehnte Länderreien, die traditionellerweise nicht registriert waren, abzunehmen und die einheimischen Landwirte in Gebirgsregionen mit schlechten Böden abzudrängen. Die enteigneten Gebiet wurden zunächst als **Staatsgüter** bewirtschaftet und sodann ab 1900 an ins Land geholte Franzosen (Colons) und Italiener vergeben. Zwischen 1882 und 1911 stieg die Zahl der in Tunesien ansässigen Europäer von etwa 20.000 auf über 150.000 – darunter 46.000 Franzosen, 86.000 Italiener und 12.000 Malteser.

Der 1. Weltkrieg unterbrach vorübergehend die koloniale Zuwanderung. Danach wurde die **Einwanderungspolitik** wieder aufgenommen. Um die italienische Mehrheit (vorwiegend sizilianische Kleinbauern mit Weingärten auf **Cap Bon**) zu brechen, wurden nun bevorzugt Franzosen ins Land gelockt und im Lande geborenen Europäern/Europäerinnen die französische Staatsangehörigkeit angeboten. So gewannen schießlich die „Franzosen" die Oberhand (1956: 255.300 Europäer, davon 180.400 Franzosen, 66.900 Italiener, ca. 8.000 Malteser, von ihnen allein 72 % in Tunis und Umgebung).

Die koloniale Penetration der fruchtbaren Ebenen im Norden des Landes war in den 30er Jahren abgeschlossen. Mittlerweile waren 700.000 ha Land in kolonialeuropäischem Besitz. Ein Viertel davon befand sich unter der Kontrolle großer **Staatsdomänen** (darunter z.B. das Riesengut Enfidaville mit 96.000 ha). An der verbleibenden Fläche hatten private **Großgrundbesitzer**, die Colons, einen erheblichen Anteil (30 % der Fläche, überwiegend im Mejerdatal, 50 % der Produktion). Bleiben noch zu erwähnen die zahlreichen italienischen **Kleinbauern**.

Hauptprodukte der kolonialen **Agrarökonomie** bildeten Getreide (**Medjerda-Tal**), Oliven (**Sahel**), Weintrauben und Zitrusfrüchte (Cap Bon), die zumeist als extensive **Monokulturen** angebaut wurden.

Die Agrarkolonisation der Franzosen hatte tiefgreifende Folgen für die tunesische **Agrargesellschaft** – jenen Bereich des Landes, in dem damals die große Mehrheit der tunesischen Bevölkerung ihren Lebensunterhalt verdiente.

Die Colons vertrieben Kleinbauern und Nomaden in großer Zahl in karge Steppen- und Gebirgsregionen, deren Böden lediglich geringe Erträge abwarfen und zugleich ökologisch ruiniert wurden.

Ein anderer Teil der einheimischen Bauern wurde auch durch diktierte Pacht- und Nutzungsverträge in völlige Abhängigkeit von den fremden Großgrundbesitzern gezwungen. Wiederum andere Gruppen der ländlichen Gesellschaft wurden zu Tagelöhnern (Erntearbeiten, sowie auch in den Bergwerken). Durch die koloniale Inbesitznahme der fruchtbaren Regionen des Landes wurde nicht nur die **Pauperisierung** breiter ländlicher Schichten eingeleitet, sondern auch die überlieferte gesellschaftliche Struktur erheblich verändert (besonders deutlich bei den Nomadenstämmen, von denen viele seßhaft werden). Viele Bauern können unter diesen Bedingungen nur noch ein Hungerleben führen, so daß es alsbald zu wachsender **Landflucht** und zur Entstehung zahlreicher städtischer Slums kommt.

Auch in anderen Bereichen der Ökonomie kommt es zu tiefgreifenden Veränderungen. Die wichtigste ist, daß das traditionelle **Handwerk**, gegenüber den Industrieprodukten aus Europa nicht konkurrenzfähig, in weiten Bereichen zusammenbricht. Zugleich bedeutet dies auch den Verlust vielfältiger produktiver Kapazitäten, da die Kolonialmacht überhaupt nicht daran dachte, moderne **Industrien** aufzubauen, sondern vielmehr in der Kolonie lediglich ein Absatzgebiet für die Industrien des Mutterlandes sah.

Für die Masse der einheimischen **Bevölkerung** – die „Fellah" (Bauern, Landbevölkerung), unter den Beys bereits in Armut lebend, brachte der **Kolonialismus** zusätzliche Verelendung. Wie in anderen französischen Kolonien existierte aber auch in Tunesien eine kleine einheimische Schicht, die von der **Fremdherrschaft** profitiert: einige Händler, Bey-Beamte, verschiedene religiöse Würdenträger, einflußreiche Stammesführer. Für sie – die einheimische **Oberschicht** – war z.B. auch die Einrichtung von Schulen mit westlichen **Bildungsinhalten** gedacht, durch die eine von französischer Kultur geprägte tunesische Juniorelite geschaffen wurde. Später gaben diese **Bildungsinstitution** allerdings entgegen der kolonialen Intentionen zugleich auch den Nährboden ab für die Elite der Befreiungsbewegung.

Zweiter Weltkrieg:
Nazi-Invasion erschüttert vorübergehend die französische Kolonialherrschaft

Ab 1941 kamen deutsche Nazitruppen unter Rommel zur Unterstützung der faschistischen italienischen Verbündeten gegen britische Truppen nach Libyen und nach ihrer Niederlage beim ägyptischen El Alamein (4.11.1942) auf dem Rückzug nach Tunesien. Etwa zur gleichen Zeit rückten damals (Landung am 8.11.1942) von Marokko und Algerien alliierte Truppen Richtung Tunesien gegen die Nazis vor.

Die Nazis bekamen große Teile des Landes relativ schnell und leicht in ihre Gewalt, da die Spitze der französischen Kolonialverwaltung Vichy-treu und damit profaschistisch gestimmt war. Ein Teil der Kolonialarmee machte diesen Schwenk allerdings nicht mit und verbündete sich mit den Alliierten und rief eine Gegenregierung aus.

Wie in anderen okkupierten Gebieten beginnen die Gestapo und SS mit der Verfolgung von Juden. Mehrere tausend tunesische Juden werden in den Gaskammern nationalsozialistischer Vernichtunglager ermordet.

Ende März 1943 gelingt es den Alliierten, die Naziarmee von Algerien und Libyen her erfolgreich in die Zange zu nehmen und allmählich Richtung Nordosten in die Enge zu treiben. Am 7.5. nehmen sie **Bizerte** und **Tunis** ein, am 12.5. kapituliert die geschlagene deutsche Armee zwischen Zaghouan und Hammamet, 100.000 Mann kommen in Gefangenschaft. 8.600 Soldaten der Naziarmee kamen bei den Kämpfen ums Leben. Auf alliierter Seite war die Zahl der Toten etwa gleich groß – besonders schwer traf es die Tunesier, von denen mehrere zehntausend ums Leben kamen (genaue Zahl unbekannt). Folge dieses Krieges sind schwere Zerstörungen, z.B. liegen große Teile von **Sfax** in Trümmern. Auf wirtschaftlichem Gebiet herrscht Chaos, eine Hungersnot verheert das Land. Zwei schwere **Dürren** standen für die Jahre 1945 und 1947 noch bevor. Tunesien, vom Kolonialismus unterdrückt, nun auch Opfer der faschistischen Aggression, mußte sehen, wie es mit den Anstrengungen des Wiederaufbaus fertig wurde. Von deutscher Seite kamen später jedenfalls nicht jene umfangreichen Wiedergutmachungsleistungen, die angemessen gewesen wären.

Nach 1945 wurde die Administration des angeschlagenen französischen Kolonialismus wieder errichtet.

Befreiungsbewegung

Nach der Unterwerfung der südtunesischen Stämme saß die französische Kolonialregierung mehrere Jahrzehnte sehr fest im Sattel. Die eher zurückhaltenden Proteste einiger Intellektueller um die Zeitung „Tunisien" und die verschiedenen spontanen lokal begrenzten **Volksaufstände** konnten ohne allzu viel Aufwand leicht niedergehalten werden. Gegen letztere – z.B. verschiedene Streiks und Straßenaktionen Ende 1911 – wurde drakonisch und blutig vorgegangen.

Auch die von großbürgerlichen Liberalen und traditionalistischen Religionsgelehrten 1920 begründete **Destour-Partei** (Destour = Verfassung) stellte noch keine ersthafte Herausforderung dar, zumal sie lediglich zaghafe Reformwünsche hegte und sich auch nicht auf eine Massenbasis stützen konnte.

Wesentlich mehr machte dem Kolonialregime die 1925 von dem Kommunisten Mohammed Ali gegründete **Gewerkschaft CGTT** (erste Gewerkschaft in der arabischen Welt) zu schaffen, die begann, eine Reihe von Streiks zu organisieren, die z.T. blutig niedergeschlagen wurden. Die Schlagkraft der CGTT war freilich andererseits stark dadurch limitiert, daß die **Arbeiter** noch eine zahlenmäßig relativ kleine Gruppe bildeten und ferner kaum Bündnisse mit den französischen Gewerkschaften möglich waren, weil letztere die Besserstellung der „Petits Blancs" verteidigten.

Als Beginn der nationalen Befreiungsbewegung ist das Jahr 1934 anzusehen, als der an der Pariser Sorbonne ausgebildete Anwalt Habib Bourguiba (geboren 1903 in Monastir) mit dem radikaleren Flügel die Honoratiorenbewegung verläßt und die **Neo Destour-Partei** gründet. Es handelt sich vorwiegend um jüngere Intelligenzler, die an den Idealen des bürgerlichen Europas orientiert sind. Dank guter Organisation und gescheiter Taktik sowie verständlicher Forderungen in Richtung innerer Autonomie gelingt es ihnen relativ schnell, eine breite Basis zu gewinnen.

Die Kolonialadministration erkennt nicht minder rasch die heraufziehende Gefahr und reagiert prompt und brutal: Bourguiba muß 1934-36 ins Gefängnis, die Neo Destour und die CGTT werden 1937 verboten, am 8.4.1938 werden bei einem Militäreinsatz gegen eine Demonstration über 200 Menschen ermordet. Bourguiba muß erneut, nun bis 1942, in Haft. Zur Zeit der Volksfrontregierung in Frankreich kommt es erstmals zu Verhandlungen mit der Regierung der Kolonialmacht. Greifbare Ergebnisse werden aber nicht erzielt, ein wesentlicher Grund ist die harte Haltung der überwiegend weit rechts stehenden **Colons** und die Kompromißlosigkeit der italienischen **Kleinbauern**, von denen viele mit Mussolini sympathisieren.

Bourguiba wird 1942 von den Nazis aus seinem südfranzösischen Gefängnis befreit. Dennoch lehnt er jede Zusammenarbeit ab und ruft zur Unterstützung der Alliierten auf, da er trotz erfahrener kolonialfranzösischer Repression an den Idealen des bürgerlichen Frankreichs festhält, die er eben nur auf Tunesien ausgedehnt sehen möchte.

Nach Kriegsende kommt es zu starkem Widerstand gegen die wieder etablierte französische Kolonialverwaltung – auch ohne den 1945-49 im ägyptischen Exil weilenden Bourguiba, der aber nach wie vor als einer der Führer des Widerstandes gilt. Gegen die Befreiungsbewegung mobilisieren die Colons, die zu überhaupt keinen Zugeständnissen bereit sind. Ab 1952 unternehmen sie Terroraktionen mit ihrer Organisation „Main Rouge": U.a. werden der Gewerkschaftsführer Farhat Hached und der Bourguiba-Vertraute Hedi Chaker ermordet.

Gleichzeitig verstärkt aber auch die Neo Destur ihren Kampf. Mittel sind Streiks, Sabotageakte sowie Anschläge durch die mittlerweile gegründete Untergrundorganisation „Fellah". Die Kolonialmacht antwortete ihrerseits mit zahlreichen Militäreinsätzen, die Hunderte von Toten hinterließen. Die Kolonie befand sich praktisch im Aufstand, ein Guerillakrieg schien bevorzustehen. Bourguiba, zwischenzeitlich 1950 im Gefängnis, wird 1952 bis 1955 erneut verhaftet und nach Frankreich geschafft.

Daß die französische Regierung – unter Mendès-France – dennoch am 31.7.1954 Tunesien die innere **Autonomie** gewährt, ist nicht nur das Ergebnis des wachsenden Widerstandes der tunesischen Unabhängigkeitsbewegung, sondern hat auch entscheidend damit zu tun, daß Frankreich gerade mit erheblichen ökonomischen Begleiterscheinungen eine schwere Niederlage in Indochina hatte hinnehmen müssen und in der als besonders wichtig einge-

25

stuften Kolonie Algerien in einen weiteren Kolonialkrieg verstrickt war. Ein zusätzlicher Kriegsschauplatz wäre wohl schwer zu finanzieren gewesen. Am 1.6.1955 durfte auch Bourguiba in die Heimat zurückkehren. Schließlich wurde am 20.3.1956 sogar die Unabhängigkeit zugestanden.

Tunesien nach der Unabhängigkeit

Republikanische Verfassung und Reformen

Am 15.4.1956 werden erstmals Wahlen abgehalten, bei denen die erfolgreiche Befreiungsbewegung und breite Sammlungsbewegung des antikolonialen Widerstandes, die Neo Destur-Partei, sämtliche Sitze gewinnt. Die **Parlamentswahlen** wurden übrigens von Ben Youssef (Exponent islamisch-arabischer Werte und des Panarabismus), dem Hauptkonkurrenten Bourguibas (Exponent westlicher Werte), der von letzterem kurz zuvor aus der Partei hinausgezwungen worden war, boykottiert. Habib Bourguiba wird erster Ministerpräsident des unabhängigen Tunesiens. Am 25.7.1957 wird schließlich der Bey, der formal immer noch als Staatsoberhaupt fungierte, abgesetzt und die Monarchie endgültig beseitigt. Anschließend läßt Bourguiba die Republik ausrufen und schwingt sich bald darauf zum Staatspräsidenten auf. Die Konstitution des neuen nachkolonialen tunesischen Staates wird sodann 1959 mit der Annahme einer modernen bürgerlichen Verfassung abgeschlossen.

Neue Verfassung
Übermächtige Position des Präsidenten
Die Verfassung des unabhängigen Tunesiens ist an westeuropäische Vorbilder, insbesondere Frankreich, angelehnt.

Sie enthält einen Katalog von Grundrechten (Präambel der Verfassung, Art. 5-17), dazu gehören die Gewährung von Gewissens- und Religions-, Meinungs-, Presse-, Veröffentlichungs-, Versammlungs-, Vereinigungs- und Niederlassungsfreiheit. Ferner wird die Gleichheit vor dem Gesetz und die Unverletzlichkeit der menschlichen Person und Würde garantiert.

Es ist wichtig in diesem Zusammenhang, daß die Grundrechte lediglich unter dem Vorbehalt gewährt werden, daß die öffentliche Ordnung nicht gestört wird (Art. 7) und insoweit sie nicht der nationalen Verteidigung, den wirtschaftlichen Zielen des Staates und dem sozialen Fortschritt entgegenstehen.

„Entsprechend der Interpretation dieser Schlüsselbegriffe und dem verfassungsmäßig gesicherten Anspruch des Staatspräsidenten, die Politik des Staates zu formulieren und die Ziele vorzugeben, wird – wie in vielen Beispielen seit der Unabhängigkeit deutlich wurde – Kritik bereits an politischen oder wirtschaftlichen Einzelmaßnahmen, unabhängig von der generellen Kooperationsbereitschaft der (des) Kritiker(s), unabhängig von ihrem Ursprung (ob parteiintern oder extern, von Opposition oder Anti-System-Gruppen herrührend), als Häresie geahndet." (S. Faath). Auch die für moderne bürgerliche Verfassungen charakteristische Teilung der Gewalten wird festgelegt; freilich wird sie durch Art. 28 (Art. 31 Verfassung von 1976) zugleich wieder weitgehend aufgehoben.

Die Republik Tunesien ist als Zentralstaat definiert. Wohl wird das Volk zum Souverän erklärt, aber andererseits erhält der Präsident eine derartige Machtfülle, daß er weder durch das Volk noch seine Deputierten hinreichend kontrolliert werden kann.

„Allein der Präsident definiert die **Politik**, über deren Ausrichtung er die Deputierten nur zu informieren hat, während der Premierminister und die Minister die Ausführenden dieser Politik sind. Es obliegt zudem dem Präsidenten, den verfassungsmäßig nicht befristeten Ausnahmezustand auszurufen und nicht nur die Mitglieder der Regierung, sondern auch hohe zivile und militärische Kader zu ernennen und zu entlassen" (S. Faath), und er ist der oberste Befehlshaber der Armee. In den ersten Jahren war der Präsident auch direkt mit den Regierungsgeschäften bedacht. Erst ab 1969 wurde das Amt des Ministerpräsidenten eingeführt (1976 auch verfassungsmäßig verankert), das freilich nicht über eine politische Assistententätigkeit und Koordinierungsfunktion hinauskommt. Die Ernennung und Absetzung des Premierministers ist allein Sache des Président de la République.

Der Präsident wird wie das **Parlament** (Deputiertenkammer) direkt durch das Volk gewählt. Diese Regelung setzte der omnipotente erste Präsident Bourguiba 1976 außer Kraft, indem er sich durch Verfassungsänderung zum Präsidenten auf Lebenszeit machte. Nach seinem Sturz wurde dieser Passus (Art. 39) wieder zurückgenommen.

Der Präsident wird nun wieder für jeweils fünf Jahre gewählt, seine Wiederwahl ist auf zwei weitere Perioden begrenzt, er muß zum Zeitpunkt der Wahl mindestens 40 und darf nicht älter als 70 Jahre sein. Ferner wird vorausgesetzt, daß er Moslem ist.

Das Parlament ist bislang auf Grund der Monopolisierung durch den **PSD/RCD** nicht über die Funktion eines Anhängsels hinausgekommen. Weder findet hier Auseinandersetzung mit Regierungspolitik statt, noch bietet es ein repräsentatives Abbild der tunesischen Gesellschaft mit allen ihren Interessengegensätzen.

1976 und 1988 wurde eine Reihe von Veränderungen an der Verfassung vorgenommen; das soll hier nur angemerkt werden.

Tiefgreifende Reformen

Die ersten Jahre standen im Zeichen verschiedener tiefgreifender Reformen, durch die eine Annäherung an die bürgerlich-westliche Gesellschaft erreicht werden sollte.

So wurde auf der rechtlichen Ebene eine weitgehende **Gleichberechtigung** der Frauen durch den Code du Statut Personel/Personenstandsrecht (1956 noch vor der neuen Verfassung) hergestellt, der den gleichberechtigten Zugang zu allen gesellschaftliche Bereichen garantiert, die **Polygamie** verbietet, das Heiratsalter heraufsetzt, die Ehescheidung und das Erbrecht aus männlicher Privilegierung löst und dadurch einen wichtigen Schritt in Richtung **Frauenemanzipation** darstellt.

Nicht minder fundamental waren die **Reformen**, durch die der **Islam** aus der **Politik** und der Öffentlichkeit herausgedrängt wurde, um ein säkulares Staatswesen aufzubauen. Diesem Zweck dienten die Abschaffung der religiösen Gerichtsbarkeit, die Enteignung der Habous-Ländereien, der Aufbau eines weltlichen Schulwesens und – die bereits angeführte rechtliche Befreiung der Frau aus den traditionell-islamischen Einschränkungen. In vieler

27

Hinsicht ähnelten die in Angriff genommenen Maßnahmen dem Reformpaket in der Türkei der 20er und 30er Jahre unter Atatürk. Die Türkei war damals das erste islamisch geprägte Land überhaupt, das diesen säkularen Reformweg ging. Tunesien betrat nun seinerseits – etwa 30 Jahre später – als erstes arabisches Land dieses schwierige Terrain. Obwohl mittlerweile fast vier Jahrzehnte vergangen sind, ist es übrigens jenes arabische Land geblieben, das sich auf diesem Gebiet am weitesten nach vorne wagte.

Nach einer „sozialistischen" Phase zur liberalen Ökonomie

Die **Wirtschaft** war zu Beginn der nachkolonialen Zeit am liberal-kapitalistischen Modell orientiert.

Diese Linie änderte sich jedoch ab Anfang der 60er Jahre unter Ahmed Ben Salah, der den staatlichen Einfluß zu stärken suchte und Elemente von Planung einführte, was allerdings weit von einer Planwirtschaft à la Sowjetunion entfernt war, die übrigens auch nicht angestrebt wurde.

Ferner gehörte zu seiner Wirtschaftsstrategie die **Nationalisierung des Bodens** (Auflösung der Güter der Franzosen und Italiener) und die Zusammenfassung der kleinen und mittleren Bauern zu **Kooperativen**. Letzteres wurde vom tunesischen **Großgrundbesitz**, den es ja auch gab, heftig attackiert – und Anfang der 70er Jahre zu Fall gebracht. Die Bildung der **Genossenschaften** wurde auch von den Klein- und Mittelbauern abgelehnt, unterstützt wurden sie eigentlich nur von den Landarbeitern der ehemaligen kolonialen Agrargroßbetriebe. Zu den Prioritäten Ben Salahscher Politik zählte außerdem der forcierte Auf- und Ausbau von Einrichtungen des **Bildungs-** und des **Gesundheitswesens**, die allen zugänglich werden sollten. Ben Salah konnte sich zumal auch seine Agrarexperimente ökonomisch nicht gerade erfolgreich waren – gegen die geballte Macht aus dem bürgerlichen Lager nicht durchsetzen. 1970 kam es zu einem erneuten Richtungswechsel in der tunesischen Wirtschafts- und Entwicklungsstrategie. Der staatliche Einfluß wurde wieder zurückgeschraubt, die Kooperativen aufgelöst und die **Ökonomie** nun auch wieder für das **ausländische Kapital** geöffnet.

Dieses liberal-kapitalistische Modell, das das Land zum **Weltmarkt** und für westliche Wirtschaftsinteressen weit offen hält, bestimmt seither die politische und ökonomische Szene.

Ahmed Ben Salah, der Architekt der etatistischen Wirtschaft – fälschlicherweise als Sozialismus bezeichnet -, der zugleich auch Bourguibas ärgster Konkurrent um die Macht geworden war, mußte gehen. Bei dieser Gelegenheit wurde auch eine Reihe anderer linker Gegner und Kritiker des nach Alleinherrschaft strebenden Staatspräsidenten gezwungen, die politische Bühne zu verlassen.

Dauerpräsident Bourguiba duldet wenig Widerspruch

Bourguiba, der die **Befreiungsbewegung** mittlerweile zur ihm hörigen Staatspartei (ab 1964 in **PSD** umbenannt) umfunktioniert hatte, hatte sich zu jenem Zeitpunkt – also 1970 – die übermächtige Position, die die **Verfassung** dem Präsidenten bot, restlos nutzend und z.T. auch verfassungsrechtliche Bestimmungen übergehend, bereits zur alles dominierenden Figur aufgeschwungen. Sein Regime nahm zusehends autoritäre Züge an, um den Staatspräsidenten blühte ein **Personenkult**, der dafür sorgte, daß sich allmählich öffentliche Plätze im ganzen Lande mit Denkmälern des unentbehrlichen „Vaters/Lehrers der Nation" füllten. In den Augen der Führungsclique galt die **Bevölkerung** als unterentwickelt, unreif, erziehungs- und führungsbedürftig – der Aufbau der Nation und die anvisierte wirtschaftliche und soziale Entwicklung waren angeblich nur durch straffe Führung zu erreichen.

Die Bourguiba nachgeordneten Schalthebel der Macht und die Staatsbürokratie wurden von ihm schamlos mit Gefolgsleuten besetzt. Ausschlaggebend war nicht Sachverstand, sondern das Treueverhältnis zum Staatsführer (S. Fath: neopatrimoniale Führungsstrukturen).

Schon 1963 war die kommunistische Partei, die einzige Oppositionspartei, verboten worden. Die wichtigsten gesellschaftlichen Organisationen wie der **Gewerkschaftsverband UGTT**, die **Frauenorganisation UNFT**, der **Bauernverband UNA** und der **Unternehmerverband UTICA** wurden in ihrer Eigenständigkeit erheblich eingeengt und im Falle von Kritik mit skrupellosen Interventionen in die Zange genommen.

Volksaufstände und die Islamisten erschüttern das Bourguiba-Regime

Dennoch konnte das Regime nicht verhindern, daß sich aus unterschiedlichen Gründen ab Mitte der 70er Jahre immer wieder Widerstand regte.

So bewog die spürbare Verschlechterung der wirtschaftlichen Situation der Arbeiter die Gewerkschaft UGTT, nachdem es bereits seit 1974 zu einer wachsenden Zahl von Streiks gekommen war, 1977/78 zur Konfrontation, wobei zu den ökonomischen Forderungen nun auch politischer Protest kam. Den Generalstreik vom 26.1.1980 beantwortete Bourguiba mit der Verhaftung der Führungsspitze der UGTT und der Ausrufung des Notstandes und massivem Einsatz von Militär und Polizei in **Tunis**, **Sousse**, **Sfax**, **Gafsa** und **Tozeur**, den Zentren des Widerstandes. Bei dem blutigen Vorgehen gegen Streikende und Demonstranten wurden zwischen 51 (offizielle Zahl) und 400 Menschen (Angaben der Linksopposition) getötet, viele verletzt und etwa 800 Personen verhaftet.

In dieser Zeit (seit Mitte der 70er Jahre) regte sich auch pateiintern einiger Widerspruch gegen den Führungsstil, der in der Forderung nach **Demokratisierung** der Partei- und Staatstrukturen (Forderung: **Pluralismus**) kulminierte. Ein Teil der innerparteilichen Opposition verließ die Staatspartei und gründete 1976 zusammen mit unabhängigen Liberalen die **Menschenrechtsorganisation LTDH** (Ligue Tunesienne des Droits de l`Homme).

Nach 1979 kam das Bourguiba-Regime auch durch islamistische Gruppen, die einen theokratischen Staat anstrebten, unter Druck, die seit Anfang der 70er Jahre – und nun durch Veränderungen im Iran (1979) zusätzlich motiviert – zusehends an Gefolgschaft gewannen.

Als wichtigste Kraft im islamischen Protestspektrum erwiesen sich bald jene Gruppierungen, die sich 1981 im **MTI** zusammenschlossen, der später (1989) in **Ennahdha** umbenannt wurde. Diese Organisation unterschied sich von Anfang an deutlich von den ausschließlich auf Gewalt/Terror setzenden Organisationen wie „Islamischer Heiliger Krieg" und „Islamische Partei", indem sie bestrebt war, in der Legalität zu arbeiten. 1981 und 1984 wurden z.b. Anträge auf Zulassung als legale Partei gestellt, die aber zurückgewiesen wurden. Es gab aber zugleich auch MTI-Fraktionen, die eine Doppelstrategie vertraten: gewaltfreie Politik in der Legalität und bewaffneter Kampf/Terror aus dem Untergrund. 1984 schwenkte schließlich auch die Hauptströmung der Partei auf diese Linie ein.

Eher operettenhaft war jener Aufstand von **Gafsa**, einer südtunesischen Stadt, in dem eine Gruppe von 60 militanten Oppositionellen im Januar 1980 im Handstreich die Macht übernahm, um einen Focus für den gewaltsamen Sturz von Bourguiba zu bilden. Rasch herbeigeschafftes Militär genügte, um schon nach einem Tag den Aufstand zu beenden.

Die politische Situation war in den Jahren nach 1980 erheblich dadurch bestimmt, daß die zunehmende Verschlechterung der wirtschaftlichen Lage breiter Schichten der Bevölkerung fortwährend Streiks und Proteste auslöste. Als sich Ende 1983 im Rahmen von **IWF**-gesponserten Strukturanpassungen durch die Anhebung des Brotpreises um 115 % und die Streichung von verschiedenen Subventionen die unteren Schichten in ihrer Basisversorgung bedroht sahen, entlud sich die ganze Wut in einem spontanen Aufstand der ärmsten Schichten des Volkes (einschließlich der zahlreichen arbeitslosen Jugendlichen ohne berufliche Zukunft), der schnell auch die Unterstützung der **Gewerkschaften** fand und auch bei den Islamisten auf Sympathie stieß.

Das Regime reagierte zunächst mit massiven Polizeieinsätzen; mindestens 89 Menschen (eine wohl zu niedrige offizielle Zahl) bezahlten den Protest mit dem Leben, über 1000 Menschen wurden verletzt, zahlreiche Personen verhaftet. Bourguiba war schließlich gezwungen, einen Rückzieher zu machen, die Maßnahmen zurückzunehmen.

Während der spontane Protest zusammenbrach, ging der Kampf der Gewerkschaften um Sicherung der Einkommen unvermindert weiter. In die Zeit von 1984 bis 1986 fallen zahlreiche Streiks, das Verhältnis zwischen Gewerkschaften und Staatsführung war auf Grund staatlicher Repressionen gespannt. Ein Teil der führenden Gewerkschaftskader kam wegen der Ereignisse von Anfang 1984 sowie späterer Vorgänge in Haft.

Ab 1981 machte Bourguiba verschiedene Konzessionen gegenüber mehreren kleinen linken und liberalen Gruppen, von denen er glaubte, daß sie ihm wegen ihrer schmalen Basis politisch nicht in die Quere kommen würden. So wurden 1981 die **CTP** (Kommunisten) und 1983 der **MDS** und die **MUP** legalisiert; damit bestand – zumindest formal – erstmals seit 1983 wieder Parteienpluralismus.

Gleichzeitig richtete sich nun erstmals die staatliche Repression auch gegen die Anfang der 70er Jahre noch als Puffer gegen die Linken geförderten traditional islamischen Gruppierungen, deren wachsende Stärke und Konkurrenz nun registriert wurde. So wurden im Juli 1981 200 Aktivisten der MTI nach Anschlägen auf Einrichtungen des Club Méditerranée und Ausschreitungen gegen die Einsetzung eines Imams durch die zuständigen Behörden festgenommen und teilweise zu Haftstrafen verurteilt (z.B. der Führer Ghannouchi 11 Jahre).

Danach operierte die Regierung wieder sehr zurückhaltend gegenüber den Islamisten, während sich die Repression auf die radikale Linke und engagierte Gewerkschafter (häufig in Personalunion) konzentrierte. 1984 profitierten die islamistischen Gruppen von einer Amnestie. In dieser Zeit kam es sogar vorübergehend zu einem Dialog zwischen der Regierung und dem MTI, der 1985 zu Ende ging, als der Staatsführung bewußt wurde, daß die Islamisten eine doppelbödige Strategie verfolgten.

Während die Konfrontation mit der Gewerkschaftslinken nach 1986 zurückging, verschärften sich nun andererseits ab Mitte 1987 die Auseinandersetzungen zwischen Staat und MTI (einschließlich der anderen islamistischen Gruppen). Im Gegensatz zu den Linken scheuten aber die militanten Religiösen nicht vor Gewalt und Terror zurück. Im Sommer 1987 kam es außer massiven Protestaktionen auch zu mehreren Bombenanschlägen, auf die die herrschende Partei sehr entschlossen reagierte. Die Gewalttäter, deren man habhaft wurde, wurden schwer bestraft. Die Verhaftungen und Schnellverfahren häuften sich. Die Spannungen erreichten einen Höhepunkt, als Bourguiba am 27.9. 1987, mit dem Urteil eines Prozeßes gegen 90 Islamisten, in dem „lediglich" 7 Todesurteile verkündet wurden, unzufrieden, eine Wiederaufnahme des Verfahrens zum 26.11. erzwang, für das er den Staatsanwalt die Todesstrafe für alle Angeklagten fordern ließ.

Die Konfrontation war auf dem Siedepunkt, Tunesien schien in den Bürgerkrieg hineinzutreiben.

Ablösung Bourguibas durch Ben Ali (27.11.1987)

Am 27.11. 1987 wurde der Träger der Macht, Habib Bourguiba, durch seinen Ministerpräsidenten General Zine Abidine Ben Ali (geboren 1936), der wie viele andere in der **PSD** um den Erhalt der Macht fürchtete, gestürzt. Die Ablösung wurde durch den Art. 57 der Verfassung von 1976 begründet, der eine Absetzung des Präsidenten bei Amtsunfähigkeit – im Falle des 84jährigen Bourguiba als Greisenhaftigkeit definiert – legitimiert.

Der Machtwechsel kam aus dem inneren Kreis um Bourguiba selbst, das mußte Skepsis begründen.

Der „Nachfolger" Ben Ali versprach mehr **Pluralismus** und **Liberalität** und räumte im Gegensatz zu Bouguiba ein, daß das tunesische Volk reif sei für **Partizipation**.

Um die Konzessionsbereitschaft zu unterstreichen, wurden sofort eine Reihe von Maßnahmen getroffen, so etwa die Amnestie für zahlreiche politische Gefangene, die Aufhebung der 1987 gegen Islamisten verhängten Todesstrafen, die Entschärfung von Strafgesetzen und die Ankündigung der Reduktion der Pressezensur.

Ferner wurden, um die Ankündigung von mehr Demokratie, Pluralismus und Zulassung von Konkurrenz unter Beweis zu stellen, 3 weitere Parteien aus dem linken und liberalen Spektrum legalisiert. Dagegen wurde der islamistischen Partei **Ennahdha** weiter die Zulassung verweigert, Teilbekenntnisse zur Verfassung wurden nicht geglaubt.

Ein sehr wichtiger Bestandteil dieser Politik war ferner, daß – um den Sympathisantenkreis der militanten Islamisten zu verringern – gegenüber den konservativen Moslems zahlreiche

Konzessionen gemacht wurden, ohne jedoch die Grundlinie Bourguibascher Politik, den säkularen Staat und die **Frauenemanzipation** aufzugeben. Solche Zugeständnisse waren:
- die Übertragung der Gebetsrufe in Rundfunk und Fernsehen;
- der Aufdruck des islamischen Datums auf dem staatlichen Gesetzesblatt;
- die Aufwertung der theologischen Fakultät der Zaitunya zur eigenständigen Universität, einschließlich ihrer Unterbringung in einen großen Neubau in Radès;
- mehr Mittel für die Ausbildung von Predigern;
- die massive Unterstützung des im Frühjahr 1987 gegründeten konsultativen Rates für religiöse Angelegenheiten.

In der Folgezeit kamen noch weitere Zugeständnisse hinzu.

Mit dem Wechsel von Bourguiba zu Ben Ali war, wie oben schon angedeutet, eine Restrukturierung und Erneuerung des Staats- und Parteiapparates, einschließlich der Änderung des Parteinamens (jetzt **RCD**), verbunden: für Organisations- und Kommunikationsstrukturen wurden mehr Effizienz und Transparenz angestrebt, die Elite, bislang von den Regionen Tunis und Sahel dominiert, wurde regional verbreitert und auch altersmäßig verjüngt, ferner wurden mehr Personen mit militärischen Karrieren einbezogen.

Nachdem sich das neue Regime gefestigt hatte, ließ Ben Ali am 2.4.1989 Wahlen zum Staatspräsidenten und zum Parlament abhalten. Die erstere lief nach dem überkommenen Muster: Es gab keinen Gegenkandidaten, Ben Ali wurde mit über 98 % der Stimmen gewählt. Bei den **Parlamentswahlen** sah es ein wenig anders aus. Hier gab sich die Staatspartei RCD mit 80,48 % zufrieden, wobei Manipulation im Spiel gewesen sein soll. Die Islamisten, als Partei nicht zugelassen, präsentierten in 19 von 25 Wahlbezirken ihre Kandidaten als „Unabhängige". Sie erreichten nach offiziellen Angaben zwischen 0,21 und 9,18 % (nach anderen Angaben jedoch durchschnittlich 13 % und in **Tozeur** sowie verschiedenen Bezirken von **Tunis** sogar 25-30 %). Obwohl 20 % an andere Gruppierungen ging, erhielt der RCD sämtliche Sitze, da er gegen den Protest der Opposition ein reines Mehrheitswahlrecht durchgesetzt hatte. Die Konkurrenz war nicht zuletzt auch deshalb chancenlos, weil den durchweg kleinen Parteien kaum Organisation und nur sehr geringe Mittel zur Verfügung stehen.

Gelenkter „Pluralismus"

Ab 1990 kam es wieder zu heftigen Auseinandersetzungen zwischen dem Staat und den **Islamisten**, die mittels erheblichen Einsatzes von Polizei bis 1992 unter Kontrolle gebracht wurden. Seither sind die militanten **Fundamentalisten** praktisch ausgeschaltet, was auch damit zusammenhängt, daß ein großer Teil des islamistischen Untergrunds der Polizei bekannt ist.

Von der versprochenen **Demokratisierung** ist nicht allzuviel zu spüren. Das Land wird nach wie vor von einer einzelnen Partei dominiert, gegen die andere politische Positionen kaum öffentlichkeitswirksam artikuliert werden können und schon gar nicht durchsetzbar sind. Und jene Kraft, die zumindest soviel Anhang hat, daß sie eine schlagkräftige Opposition abgeben könnte, hat nicht mehr zu bieten als die Zerstörung der durchaus fortschrittlichen Elemente der **Modernisierung** und den Marsch in die **Theokratie**. Ein kleiner Lichtblick ist vielleicht das modifizierte Pressegesetz vom 23.7.1993, das die Zahl der Straftatbestände reduziert, z.B. entfällt das Delikt „Angriff auf die Ehre" eines Regierungsmitgliedes – freilich ist die Zensur nicht restlos beseitigt.

Wahlen vom März 1994

Durch die Wahlen vom März 1994 wurde die übermächtige Position der herrschenden Elite um Ben Ali (99,91 %, kein Gegenkandidat, einziger Mitbewerber durch formale Tricks im Vorfeld ausgeschaltet) und des **RCD** (97,73 %) fortgeschrieben – ob auch gefestigt, wird sich erst in den nächsten Jahren zeigen.

Die Linken und Liberalen erwiesen sich wie 1989 organisatorisch und finanziell als viel zu schwach. Die Islamisten, die einzige Opposition mit einer größeren Anhängerschaft, waren nicht beteiligt. Es wurde wieder nach dem Mehrheitswahlrecht verfahren, jedoch erhielten dieses Mal die Oppositionsparteien im vorhinein 19 Sitze eingeräumt, zu denen sie keinen einzigen Sitz hinzugewinnen konnten.

Zukunftsperspektiven

Für die Fortexistenz des modernen säkularen Tunesien wird entscheidend sein, ob die herrschende Elite in der Lage ist, die wirtschaftlichen Grundbedürfnisse der unteren und mittleren Schichten zu sichern. Auch die politische Entwicklung im Nachbarland Algerien dürfte ein wichtiger Faktor sein. Siegen dort die islamistischen Terrorgruppen, wird auch in Tunesien der militante **Fundamentalismus** gestärkt werden. Es ist mehr als fraglich, ob die kleine schwache tunesische Armee (38.000 Mann, schlecht ausgerüstet) eine Chance hätte gegen eine islamistische Guerilla mit riesigem Hinterland.

Parteien und andere Organisationen
Ab 1963, nach dem Verbot der PCT/Kommunisten, herrschte ein Einparteiensystem. Die einzige und herrschende Partei, die **PSD** (davor PCD), besetzte alle Schlüsselpositionen im Staats- und Verwaltungsapparat.

1981 erfolgte durch die Wiederzulassung der **PCT** die Rückkehr zum Zustand vor 1963. 1983 kamen mit dem **MDS** und dem **MUP/PUP** zwei weitere legale Parteien hinzu.

Formal bestand nun wieder **Pluralismus**, wobei sich faktisch angesichts der Schwäche der Oppositionsarteien überhaupt nichts an der Einparteienherrschaft änderte.

Seit dem 3.5.1988 existiert ein Parteiengesetz. „Voraussetzung für die Zulassung als politische Partei ist demnach die Anerkennung der tunesischen **Verfassung** und der in ihr verankerten "Grundlagen der Nation", d.h. der republikanischen Staatsform, der Volkssouveränität, des Personalstatuts. Die arabisch-islamische Ausrichtung des tunesischen Staates und die **Menschenrechte**, wie sie die Verfassung garantiert und der tunesische Staat durch die Unterzeichnung internationaler Konventionen anerkannte, sind von Parteien zu respektieren, deren programmatische Grundlage sich weder auf eine bestimmte **Religion**, Sprache, Rasse, ein bestimmtes Geschlecht oder eine Region stützen darf" (S. Faath).

Parteien

Regierungspartei: **PND/Neo Destour-Partei** (1934-1964), umbenannt in **PSD/Parti Socialiste Destourien** (1964-1988), umbenannt in **RCD/Rassemblement Constitutionel Démocratique** (seit 1988).

Diese seit der Unabhängigkeit an der Macht befindliche Partei, die Partei der Modernisierer und gegenwärtigen Machtelite, ist die einzige politische Organisation in Tunesien, die im gesamten Land präsent ist. Sie soll 1,5 Mio. MitgliederInnen zählen. Darunter sind natürlich viele Opportunisten und Karrieristen, denn die Partei vergibt ja die lukrativen Jobs in der Staatsverwaltung.

Legale Opposition

Dazu gehören gegenwärtig: **CTP (ab 1993 MR, ehemalige kommunistische Partei)**, PSP (liberal), RSP (links), UDU, MDS (sozialdemokratisch) und PUP.

Alle diese Parteien sind klein, haben nur geringe finanzielle Resourcen, erreichen lediglich einen kleinen ausgewählten Kreis in der Öffentlichkeit. Keine von ihnen verfügt gegenwärtig über eine Massenbasis – daran dürfte sich in den nächsten Jahren wenig ändern.

Illegale Opposition

Einen gewissen Massenanhang besitzt dagegen die illegale islamistische Gruppierung **Ennahdha** – wie stark diese Gefolgschaft freilich ist, ob ein Zehntel der Bevölkerung oder gar ein Drittel und mehr ist schwer einschätzbar. Einen Hinweis in dieser Richtung gaben die Parlamentswahlen von 1989 (s.o.).

Die RCD-Regierung betrachtet die Ennahdha als existentielle Gefahr für die von ihr vertretene Trennung von Staat und Religion und unternimmt alles, um sie administrativ auszuschalten bzw. unter Kontrolle zu halten. Ein Teil der Führung lebt in Haft, die anderen werden durch Polizei und Geheimdienst überwacht.

Andere Organisationen
Menschenrechtsgruppen

1976 wurde aus Protest gegen die autoritäre Herrschaft von Präsident Bourguiba die **Menschenrechtsorganisation LTDH** gegründet. Sie entwickelte sich zu einem Sammelbecken der verschiedenen Gruppen der Opposition, einschließlich einiger Islamisten, wobei die Liberalen am stärksten vertreten waren. Sie hatte Ende der 80er Jahre ca. 4.000 Mitglieder. Die Menschenrechtsarbeit war von Anfang an nicht einfach. Die Organisation war oft durch das Regime bedroht. Selbst später unter dem sich liberaler gebenden Ben Ali war die LTDH zeitweise (von Juni 1992 bis März 1993) gezwungen, die Arbeit einzustellen. Sie arbeitet jetzt wieder ohne Einschränkungen.

Es gibt noch andere tunesische Menschenrechtsorganisationen, die LTDH ist aber die gewichtigste. Auch **amnesty international** ist in Tunis vertreten.

Frauenbewegung

Noch in der Zeit des Befreiungskampfes wurde die **UNFT** gegründet, die die Gleichberechtigung der Frau in allen Bereichen von Politik und Gesellschaft auf ihre Fahnen geschrieben hat. Nach 1956 war sie mit Bourguiba und der **Neo Destour-Partei** verbündet, die ihr durch weitreichende Reformgesetze entgegenkamen, von denen allerdings noch viele auf die Verwirklichung warten.

Die UNFT hat etwa 50.000 MitgliederInnen, ihr organisatorisches Netz ist landesweit.

1989 wurde die **ATFD** gegründet, die autonom und radikaler ist als die UNFTT. Ihre Forderungen zielen stärker in die Gewerkschaften hinein. Sie ist im Vergleich zur UNFT sehr klein und auf wenige Orte beschränkt.

Gewerkschaften

Erste gewerkschaftliche Aktivitäten in Tunesien gehen in die 20er Jahre zurück. Der in jener Zeit gegründete **Gewerkschaftsverband UGTT** beteiligte sich aktiv am Kampf gegen den französischen Kolonialismus. In der Zeit nach 1956, als die einstige **Befreiungsbewegung** zur herrschenden Einheitspartei wurde, befand sich die Gewerkschaft häufig im Gegensatz zu Bourguibas Wirtschafts- und Sozialpolitik. Dies gilt besonders für die Zeit von 1974 bis 1978. Seit dem 27.11.1987 besteht eine gewisse Kooperation mit der Regierung (sog. Sozialpakt).

Die UGTT ist mit ca. 350.000 MitgliederInnen die größte soziale Organisation Tunesiens. In ihr sind neben Gewerkschaftern/Gewerkschafterinnen aus dem Spektrum des **RCD** auch Arbeiter/Arbeiterinnen der unterschiedlichsten linken Strömungen vertreten.

Umweltgruppen

In jüngster Zeit ist das Bewußtsein der gefährdeten **Umwelt** stark in Verbreitung begriffen. Es gibt mittlerweile eine große Zahl von Umweltgruppen und -initiativen. **ATPNE (Association Tunisien pour la Protection de la Nature et de l'Environnement)**, eine mit dem deutschen BUND vergleichbare Organisation, als Gruppierung mit dem größten Netz, war 1992 in 16 Orten verbreitet.

In **Tunis** wurde übrigens auch am 20.1.1992 ein Büro von **Greenpeace** – das erste in einem arabischen Land und das erste in Nordafrika – eröffnet. Auch die offizielle Politik muß der Entwicklung ökologiekritischen Bewußtseins in gewissem Maße Rechnung tragen. Dies äußerte sich beispielsweise in der Gründung eines eigenständigen Umweltministeriums.

Wirtschaft: Schwellenland im Sog der Abhängigkeit von den Metropolen

Ausgangsposition am Ende der Kolonialzeit

Tunesiens **Ökonomie** war durch den **Kolonialismus** strukturell stark deformiert und nach außen von den Interessen einer fremden Macht abhängig geworden. Die besten Böden befanden sich in den Händen einer kleinen Schicht von Kolonialeuropäern, die mit modernen Methoden wirtschafteten. Diesen stand – von einer kleinen Schicht tunesischer **Großgrundbesitzer** abgesehen – eine große Zahl einheimischer Bauern gegenüber, die sich mit schlechten Böden abfinden mußten und mit archaischer Technologie arbeiteten. Durch die **Landwirtschaft**, den damals dominierenden Wirtschaftssektor, ging also ein tiefer Bruch zu Ungunsten der Masse der tunesischen **Bevölkerung**.

Eine relativ große, viel zu große Bedeutung hatte der **Bergbau** gewonnen. Auch für diese Enwicklung war die Kolonialmacht verantwortlich, der es vor allem darum ging, die reichen **Phosphatvorkommen** in ihrem Interesse zu nutzen.

Andererseits fehlte dem tunesischen Ökonomie außerhalb des Agrarsektors eine produktive Basis: das **Handwerk** war in weiten Bereich zerstört, eine moderne **Industrie** war nicht entstanden, da Frankreich an einer solchen Entwicklung kein Interesse hatte: für seine Industrien war es vorteilhafter, Tunesien als Absatzgebiet zu nutzen. Infrastruktur existierte nur insoweit, wie es französischen Interessen förderlich war – dies hatte sowohl zu erheblichen regionalen Disparitäten (Ungleichheiten) wie auch zu einem enormen Defizit geführt. Das **Gesundheitswesen** und der **Bildungsbereich** waren sehr mangelhaft und zudem auf Tunis und wenige andere Küstenorte konzentriert.

Dies war – ganz grob umrissen – der Ausgangspunkt, die schwere Hypothek, mit der das nachkoloniale Tunesien antrat.

Entwicklung im Agrarsektor

Potential und Hauptprodukte

28 % der Gesamtfläche des Landes können ackerbaulich genutzt werden. Das ist ein wesentlich höherer Anteil als in den Nachbarländern Algerien und Libyen, aber wenig im Vergleich zu den Regionen in Mitteleuropa. Dazu kommen noch 15,6 %, die als Wiesen und Weiden viehwirtschaftlich verwertbar sind, wobei ein beträchtlicher Teil als von geringer Qualität gilt. Schließlich weisen die offiziellen Statistiken noch drei Prozent als Gehölz, Buschwerk und Wald aus. Nur im Norden (25 % der Landesfläche) reichen die **Niederschläge** von durchschnittlich 1000 mm für produktiven Ackerbau. Es war kein Zufall, daß diese Region einst zu den Kornkammern Roms gehörte und daß sich später in diesem Raum die französischen und italienischen „Siedler" konzentrierten. In jüngster Zeit hat man die natürlichen Bedingungen durch die Anlage von **Stau-**

seen zusätzlich verbessert und darüberhinaus die wasserärmeren Gebiete des Nordens mit zusätzlichen Wasserlieferungen landwirtschaftlich erschlossen. In die letztgenannte Richtung wirkte z.b. der 1984 errichtete 125 km lange Kanal vom **Medjerda**-Fluß nach **Cap Bon**, durch den 11.000 ha bewässert wurden.

Wesentlich ungünstiger sind die Verhältnisse dagegen in der Zentralregion (15 % der Landesfläche), wo lediglich 400 mm Niederschlag im Jahr zu erwarten sind. Hier bedeuten bereits geringfügig niedrigere Regenmengen Dürren und enorme Probleme in der Nahrungsversorgung.

Der gesamte Süden (rd. 50 % der Landesfläche) kann von einigen wenigen Oasen abgesehen überhaupt nicht genutzt werden.

Hauptprodukte der tunesischen Landwirtschaft sind Hartweizen und Gerste, die Grundnahrungsmittel der **Bevölkerung**. Zwei weitere wichtige Produkte sind die Olive (drittgrößter Exporteur der Welt) und Zitrusfrüchte, die zugleich die Hauptexportgüter der Landwirtschaft sind.

Daneben spielt aber auch der Anbau von Gemüse, Tomaten, Kartoffeln, Zwiebeln, Obst, Datteln, Melonen, Weintrauben, Zuckerrüben und Tabak eine Rolle. Die nicht von Niederschlägen verwöhnte tunesische Landwirtschaft ist immer wieder in weiten Gebieten von extremer Dürre bedroht. Entsprechend unterliegt die Agrarproduktion starken Schwankungen.

Der Output der tunesischen Landwirtschaft ist im Vergleich zu den meisten arabischen Ländern relativ hoch, dennoch muß auch dieses arabische Land jährlich zwischen 20 und 50 % des Nahrungsmittelverbrauches einführen. Angesichts der immer noch relativ niedrigen Produktivität könnte dieser Anteil in Zukunft erheblich verringert werden.

Lange Zeit hatte in der tunesischen Wirtschaftspolitik die **Industrialisierung** und der Aufbau des **Tourismus** den Vorrang. Mittlerweile wurde aber erkannt, daß die Ökonomie des Landes durch die hohen Nahrungsmittelimporte erheblich belastet wird und es notwendig ist, letztere durch die Steigerung der einheimischen Agrarproduktion zu stärken (langfristiges Ziel: Selbstversorgung). Entsprechend wurde in den beiden letzten Planperioden der Anteil der Investitionen im Agrarbereich sukzessive erhöht. Eine zentrale Position kommt Bewässerungsprojekten zu. Bis zum Jahre 2000 soll die Kapazität der Staudämme innerhalb von lediglich 10 Jahren verdoppelt werden.

Große Ländereien in wenigen Händen

Ein beträchtlicher Teil des Bodens, und zwar gerade der besten Böden, befindet sich entweder im Besitze des Staates (aus der Kolonialzeit übernommen) oder in den Händen einer sehr kleinen Schicht von reichen privaten **Großgrundbesitzern**, die auch schon in der Kolonialzeit existierten. Ihre Stellung wurde nach dem Abzug der **Colons** freilich erheblich gestärkt. 1961 verfügte das oberste Prozent der Bauern über 13,3 % der privaten Anbaufläche. 14 Jahre später war der Anteil der obersten 1,6 % der Landbesitzer schon bei 33 % angelangt.

Diese Konzentration soll in der Folgezeit weiter zugenommen haben. Exakte Zahlen liegen mir allerdings nicht vor. Ein wesentlicher Grund für diese Entwicklung ist, daß viele **Kleinbauern**, die von ihren kärglichen Erträgen nicht leben können, in die Städte abwandern.

Während die staatlichen Domänen und die großen privaten Güter mit modernen Maschinen und Techniken arbeiten, sind unter den Kleinbauern die traditionellen Methoden, die sehr arbeitsintensiv und zeitaufwendig sind, noch weit verbreitet.

Viehwirtschaft

Tunesien verfügt über einen recht großen Viehbestand. Als Zug- und Lasttiere fungieren immer noch vielerorts Esel und Maultiere (Norden) sowie **Dromedare** (Steppen und Wüste), die allerdings nach dem Ende der großen Karawanen weit weniger gebraucht werden, wobei sie in jüngster Zeit nun in zunehmendem Maße im Tourismus ein Arbeitsfeld finden. Pferde haben als Zug- und Transporttiere nie eine Rolle gespielt. Es gibt nur wenige Gestüte, der Reitsport wird nur von sehr wenigen Tunesiern/Tunesierinnen betrieben.

Für die Versorgung mit Milch und Fleisch werden bevorzugt Ziegen und Schafe (Steppen Zentral- und Südtunesiens) gehalten. Auf jedem Wochenmarkt sind sie unübersehbar. In den letzten Jahren ist allerdings die offizielle Position gegenüber der Haltung großer Ziegen- und Schafherden aus ökologischen Gründen kritischer geworden, denn durch Überweidung in den Trockengebieten bereiten sie der **Bodenerosion** den Weg. Von staatlicher Seite wird gegenwärtig vermehrt auf die Rinderhaltung gesetzt. Zu diesem Zweck wurde auch Zuchtvieh aus Europa eingeführt. Subventioniert wird ferner auch die Geflügelzucht.

Viehbestand (1994) Ziegen: 1,4 Mio., Schafe: 7,1 Mio., Rinder: 660.000, Dromedare: 231.000, Esel: 230.000, Maultiere: 81.000, Pferde: 56.000.

Fischerei

Vor Tunesiens 1.300 km langer Küste werden hauptsächlich Sardinen, Makrelen und Thunfische gefangen. Die Fischerei ist durchweg Küstenfischerei.

Es wird noch teilweise mit sehr alten und einfachen Methoden gearbeitet (z.B. im Bereich von **Kerkennah** und **Djerba**), wie Reusen, Amphoren und Schleppnetzen.

Die Modernisierung ist im Gange, in diese Richtung zielen der Ausbau und die Anlage von Häfen, die Anschaffung größerer Fischerboote, der Aufbau einer Hochseeflotte sowie die Einrichtung von Kühlhallen und Konservenfabriken. Diesen Verbesserungen ist es zuzuschreiben, daß die Fangmengen 1990 bis 92 gesteigert werden konnten. Der Fisch geht in die lokalen Märkte und Touristenhotels. Lediglich bei Makrelen und Thunfisch ist der Export relevant.

Industrialisierung und Entwicklung

In der Kolonialzeit gab es lediglich bescheidene Ansätze zum Aufbau von **Industrie**. Erste, wirkliche Anstrengungen zur Industrialisierung wurden erst nach der Unabhängigkeit eingeleitet. Dabei ging es darum, einen möglichst großen Teil von bisher aus den Metropolen (d.h. überwiegend aus Frankreich) bezogenen Konsumgütern im Inland selbst herzustellen. Das Ziel war, ökonomisch unabhängiger zu werden. Anfang der 70er Jahre wurde diese auf den Aufbau einer relativ breiten einheimischen Industrie ausgerichtete **Wirtschaftspolitik** aufgeben zu Gunsten der gezielten Förderung weniger ausgewählter Industrien, die ihre Produkte vorwiegend auf dem **Weltmarkt** (d.h. vor allem in Westeuropa) absetzen sollten.

Während die erste Phase ganz auf die Herausbildung und Stärkung des einheimischen Bürgertums zielte und die Möglichkeiten internationaler Konzerne limitierte, wurde nach der „Wende" alles unternommen, um durch zahlreiche Vergünstigungen und Anreize ausländische Investitionen anzuziehen.

Die Rolle der ausländischen Investitionen

Die ausländischen Direktinvestitionen nehmen eine sehr wichtige Position ein, insofern sie in zwei zentralen außenorientierten Bereichen der tunesischen Wirtschaft konzentriert sind: der **Textilindustrie** (plus Bergbau) und dem **Tourismus** (Besitz von Hotels oder Anteile an Hotels). Häufig handelt es sich um Gemeinschaftsunternehmen.

Dagegen sind die ausländischen Investoren nur wenig an binnenmarktorientierten Industrien interessiert.

Der Tourismus
rückt immer mehr ins Zentrum

In den 70er Jahren begann man, den Tourismus als mögliche Devisenquelle zu entdecken und mit dem systematischen Aufbau. Mittlerweile existiert eine Übernachtungskapazität von 144.000 (1993) Betten. Die Hotels und andere relevanten Einrichtungen haben einen guten qualitativen Standard erreicht, so daß sie gegenüber anderen Mittelmeerländern konkurrenzfähig sind. Die Zahl der ausländischen Touristen betrug 1995 4,1 Mio., darunter 837116 Deutsche. Auf Gäste aus der BR Deutschland entfielen 40,5 % aller Übernachtungen. 1994 wurden im Tourismus 1,318 Mrd. TD eingenommen, für 1995 wurde diese Ziffer auf 1,380 Mrd. TD geschätzt.

In diesem Wirtschaftszweig sind 50.000 Menschen beschäftigt, darüberhinaus hängen von ihm 200.000 Arbeitsplätze in anderen Sektoren der **Wirtschaft** ab.

Es wird nach wie vor auf Expansion gesetzt, obwohl man inzwischen doch weiß, auf welch unsichere Grundlagen man sich begibt, wenn eine **Ökonomie** relativ stark auf **Fremdenverkehr** basiert. Bei internen Auseinandersetzungen können militante Organisationen mit wenigen Bombenanschlägen (wie z.B. gegenwärtig in der Türkei, Ägypten und Algerien) oder durch direkte Angriffe auf Touristen/Touristinnen (Beispiel Ägypten) diesen hochsensiblen Bereich erschüttern und ökonomische Krisen in Gang setzen.

Falls in Tunesien der gegenwärtig unter Kontrolle gehaltene islamische **Fundamentalismus** wieder stärker werden sollte, würde es nicht überraschen, wenn es aus dieser Ecke zu Angriffen auf den Tourismus käme, um die Regierung an einer wirtschaftlich neuralgischen Stelle zu treffen.

Tendenzen in der gesamtwirtschaftlichen Entwicklung

Wachstum, Konjunktur, Krisen

Die wirtschaftliche Entwicklung unterliegt starken Schwankungen.

Nach dem dynamischen Wachstum in den 70er Jahren, ging es in der ersten Hälfte der 80er Jahre nur noch langsam voran (1982-87 jährliches Wachstum 2,8 %). Danach setzte wieder eine Aufwärtsbewegung ein, wie die Wachstumsrate von 5 % für die Zeit von 1987-92 zeigt (1992 sogar 8,6 %). 1993 ging die Zunahme des Bruttosozialprodukts wieder auf 2,6 % zurück. Darin spiegelte sich die Rezession in den meisten europäischen Ländern. Zugleich ist dies ein deutlicher Hinweis, daß Tunesien auf Grund der open door policy stark von den Bewegungen des Weltmarkts abhängig ist.

1994 und 1995 ging es wieder nach oben: Wachstumsraten von 3,4 bzw. 5 % (trotz Dürre – dank Industrie und Tourismus).

Seit dem Ende des **Kolonialismus** vollzog sich ein erheblicher Strukturwandel. Die **Landwirtschaft** hat stark an Bedeutung verloren, so betrug ihr Anteil am Bruttosozialprodukt 1991 gerade noch 18 %, wobei allerdings nach wie vor etwa 44 % der Bevölkerung auf dem Lande zu Hause sind.

Mittlerweile geht aber ein Drittel der Wertschöpfung auf das Konto der **Industrie**, die jedoch bei weitem nicht in der Lage ist, die zahlreichen Arbeitsplatzwünsche zu erfüllen. Die Industriezweigstruktur ist sehr ungleichgewichtig. Es dominiert die Konsumgütererzeugung, die Produktion von Investitonsgütern ist gering, so daß weiterhin in großem Umfang Kapitalgüter eingeführt werden müssen.

Die meisten Industriebetriebe sind klein (Daten 1990). Nur 4,4 % der im Industriesektor tätigen Unternehmen beschäftigen mehr als 350 Personen, während drei Viertel nicht einmal eine Belegschaft von 50 Beschäftigten erreichen. Bei den größeren Betrieben handelt es sich vorwiegend um staatliche oder halbstaatliche Unternehmen wie das Stahlwerk Menzel Bourguiba, die Ölraffinerie in **Bizerte**, ein Chemiekomplex bei **Tunis** oder eine Zuckerraffinerie in **Béjà**. Die tunesische Industrie ist in vielen Bereichen technologisch rückständig und sehr arbeitsintensiv.

Größter Sektor der tunesischen Volkswirtschaft ist der Dienstleistungsbereich, dem die konventionelle Sozialproduktsberechung, die nicht nach Produktivität fragt, knapp über 50 % der Wertschöpfung zuordnet.

Beschäftigung, Löhne und soziale Sicherheit

Seit Jahren besteht eine erhebliche Arbeitslosigkeit. Für Anfang der 90er Jahre wird eine Arbeitslosenquote von 15-20 % geschätzt. Jugendliche unter 25 Jahren sind besonders stark betroffen. Regional ist die **Arbeitslosigkeit** im Südwesten und Nordwesten, den Armenhäusern der Nation, weitaus am höchsten. Über lange Zeit gelang es recht vielen Tunesiern/Tunesierinnen, im Ausland (Frankreich, Libyen) Beschäftigungen zu finden. Mittlerweile ist das nur noch sehr begrenzt möglich.

Gegenwärtig leben etwa 400.000 tunesische ArbeitsmigrantInnen im Ausland, wobei sich der Löwenanteil in Frankreich befindet (ca. 26.000 in Deutschland, jährlich Überweisungen in Höhe von ca. 100 Mio. DM).

Die Löhne sind an westeuropäischen Standards gemessen sehr niedrig. Es existiert ein Sozialversicherungssystem (u.a. Altersrente, Gesundheitsvorsorge, Krankengeld, Mutterschaftsbeihilfe), das allen Arbeitskräften außerhalb der Landwirtschaft zugänglich ist. Dagegen steht die Arbeitslosenversicherung aus, so daß Arbeitslose auf Unterstützung seitens anderer Familienmitglieder angewiesen sind.

Für die Sozialstruktur Tunesiens ist charakteristisch, daß an der Spitze der Hierarchie eine kleine sehr reiche Schicht existiert, daß es eine für nord-

Tendenzen in der gesamtwirtschaftlichen Entwicklung

afrikanische Verhältnisse relativ breite Mittelschicht gibt (Anwälte, Ärzte, Hochschullehrer, Händler, Bürokraten, Verwaltungsleute etc.), die aber viel kleiner ist als in Deutschland oder Frankreich, sowie eine breite Schicht von Menschen, die Mehrheit der **Bevölkerung**, die Mühe haben, ein bescheidenes Dasein zu erwerben. Am unteren Ende der Einkommenspyramide steht freilich auch eine recht große Zahl von Menschen, die unter dem Existenzminimum leben müssen. Der Anteil dieser Schicht soll von 22 % im Jahre 1975 auf 6,7 % (544.000 Personen) der Bevölkerung im Jahre 1990 zurückgegangen sein. Wenn es denn zutrifft!

Preise und Inflation

In den letzten Jahren ist die Inflation deutlich zurückgegangen, der jährliche Preisanstieg fiel von 7,8 % im Jahre 1991 über 5,5 % im darauf folgenden Jahr auf 4,5 % in 1993 zurück. Für 1994 wird ebenfalls mit nur 4-5 % Preisanstieg gerechnet. Für afrikanische Verhältnisse ist das ein Traumergebnis. Auch mit den Verhältnissen in West- und Mitteleuropa verglichen steht Tunesien nicht schlecht da.

Außenhandel: Importe, Exporte, Verschuldung – Syndrom peripherer Ökonomie

Jahr für Jahr ergeben sich erhebliche Defizite in der Handelsbilanz. Unter den Einfuhren bilden Maschinen verschiedenster Art einen Hauptposten (die Einfuhr von Konsumgüern ist übrigens noch höher). Sehr hoch sind aber auch Rohstoffimporte. Unter den Herkunftsländern nimmt die EU mit weitem Abstand die führende Position ein (über zwei Drittel der Importe). Die Exporte setzen sich hauptsächlich aus Agrarprodukten (Zitrusfrüchte, Oliven), Phosphorsäure, Düngemitteln und Textilien zusammen. Etwa drei Viertel der gesamten Ausfuhr geht in die EU. Davon waren 1994 58,6 % Textilprodukte. Ab dem 1.1.96 trat zwischen Tunesien und der EU ein Freihandelsabkommen in Kraft, das einen Abbau zahlreicher Zölle im Laufe der nächsten 12 Jahre vorsieht. Dies ist jedoch nicht von der Beseitigung der EU-Importquoten für verschiedene tunesische Agrarprodukte begleitet.

Man versucht, das Handelsdefizit durch Deviseneinnahmen aus dem **Tourismus** und durch Überweisungen von im Ausland (vor allem Frankreich) lebenden tunesischen Migranten auszugleichen. Seit Jahren ist die Aufnahme von Krediten im Ausland eine wichtige Finanzquelle. Mittlerweile ist die sich daraus ergebende Verschuldung auf einen beträchtlichen Betrag kumuliert, sie erreichte 1992 8,476 Mrd. $ US. Die Rückzahlungsverpflichtungen betrugen im gleichen Jahr 1,377 Mrd. $ US – zweifellos eine schwere Belastung für die Devisenbilanz. Bislang konnten die Verpflichtungen gegenüber ausländischen Gläubigern jedoch regelmäßig eingehalten werden. Wie viele Schuldnerländer der Peripherie steht Tunesien unter dem Druck des **IWF**, der dem Land im November 1987 ein sog. Strukturanpassungsprogramm aufzwang.

Eine Bilanz: Auch das nachkoloniale Tunesien ist wirtschaftlich von außen abhängig

Knapp 40 Jahre nach der Unabhängigkeit kann Tunesiens Wirtschafts- und Sozialpolitik durchaus einige Erfolge vorweisen, etwa die enormen Verbesserungen in der Infrastruktur (Verkehrswesen, Energiesektor) und im **Bil-**

dungs- und **Gesundheitswesen**. Auch in Teilbereichen der **Industrie** und im Tourismus ist viel aufgebaut worden. Dennoch bestehen weiterhin enorme Probleme, wie z.B. die Massenarbeitslosigkeit und die verbreitete Armut breiter Schichten, für die eine Überwindung nicht in Sicht ist. Die Industrie weist trotz der Erfolge in Teilsektoren als ganze enorme strukturelle Defizite und erhebliche technologische und Produktivitätsrückstände auf.

Auch hat es das Land nicht geschafft, sich aus den außenwirtschaftlichen Abhängigkeiten zu befreien. Die tunesische **Ökonomie** ist nicht in der Lage, die Importe vollständig durch Exporte abzudecken. Die wichtigsten Agrarexporte Olivenöl und Zitrusfrüchte haben auf dem Hauptexportmarkt EU schlechte Karten, da die Konkurrenten Portugal, Spanien, Italien und Griechenland als Mitglieder der EU den Zugang kontrollieren. Auch was das wichtige Exportgut Textilien betrifft, ist die Situation nicht sonderlich günstig, da man sich auf dem **Weltmarkt** in unerbittlicher Konkurrenz mit einer Reihe von Billiglohnländern (z.B. Portugal, Türkei, Indien) konfrontiert sieht. Auch jene Bereiche, über die man das Handelsdefizit ausgleicht, d.h. die Arbeitsmigration und der Tourismus, sind extrem von außen bestimmt (Ausländerpolitik der EU, Interessen der großen Reiseveranstalter in der EU, Länder-Präferenzen der Urlauber/Urlauberinnen in Westeuropa, Konjunkturenwicklung in den Hauptreiseländern etc.) und können sich leicht zu Ungunsten Tunesiens ändern. Die wirtschaftliche Entwicklung in Tunesien wird zu einem erheblichen Teil in Westeuropa entschieden.

Zunahme der Umweltprobleme

Die Modernisierung in **Wirtschaft** und Verkehr hat dem Land eine Menge ökologischer Probleme beschert. Z.B. hat der Autoverkehr in den Ballungsräumen enorm zugenommen, und damit auch die Lärmbelastung und Luftverschmutzung. In dieser Richtung wirken auch die in der jüngeren Vergangenheit aufgebauten Industrien (unzureichende Filter z.B.), die chemische Industrie, die Bergbau-und Aufbereitungsindustrie für **Phosphat**, Zementwerke und Raffinerien etc. Bei letzteren kommen noch die Schäden durch ungeklärte Abwässer hinzu. Große Umweltprobleme gehen auch davon aus, daß der steigende Wasserverbrauch der wachsenden Industrie, der modernisierten **Landwirtschaft** (Anlage von Bewässerungssystemen) und der durch den Tourismus hinzugekommene Wassergroßverbrauch der Hotels in dem regenarmen Land durch vermehrten Rückgriff auf Grundwasservorräte befriedigt wurde. Soweit diese Reserven, wie im Süden, nicht durch regelmäßige **Niederschläge** wieder aufgefüllt werden, hat dies zum Absinken des Grundwasserspiegels geführt. Beispielhaft ist dafür die Oase **Tozeur**, wo – nicht zuletzt wegen der starken Zunahme des Wasserbrauchs der Touristenhotels – der schöne Palmenhain um den Belvédère-Hügel zugrunde gegangen ist.

Mit wachsendem wirtschaftlichem Wohlstand beginnt sich nun auch in den städtischen Haushalten viel Müll anzusammeln, dessen Entsorgung nicht sorgfältig genug betrieben wird. Die neue Kultur der Plastikbecher, -flaschen und Dosen hinterläßt auch zusehends ihre Spuren inmitten beliebter Landschaftsflecken wie Picknick- und Parkplätzen, Waldrändern, Stränden

43

und in den archäologischen Stätten. Schließlich sei noch auf eine andere große Problemregion hingewiesen: das Meer. In mehreren Abschnitten, das gilt vor allem für die Räume **Tunis**, **Sfax** und **Gabés** besteht erhebliche Verschmutzung. Die Ursachen sind teils hausgemacht, etwa durch Einleitung von ungeklärten Abwässern, andererseits fremdgemacht, wobei die durch Öltanker hervorgerufene Verschmutzung sehr gravierend ist. Das tunesische Küstengewässer ist zwar längst nicht so schwer belastet wie eine Reihe anderer Küstenregionen des Mittelmeerraumes (Italien, Spanien z.B.), aber eben auch nicht kristallklar. Die Offiziellen wissen natürlich, daß die Verschmutzung den Badetourismus stören könnte und beginnen nun allmählich zu reagieren.

Wenn von ökologischen Problemen die Rede ist, muß natürlich auch auf die durch den Pestizideinsatz in der modernisierten Landwirtschaft hervorgerufene Belastung der Nahrungsmittel hingewiesen werden. Es wäre noch auf eine Reihe weiterer Umweltprobleme im Agrarbereich hinzuweisen wie Versalzung von Böden, Bodenerosion und wachsende **Desertifizierung**.

Gesellschaft

Eckpfeiler der Sozialordnung: Familie, Bildungswesen, Religion

Familienstrukturen

Modell der Vergangenheit: patriarchale Großfamilie

Im Mittelalter und bis in jüngere Zeit lebten die Menschen in Tunesien in großen Familienverbänden, denen Großeltern, Eltern und auch die Familien der Enkel angehörten (drei bis vier Generationen).

Diese Großfamilien waren patriarchal, d.h. die wesentlichen Entscheidungen lagen in der Regel beim Großvater oder dessen ältestem Sohn. Frauen waren grundsätzlich männlicher Autorität untergeordnet.

Der starke soziale Wandel, der mit dem Übergang zur bürgerlich-kapitalistischen Gesellschaft (Industrialisierung, Verstädterung, Wohnungsnot, Vordringen der Werte der bürgerliche Gesellschaft) verbunden ist, ließ auch die Institution Familie nicht unberührt. Bis auf die Schicht der selbständigen Bauern (landlose Bauern also ausgenommen) und wenige andere soziale Gruppen hat die Familie ihre produktive Funktion verloren und ist zur Konsumgemeinschaft reduziert.

Die zahlreich in die Städte abgewanderte Landbevölkerung findet dort nicht mehr den Wohnraum und besitzt auch nicht die wirtschaftlichen Mittel für ein Leben in Großfamilien.

Ferner hat die tunesische Familie – nicht nur in der Stadt – durch das Aufkommen der Massenmedien (insbesondere des Fernsehens) und den Aufbau eines modernen Schulwesens erhebliche Einbußen als Agentur der Erziehung und Verinnerlichung von Werten hinnehmen müssen.

Zwar hat sie erhebliche Funktionsverluste erlitten, gleichwohl bleibt sie als Grund- oder Basiseinheit sozialen Lebens selbstverständlich und unangetastet. Nur etwa 2 % der erwachsenen tunesischen **Bevölkerung** bleiben unverheiratet. Für die Heranwachsenden ist klar, daß sie Famlien gründen werden und in dieser Institution einen erheblichen Teil ihres Lebens verbringen werden.

Kleinfamilie, Verwandtschaft, Moral

Es besteht seit mehreren Jahrzehnten eine deutliche Tendenz zur partnerschaftlichen Kernfamilie, wobei dieses Ideal nur selten realisiert wird, sondern vielmehr verschiedene Übergangsformen zwischen patriarchaler Großfamilie und partnerschaftlicher Kernfamilie bestehen.

Diese Familien zwischen den Polen, die die Soziologen erweiterte Kernfamilie nennen, in denen außer der Kernfamilie, bestehend aus Eltern und noch nicht erwachsenen Kindern, auch eine oder mehrere Personen aus dem engeren Verwandtenkreis leben (Oma, Opa, Tante, Onkel), machen die große Mehrheit aller Familien im heutigen Tunesien aus.

Familiengröße in Tunesien 1984				
Zahl der Personen	1	2 bis 4	5 bis 6	über 7
Zahl der Haushalte in 1.000	52	520	444	442
Anteil in v.H.	3,6	35,6	30,5	30,3

Quelle: Boukhris, M., Les Droits de la Familie, Tunis 1992, S. 79

Obwohl räumlich eigenständig, sind die Kernfamilien in Tunesien allerdings noch recht stark in das soziale Netz der Verwandtschaft eingebunden – diese Beziehung ist erheblich stärker als im Falle der deutschen Durchschnittskleinfamilie. Auch die überlieferten patriarchalen Werte und Normen sind längst noch nicht verschwunden, haben jedoch dank der weitreichenden gesetzlichen Verbesserungen zu Gunsten der Frau Federn lassen müssen. Es besteht aber eine Tendenz zu mehr Partizipation der weiblichen Seite an den die Familie betreffenden Entscheidungen.

Trotz der fortschrittlichen Gesetzgebung ist die **Frauenemanzipation** freilich längst noch nicht abgeschlossen.

Sexualität

Ein Bereich, in dem sich sehr wenig geändert hat, ist die Sexualmoral.

Sexualität gilt nach traditionell islamischem Verständnis als eines der menschlichen Grundbedürnisse, das Männern und Frauen gleichermaßen zugestanden wird – also grundsätzlich bejaht wird. Antisexuelle, asketische Züge, wie wir sie in verschiedenen christlichen Lehren (Zölibat für Priester im Katholizismus z.B.) finden, sind dem **Islam** fremd. Die sexuelle Befriedigung ist Voraussetzung für erfolgreiches Zusammenleben und erfolgreiche Arbeit.

Weibliche Sexualität gilt als potentiell chaotisch und muß nach den Vorstellungen islamischer Theologen institutionell durch feste und begrenzte Bande der Ehe-Familie reguliert werden. Die islamische Normierung der Sexualität setzt mehr auf äußere Kontrolle durch die Individuen als auf über Schuldgefühle durchgesetzte innere Steuerung.

Sexualität war und ist auf die Ehe begrenzt, wobei allerdings seit alters her Doppelmoral herrscht, die den Männern den Gang zu Prostituierten offen hält und auch Seitensprünge erlaubt, während man den Frauen weder vorehelichen noch außerehelichen Sex zubilligt. Natürlich gibt es auch Frauen, die sich über diese Normen hinwegsetzen, aber dies bringt ihnen einen schlechten Ruf. Die **Liberalisierung** der Sexualität, man mag das die sexuelle Revolution nennen, steht im Islam im allgemeinen und in Tunesien im besonderen noch aus.

Die Rolle der Frauen in Familie und Gesellschaft

Die traditionelle Frauenrolle der Zeit vor den Bourguibaschen Reformen fixierte die Frau räumlich und kulturell vollständig auf Haus, Küche und Kinder. Öffentlichkeit und damit verbundene Tätigkeiten war Männersache.

Gegenüber dem Mann war die Frau in vielen Belangen benachteiligt. So lag die oberste Autorität bei Vater und Ehemann, der Ehemann konnte sie ohne weitere Begründung davonjagen, sie war vom Erbe ausgeschlossen, ihre Aussage war vor Gericht nur halb so viel wert wie die der Männer.

Das Reformgesetz von 1956 hat mit der Anerkennung der **Gleichberechtigung der Frau** eine Entwicklung ausgelöst, durch die die Position der Frau in der tunesischen Gesellschaft erheblich verbessert wurde. Damit wurde den Frauen der Zugang zum **Bildungswesen** und zur Arbeitswelt sowie der Zugang zur **Politik** eröffnet. Wenn man nun nach über drei Jahrzehnten bilanziert, stellt man fest, daß es seitens der Frauen durchaus Fortschritte gibt, daß sie aber in fast allen Bereichen der Gesellschaft noch deutlich unterrepräsentiert sind. Nur in den unteren Stufen des Bildungssektors kann von einer weitgehenden Gleichberechtigung die Rede sein, denn mittlerweile gehen fast alle Mädchen zur Schule.

Dagegen bestehen ganz erhebliche Rückstände in Arbeitswelt und Politik: die Frauenerwerbsquote erreicht lediglich ca. 20 %, der Anteil der Frauen beträgt im Parlament ganze 4 %, die Zahl der Frauen in gehobenen Positionen in Universität, Wirtschaft, Verwaltung und Regierung ist sehr gering.

Die Öffnung des Bildungswesens und der Berufswelt für die Frauen ließ andererseits den traditionell den Männern vorbehaltenen öffentlichen Freizeitsektor, die Kaffeehäuser und Lokale, völlig unberührt. Hier herrschen Verhältnisse, als hätte es die Reform von 1956 nie gegeben.

Im Frauenleben nimmt entsprechend nach wie vor die häusliche Sphäre einen erheblichen Raum ein, der weit über das hinausgeht, was Männer an das Haus bindet. So ruht die Hausarbeit und Kinderaufzucht weiterhin ungeteilt auf ihren Schultern.

Im Falle von Berufstätigkeit führt dies ganz selbstverständlich zur Doppelbelastung, wenn nicht eine Oma oder Tante mithilft.

Bildungswesen

Während der französischen Kolonialherrschaft wurde nur wenig für die Bildung der Einheimischen getan. 1954, 2 Jahre vor der Unabhängigkeit, lag die Analphabetenrate bei etwa 90 %, lediglich 18,5 % der muslimischen Kinder waren eingeschult. Für 1952/53 wird die Zahl der einheimischen Akademiker (Lehrer ausgenommen) mit nicht mehr als 474 angegeben, darunter 153 Ärzte, 79 Apotheker, 40 Zahnärzte, 184 Rechtsanwälte und 18 Ingenieure.

In der nachkolonialen Zeit wurde sehr viel unternommen, um den Bildungssektor zu entwickeln.

Heute, 40 Jahre nach dem Ende der **Kolonialherrschaft**, gehen praktisch alle Kinder zur Schule. Das Phänomen des Analphabetismus ist in der jungen Generation fast beseitigt, die Analphabetenrate beträgt nur noch 38 % (1990). Viele Kinder besuchen weiterführende Schulen, die Zahl der Studierenden ist mittlerweile auf über 60.000 angewachsen. Es ist heute möglich, praktisch alle Fachrichtungen im Lande selbst zu studieren. Auslandsstudien müssen nur noch als zusätzliche Qualifikation und Erfahrung angehängt werden. Daß dennoch nach wie vor etwa 10.000 im Ausland studieren, hängt damit zusammen, daß die personellen und räumlichen Kapazitäten noch nicht ausreichen.

Neben der riesigen Universität **Tunis** sind seit wenigen Jahren fünf weitere Universitäten in anderen Städten im Aufbau.

In das Bildungswesen fließen etwa 30 % des Staatshaushalts. Alle Leistungen werden unentgeltlich gewährt. Etwa die Hälfte der Studierenden kommt in den Genuß eines Stipendiums. Die **Schulpflicht** ist gesichert, sie gilt vom 6. bis 14. Lebensjahr – und soll demnächst um 2 Jahre verlängert werden. Sie reicht damit sogar über die Grundschulausbildung hinaus, die sechs Schuljahre dauert. Das Bildungswesen ist an der **Zweisprachigkeit** orientiert. Französisch beginnt bereits in der zweiten Grundschulklasse. Seine Bedeutung wächst mit der Schulstufe. Im Bereich der Hochschulen dominiert es.

Religion in Tunesien

Exodus der Christen und Juden

Tunesien war, im historischen Teil wurde das schon beschrieben, über viele Jahrhunderte ein christliches Land, bevor hier ab dem 7. Jahrhundert der Islam einzog. Größere Gruppen von Christen kamen sodann noch einmal im 19. und 20. Jahrhundert in das Land, als sich hier im Zusammenhang mit der **Kolonialherrschaft** in größerer Zahl Italiener und Franzosen niederließen.

1946 wurde für Tunesien die Zahl der Christen, zu über 90 % Katholiken, mit etwa 260 000 oder knapp einem Zehntel der **Bevölkerung** angegeben. Unter ihnen befanden sich nur ganz wenige Einheimische.

Das **Christentum** war eng mit dem **Kolonialismus** verbunden, deshalb kam es nach 1956 zu einem riesigen Exodus. Heute liegt die Zahl der Christen gerade noch bei etwa 15 000.

Neben den Christen bildeten die Juden bis in die jüngste Zeit hinein die zweite große nichtislamische Minderheit in Tunesien; auch ihre Zahl lag bei annähernd 200 000. Ihre Vorfahren kamen in verschiedenen historischen Perioden jeweils als Flüchtlinge ins Land: die ersten bereits 588 v.Chr., als Nebukadnezar Jerusalem einnahm, andere kamen, als Jerusalem unter dem römischen Kaiser Titus zerstört wurde, und wieder andere kamen zwischen dem 13. und 16. Jh. aus Spanien und Italien, dieses Mal von der sehr toleranten Politik der Hafsiden (1236-1574) angelockt, die ihnen Schutz vor der Inquisition bot. Die Juden waren im Gegensatz zu den italienischen und französischen Katholiken fest in die tunesische Gesellschaft integriert, sprachen z.B. Arabisch und hatten verschiedene einheimische Sitten und Gebräuche übernommen. Gegen sie bestanden keine Ressentiments, auch nicht nach der Gründung des Staates Israel.

Auf diesem Hintergrund erstaunt es ein wenig, daß nach dem Abzug der Franzosen auch bei den Juden Abwanderungen einsetzten. Hauptziel war nicht Israel, sondern Frankreich. Auch die USA wurde angesteuert.

Die Auswanderung begann schon einige Jahre vor 1967, als nach der deprimierenden Niederlage Ägyptens und Syriens gegen Israel erstmals gegen Juden wirklich in größerem Maße Mißstimmung aufkaum – aber das war keine Pogromhetze; nun kam es jedoch zu einem großen Exodus.

Heute leben in Tunesien nur noch knapp 3000 Juden, von denen ein Viertel allein auf **Djerba** zu Hause ist.

Nach dem Exodus der Christen und Juden besteht Tunesiens Bevölkerung heute – zumindest, was die offiziellen Angaben betrifft – zu 99 % aus sunnitischen Moslems, die großenteils der hanefitischen Rechtsschule angehören. Eine kleine Minderheit bilden die malekitischen Sunniten, die auf der Insel **Djerba** recht stark vertreten sind.

Hinter den globalen Zahlen formaler Religionszugehörigkeit verbirgt sich eine komplexe Realität:
- nur eine Minderheit hält sich strikt an die Normen der **Orthodoxie**;
- der **Volksislam** mit seinen vielfältigen eigenständigen Praktiken kann auf eine zahlreiche Anhängerschaft zählen;
- das Verständnis der Rolle von Staat, **Politik** und **Religion** ist zwischen islamischen Modernisierern und den sog. **Islamisten**, die dogmatisch an einem vormodernen **Islam** festhalten, heftig umstritten.
-

Reformislam versus Islamismus

In den Jahren des Widerstandes gegen die Kolonialherrschaft war der Islam ein wichtiger Faktor für die Bildung antikolonialen nationalen Bewußtseins. Zu diesen gegen die Fremdmacht hochgehaltenen arabisch-islamischen Werten und Bräuchen zählte damals auch noch der Schleier für Frauen, den Bourguiba in jener Zeit noch ausdrücklich als Teil „tunesischer Identität" lobte. Entsprechend hatten auch islamische Traditionalisten und Notabeln ihren Platz in der **Neo Destour-Partei**.

Nach der Unabhängigkeit kam es dann zu weitreichenden Veränderungen im Verhältnis von Politik, Staat, Gesellschaft und Islam, denn die Führungsgruppe um Bourguiba hatte sich zum Ziel gesetzt, das Land in die moderne bürgerlich-kapitalistische Gesellschaft zu führen. Das hieß Trennung von Staat und Religion und vielfältige Veränderung in der Gesellschaft, erforderte auch einen reformierten Islam. Diese **Modernisierung** bestand zum einen in tiefgreifenden gesellschaftlichen **Reformen**, und zum anderen in der Verdrängung des Islams aus Staat (Rechtswesen) und Öffentlichkeit sowie der Unterwerfung der verbleibenden islamischen Institutionen unter staatliche Aufsicht und der Unterordnung des islamischen Führungspersonals unter die am **Säkularismus** orientierte politische Führung.

Es ging den Reformern nicht darum, den Islam abzuschaffen, sondern vielmehr um seine Reduktion auf private religiöse Weltanschauung und Faktor der **Alltagskultur**.

Grad der religiösen Praxis	Männer	Frauen	Hijab-Frauen
Praktizierend:			
Reg. Gebet und Fasten	34,0	49,0	82,8
Fasten	40,4	41,2	11,2
Nicht praktizierend	18,1	4,7	2,9
Nicht an der Religion interessiert	7,5	5	0

A. Darghouth Medimegh, Droits et Vécu de la Femme en Tunisie, Lyon 1992, S. 134 (repräsentative Untersuchung)

Neudefinition der gesellschaftlichen Rolle des Islams
Eine zentrale Rolle kommt in der Neuformulierung der gesellschaftlichen Rolle des Islams der Befreiung der Frau aus den vielfältigen Benachteiligungen, die ihr die islamische Orthodoxie auferlegte, zu. Sie wird nun zu einem rechtlich dem Manne gleichberechtigten Subjekt, ihr wird der Zugang zur Öffentlichkeit, zur Arbeitswelt,

49

zum **Bildungswesen** und zur Politik geöffnet. Die Ehe wird aus der männlichen Dominanz, die vom Islam sanktioniert ist, gelöst und einem weltlichen Recht und einer staatlichen Gerichtsbarkeit unterstellt, die sich am Modell der rechtlichen **Gleichberechtigung** orientieren.

Die zweite tiefgreifende Änderung betrifft die Zurückdrängung des islamischen Bildungswesens – jetzt unter staatlicher Aufsicht – und den Aufbau eines umfassenden, modernen säkularen Bildungssystems.

Es wurden auch Versuche unternommen, das islamische Brauchtum, wo es dem ökomischen Wachstum hinderlich war, einzuschränken (z.B. Massenschlachtung von Hammeln zum Opferfest zu verhindern; Beschränkung von Mekkareisen wegen Devisenmangels) dies war aber letztlich nicht durchsetzbar und wurde schließlich wieder aufgegeben.

Das Verhältnis zum Staat

Der Staat erhielt eine moderne weltliche **Verfassung**, die aber zumindest floskelhaft dem Islam die Rolle der „Staatsreligion" zuweist. Der Präsident muß Moslem sein. Er kontrolliert den Mufti, ist de facto das Oberhaupt des Islams im Lande.

Gleichzeitig wurde aber dem Islam seine rechtliche Zuständigkeit für Ehe-, Familien- und Erbschaftsangelegenheiten (**Schariagerichte**) entzogen und ein einheitliches säkularisiertes Rechtswesen aufgebaut.

Ferner wurde dem Islam durch die Verstaatlichung der Habous- Ländereien die wirtschaftliche Basis genommen. Auch die Moscheen und andere religiöse Einrichtungen wurden der staatlichen Verwaltung unterstellt, das religiöse Personal wurde verbeamtet und wird vom Staat besoldet. Die Prediger in den Moscheen sind „Seelsorger", sie müssen sich politischer Äußerungen enthalten.

*Die **Islamisten** fordern die **Reformer** heraus*

In den Reformjahren war die islamische **Orthodoxie**, die ja den islamischen Staat fordert und den Frauen die Gleichberechtigung verweigert, relativ schwach und leistete kaum Widerstand.

Erst ab Mitte der 70er Jahre begann sich eine nennenswerte Opposition gegen den Säkularismus zu regen. Die Ereignisse im Iran und die Verschlechterung der wirtschaftlichen Lage der unteren Schichten, insbesondere die wachsende Massenarbeitslosigkeit unter Jugendlichen, führte den Islamisten weitere AnhängerInnen zu. Stärkste Kraft im antisäkularen Lager ist die 1981 gegründete MTI, die sich seit 1989 **Ennahdha** nennt.

Ab Mitte der 80er Jahre begannen diese Gruppen mit Gewalt gegen die regierenden Reformoslems zu agieren, die mit gleicher Münze zurückzahlten.

1987 spitzte sich die Situation stark zu. Nach dem Sturz von Bourguiba suchte Ben Ali die Situation zu entschärfen, indem er zunächst die Repression reduzierte und eine Reihe von Konzessionen gegenüber den Islamisten machte. Dennoch sah er sich Anfang der 90er Jahre mit neuerlichen Attacken konfrontiert. Derzeit ist der gewaltbereite Flügel der Islamisten unter der Kontrolle der säkularen Gruppierungen. Für die gegenwärtige Situation ist typisch, daß sich – grob gesprochen – im tunesischen Islam zwei Lager unversöhnlich gegenüberstehen: die moslemischen Modernisierer (**Säkularisten**) und die moslemischen Restaurierer (**Theokraten**). Im Gegensatz zu anderen Regionen im arabischen Raum haben erstere nach knapp 40 Jahren Reformpolitik durchaus einen breiten Anhang und die Chance, sich langfristig durchzusetzen. Andererseits ist aber auch nicht damit zu rechnen, daß der harte Kern der Islamisten seine Position aufgibt, entsprechend wird der Konflikt zwischen Reformmoslems und Islamisten fortdauern.

Die fünf Säulen des Islams:

Die Normen der sunnitischen Orthodoxie

Der **Islam** ist eine strikt monotheistische **Religion**, darüber ist man sich in allen Strömungen einig. Das Bekenntnis zu diesem einen – und allmächtigen Gott (Allah im Arabischen) ist das erste Grundgebot, zu dem die Gläubigen nach der Lehre des Propheten Mohammed und der Auffassung der orthodoxen Gelehrten des **Sunnitentums** verpflichtet sind. Zum Grundkanon islamischer Normen gehören darüber hinaus noch vier andere Gebote.

Da ist einmal die Verpflichtung zum fünfmaligen täglichen Gebet, Salat, das frühmorgens, morgens, mittags, abends und zu nächtlicher Stunde erfolgen sollte. Die Gebetszeit wird durch den Ruf des Muezzin vom Minarett der Moschee verkündet. Ihm soll die Waschung der Hände, Füße und des Gesichts vorausgehen. Die Form des Gebets erfolgt nach festen Regeln. Die Betenden wenden sich in Richtung **Mekka**, die in der Moschee durch eine Nische in der Wand, die Qibla, angezeigt wird. Lediglich für den Freitag nachmittag besteht eigentlich die Verpflichtung, das Gebet in der Moschee zu verrichten. Ansonsten kann dies an jedem Ort geschehen. Außerhalb der Moschee soll als Unterlage ein kleiner Teppich benutzt werden.

Ferner wird von gläubigen Moslems verlangt, den Armen Almosen zu geben, Zakat; dies drückt sich unter anderem in einer Fleischspende am Opferfest und in einer gewissen Freigiebigkeit gegenüber Bettlern und Bettlerinnen aus.

Vierte Grundregel im Kanon der fünf Säulen des Gesetzesislams ist das Gebot, zumindest einmal im Leben eine Pilgereise, Haj, zur Kaaba in der heiligen Stadt Mekka (Saudi Arabien) zu unternehmen, sofern dem nicht Krankheit und Armut im Wege stehen. Viele Menschen in Tunesien betrachten den Besuch von **Kairouan**, Tunesiens heiliger Moslemstadt, als adäquaten Ersatz.

Schließlich ist da noch die Verpflichtung während des neunten Monats des islamischen Kalenders, dem **Ramadan**, zu fasten. Davon sind allerdings Alte, Kranke, Säuglinge und Reisende befreit. Ganz konkret heißt dies, daß zwischen Sonnenauf- und Sonnenuntergang weder gegessen noch getrunken, noch geraucht werden darf. Ferner ist in dieser Zeit jeglicher Geschlechtsverkehr verboten. In der offiziellen Politik – das gilt vor allem für die Zeit unter Bourgiba – war man nicht sehr glücklich über den Ramadan, da durch die Fastengebote die wirtschaftlichen Aktivitäten erheblich vermindert wurden und die Produktionsergebnisse wesentlich niedriger lagen als in normalen Zeiten.

Über die fünf Grundnormen hinaus gibt es noch eine Reihe zusätzlicher Gebote und Verbote, wie z.B. das Verbot, Alkohol zu trinken, Schweinefleisch zu essen, Glückspiele zu betreiben, für Kredite Zinsen zu verlangen. Gläubigen, die all die Gebote einhalten, winkt wie im **Christentum** nach dem Tod das Paradies.

Für die Schriftgelehrten und ihren Anhang ist charakteristisch, daß sie die rigorose Einhaltung der islamischen Gesetze betreiben. Dagegen gilt für viele Menschen aus dem „Volk", daß sie nur einen Teil der Gebote der Orthodoxie befolgen und verschiedene Normen auch nur in modifizierter Form praktizieren. So trinken sie teilweise Alkohol und befolgen auch nur begrenzt und z.T. überhaupt nicht das Ramadangebot.

Mohammed, der Gründer des Islams
Der Islam gehört zu jenen Religionen, die einem einzelnen Gründer zugeschrieben werden und in deren Zentrum ein heiliges Buch steht.

Der Gründer – seine Anhänger und Anhängerinnen sagen: der Prophet – Mohammed wurde 569 in Mekka im heutigen Saudi Arabien geboren und verstarb auch dort im Jahre 632. Seine Lehre wurde ihm – ein typischer Gründungsmythos für Religionen – vom einzigen und allmächtigen Gott durch den Erzengel Gabriel verkündet. Sie wird nach moslemischer Vorstellung als letzte und abschließende Offenbarung eingeordnet, die das Werk von Abraham, Moses und Jesus vollendet.

Was das religiöse Bewußtsein als Produkt einer metaphysischen Beziehung sieht, ist freilich ein sozialhistorisches Produkt, eine Anschauung, die unter ganz bestimmten gesellschaftlichen Bedingungen entstanden ist, also nicht göttlich-ursprünglich, sondern historisch-menschlich ist.

Mohammed kannte Christentum und **Judentum** und sah sich einer anarchischen arabischen Gesellschaft gegenüber, deren Zerstrittenheit und Misere auch in einer Vielheit von Gottheiten zum Ausdruck kam, die er für die zentrale Ursache für diesen Zustand hielt. Darauf antwortete er mit einem konsequenten **Monotheismus** nach jüdischem und christlichem Vorbild, modifiziert durch spezifische Bedingungen der damaligen arabischen Gesellschaft. Die neue Religion war zugleich im Gewande vielfältiger, neuer sozialer Normen als Reform der Gesellschaft konzipiert.

Die ersten Jahre verliefen überaus turbulent und schwierig, Mohammed mußte sogar in die Nachbarstadt **Medina** fliehen. Später gelang es ihm aber, siegreich nach Mekka zurückzukehren und seine neue Religion und Sozialordnung erfolgreich zu etablieren. Nach seinem Tode wurde die neue religiöse Anschauung von den arabischen Stämmen innerhalb nur eines Jahrhunderts durch Krieg in weite Gebiete des mittleren Ostens, Nordafrikas sowie der iberischen Halbinsel verbreitet.

Koran, Hadith, Sharia und säkularer Staat
Nur 20 Jahre nach dem Tode des Propheten machten sich Gelehrte daran, Mohammeds Offenbarungen als jenes unter dem Namen Koran bekannte Buch zusammenzustellen, das in der islamischen Lehre unangefochten den Platz des „Heiligen Buches" einnimmt.

Der Koran ist in Hocharabisch verfaßt, der Lingua Franca des Arabiens des 7. Jhs. Nur in einigen wenigen Einsprengseln taucht auch der Dialekt des Hedschas auf, der Heimatregion des Propheten.

Der Koran besteht aus 114 Abschnitten sehr unterschiedlicher Länge, die als die Suren bekannt sind. Diese sind ihrerseits aus Versen zusammengesetzt, die in Reimprosa abgefaßt sind. Er ist kein systematischer Text, die Inhalte sind in der zeitlichen Reihenfolge ihrer Verkündung zusammengestellt. Dies bringt viele Gedankensprünge und auch Wiederholungen mit sich.

Neben dem Koran sieht die **Orthodoxie** auch die Überlieferung über das Leben und das alltägliche Verhalten Mohammeds, Hadith genannt, als für die Gläubigen vorbildlich und verbindlich an.

Freilich ist das alles nicht so eindeutig, wie viele Dogmatiker und religiöse Fanatiker (sog. **Fundamentalisten**) vorgeben, die aus Koran und Hadith eine sehr rigide und teilweise sehr repressive **Moral** (einschließlich Strafmaß) ableiten, Sharia genannt, die sie rigoros durchsetzen wollen – und die auch in verschiedenen islamischen Ländern (Saudi Arabien, Pakistan, Iran u.a.) angewandt wird.

Weder ist der Koran leicht und eindeutig zu interpretieren, noch ist er widerspruchsfrei, und was die Hadith betrifft, ist längst noch nicht geklärt, was Legende und was Wahrheit ist. Dazu wäre viel kritische Geschichtsforschung erforderlich, was bekanntlich nicht gerade die Stärke der Orthodoxie ist. Die Sharia mit ihren unveränderlichen Normen, wie sie die Orthodoxie interpretiert, macht den Staat und die gesamte Gesellschaft zur Sache der Religion, die undemokratisch vorgegeben wird. Gesetze sollen nicht von einem durch das Volk gewählten Parlament gemacht werden können, dessen Vertreter/Vertreterinnen auch abgewählt werden können – und dessen Gesetze veränderbar bleiben. Der Sharia-Staat der **Islamisten** ist totalitär und diktatorisch.

Verhältnis zu Andersgläubigen
Der Islam sieht in den Propheten des Alten Testaments und auch in Jesus Vorläufer des Propheten Mohammed, der ihre Lehren zur Vollendung, zum Abschluß gebracht habe. Juden und Christen gelten entsprechend im Besitze von Teilen der Wahrheit. Sie können deshalb im Gegensatz zu den Hindus und Buddhisten toleriert werden.

Außer dem Glauben an den einen Gott existieren zwischen Moslems, Christen und Juden noch eine Reihe anderer Gemeinsamkeiten, wie z.B. der Glaube an ein Jenseits und verschiedene moralische Grundsätze.

Moscheearchitektur
Die **Moschee** ist für sunnitische und schiitische Moslems, also der großen Mehrheit der Gläubigen, der zentrale Sakralbau für das Gebet (Ausnahme Aleviten in der Türkei) – in gewisser Weise der christlichen Kirche vergleichbar.

Wie diese Bauten auszusehen haben, ist weder durch den Koran noch die Hadith vorgegeben. In der frühen Phase des Islams orientierte man sich an dem von Mohammed in seinem Haus in **Medina** (Saudi Arabien) eingerichteten Gebetsplatz. Im Laufe der Zeit bildeten sich im wesentlichen drei Haupttypen von Moscheen heraus:

1) die Säulenhallenmoschee
2) die Vier-Iwan-Hofmoschee
3) der Zentralkuppelbau

Der älteste Typus islamischen Sakralbaus, die Stützen- oder Säulenhallen-Moschee, ist eine arabische Schöpfung, deren Anfänge im 7. und 8. Jh. liegen. Hauptteil dieser Moschee ist ein Betsaal, dessen Erscheinungsbild

Eckpfeiler der Sozialordnung: Familie, Bildungswesen, Religion

Moschee von Mahboubine

von zahlreichen Säulen bestimmt ist. Ferner gehört zu ihr ein ummauerter Hof mit Brunnen sowie ein Minarett, von dem die Betzeit verkündet wird. Damit hatten sich jene Bauelemente herausgebildet, die in späterer Zeit zum Grundbestand jeder Moschee gehören sollten:

➢ Betraum,
➢ **Minarett**,
➢ Brunnen für rituelle Waschung.

Die Stützen- oder Säulenhallenmoschee war von Anfang an in Tunesien dominierend und blieb dies bis in die Gegenwart. Im Gegensatz zu vielen anderen islamischen Ländern blieb in Tunesien bis auf den heutigen Tag das viereckige Minarett, das dem Kirchturm ähnelt, erhalten, während andernorts die runden Minarette die Szene eroberten.

Der zweite Bautyp, die Vier-Iwan-Moschee, ist eine Schöpfung des iranischen Raumes. Sie geht auf das 10./11. Jh. zurück. Diese Moschee-Architektur spielte in Tunesien überhaupt keine Rolle und wird deshalb nicht weiter vorgestellt.

Der dritte Bautypus schließlich ist wesentlich jünger als die beiden anderen; er ist erst Ende des 15. Jh. entstanden und gilt als der große türkisch-osmanische Beitrag zur islamischen Sakralarchitektur. Für die Moschee dieser Stilrichtung ist ein mehr oder weniger großer zentraler Raum charakteristisch, der von einer Kuppel gekrönt wird.

Ihre **Architektur** steht in der Tradition des byzantinischen Kirchenbaus, insbesondere der Hagia Sophia von Konstantinopel, dem späteren Istanbul. Auch dieser Typus von Moschee spielt in Tunesien nur eine sehr geringe Rolle (in diese Richtung zielt die Moschee von Mahboubine/Djerba).

Die Moschee als sakrales Zentrum – einige Charakteristika
Die Moscheen, deren Äußeres – wo nicht gerade Kirchen umfunktioniert (Zypern z.B.) wurden – durch Kuppeln und Minarette bestimmt ist, bestehen im Innern lediglich aus einem großen, ungegliederten Gebetsraum, der mit Teppichen ausgelegt ist. Die Wände sind im allgemeinen ebenfalls sehr bescheiden gestaltet, da Abbildungen von Personen nicht erlaubt sind. In manchen Moscheen findet man stattdessen die Wände und Säulen mit Kunstschrift verziert (**Kalligraphie**). Focus der Moschee ist die mitunter kunstvoll verzierte Gebetsnische (**Mihrab**) in der Südostwand, die den Betenden jene Richtung anzeigt, in der die heilige Stadt **Mekka** liegt. Fester Bestandteil der Moscheen sind schließlich noch die kleinen, Minber genannten Kanzeln, von denen der Imam seine Freitagsansprache hält. Außerdem gehört zur Moschee der Reinigungsbrunnen im Vorhof.

Im Zentrum des Kultus steht das Gebet, das einen vorgeschriebenen äußeren Ablauf hat. Insgesamt ist dieser Vorgang sehr einfach und kurz und überhaupt nicht mit der Pracht und Vielfalt der Liturgie der griechisch-orthodoxen und der römisch-katholischen Kirche vergleichbar.

Man sucht auch in den Moscheen vergeblich nach einer Orgel oder einem vergleichbaren Instrument. **Musik** ist in der Moschee nicht gestattet, die sunnitische Orthoxie lehnt sie überhaupt ab.

Die Moschee ist primär ein Versammlungsort der Männerwelt. In einigen wenigen Moscheen ist eine kleine

Empore oder ein ausgegrenzter Hinterraum auch den Frauen vorbehalten, das ist aber die Ausnahme. Die Regel lautet: Frauen beten zu Hause.

Volksislam, Marabouts, Amulette

Die große Masse der Tunesier und Tunesierinnen, auf dem Lande stärker als in der Stadt, praktiziert einen eklektischen **Islam**, der sowohl die Gebote der sunnitischen **Orthodoxie** berücksichtigt, wenn auch begrenzt und modifiziert, als auch zahlreiche Heiligen verehrt sowie verschiedenste religiösmagische Praktiken aus vorislamischer Zeit beibehält, so sehr auch die Repräsentanten dagegen predigen mögen.

Im Laufe der Jahrhunderte sind im tunesischen Islam zahlreiche Männer als Asketen oder Mystiker oder durch besonders korrekte Lebensführung im Sinne des **Koran** in den Ruf besonderer Heiligkeit gelangt, wofür sich im Laufe der Zeit der Begriff Marabout eingebürgert hat. Damit meint man aber auch die Gräber dieser Menschen.

Es gibt heute in Tunesien mehrere hundert Gräber dieser Art, Marabouts, die z.T. vielbesuchte Wallfahrtsstätten geworden sind. Man geht dorthin, um sich mit Bitten an den Heiligen zu wenden und in besonderem Maße an seinen außergewöhnlichen Kräften zu partizipieren. Dies sind die Orte einer besonderen, an persönlichen Beziehungen ausgerichteten Frömmigkeit, für die in der Dogmatik der sunnitischen Gelehrten mit ihrem abstrakten Gottesbegriff kein Platz ist, für den aber in einer Gesellschaft mit zahllosen Problemen religiös orientierte Menschen auf ihrer Suche nach Hilfe und Sinn Bedarf haben.

Ein anderer verbreiteter Charakterzug des Volksislams ist die Furcht vor bösen Geistern, **Djins**, die Krankheit, Unglück und Tod bringen. Eine vergleichbare Wirkung soll auch vom „bösen Blick" verschiedener Mitmenschen ausgehen. Man stößt relativ häufig auf die Ansicht, daß diese Furcht vor allem unter Frauen verbreitet sei; dies zu überprüfen wäre Sache empirischer Sozialforschung.

Es ist die Aufgabe verschiedenster **Zaubermittel** und Amulette, dagegen zu schützen. Besondere Hoffnungen knüpfen sich dabei vor allem an die „Khamsa" (Fünf) oder „Hand der Fatima" (Name der Tochter des Propheten), das Muster einer Hand, ein uraltes Symbol aus phönizischer und früher jüdischer Zeit. Man findet dieses Symbol auf Silberanhängern, auf Teppichen, als Stickerei an Kleidern oder Malerei an Hauswänden.

Zu den potenten Abwehrmitteln zählt ferner der Farbstoff **Henna**, der aus den gemahlenen getrockneten Blättern des Hennastrauches gewonnen wird, der mit Wasser oder Kalkmilch zu einem Brei verrührt wird. Damit werden von vielen Frauen – vor allem im Süden – sodann Muster aufgetragen. Bei Bräuten ist die Anlage solcher Muster ein wichtiger Teil des Hochzeitsrituals. Es gibt Frauen, Hennana genannt, die speziell damit beschäftigt sind.

Es existieren aber noch einige andere Motive, die Amulette zieren, die wir hier nicht anführen.

In der religiösen Praxis der Anhänger und Anhängerinnen des populären Islams spielt auch der Glaube an Zauberei, Wahrsagerei und „Baraka", eine besondere heilbringende Kraft, die bestimmten Menschen eigen sein soll (wie etwa den Marabouts), eine gewisse Rolle.

Kultur und Alltag

Einen zentralen Platz nimmt im Alltag der großen Mehrheit der erwachsenen Tunesier und Tunesierinnen natürlich die Erwerbsarbeit ein. Dies betrifft in höherem Maße die Männer, da bekanntlich viel mehr Männer als Frauen außer Haus beschäftigt sind. Für diese Menschen stehen, in einem Peripherieland wie Tunesien, natürlich die Sicherung des Arbeitsplatzes und die Durchsetzung bzw. Erhaltung von Löhnen, die zumindest für einen bescheidenen Lebensstand ausreichen, im Vordergrund. Für die zahlreichen Arbeitslosen sind die ökonomischen Existenzfragen noch brennender. Frauenalltag ist – von einer Minderheit abgesehen – unbezahlte Hausarbeit und Abhängigkeit vom durchschnittlich sehr niedrigen Einkommen des Ehemannes – falls dieser überhaupt eine Beschäftigung hat.

Jenseits der Zwänge von **Ökonomie** und Arbeitswelt (einschließlich Hausarbeit) wird ein großer Teil der Zeit durch häusliche Geselligkeit und Leben im **Kaffeehaus** bestimmt. Dabei besteht ein hohes Maß von Geschlechtertrennung – auch nach knapp vier Jahrzehnten **Frauenemanzipation**. Frauen verbringen ihre freie Zeit nach wie vor weitgehend zu Hause, während das Café ungebrochen das unangefochtene Domizil der Männerfreizeit ist.

So ist auch heute immer noch das Maurische Bad der einzige Flecken, wo sich Frauen aller Schichten und aller Altersklassen außer Haus treffen. Allerdings bleiben sie unter sich, denn es wird nach Geschlechtern getrennt gebadet. Seit einiger Zeit ist das Fernsehen, das heute in vielen Haushalten allgegenwärtig ist, zu einem wichtigen Medium der Freizeitgestaltung geworden. Die Frauen haben auf diesem Wege nun auch einen visuellen Zugang zu aktuellen Ereignissen in der Öffentlichkeit.

Besondere Freizeitattraktionen sind in Südtunesien zahlreiche private und religiöse Feste und Feiertage, Festivals, Theater- und Kinobesuche, sommerliche Ausflüge zum Meer und Picknicks, Verwandtenbesuche und Einladungen verschiedenster Art.

Feiertage und Feste

Für die Masse der Bevölkerung bringen Feste und Feiertage eine wohltuende Abwechslung in das Grau und Einerlei des Arbeits- oder Arbeitslosigkeitsalltags. Ein Teil dieser Feste und/oder Feiertage hat religiösen Hintergrund, ist islamisch. Hauptfeste dieser Art sind das Zuckerfest und das Opferfest. Andere Feste haben ihren Anlaß in wichtigen privaten Ereignissen. Hauptfeste in diesem Bereich sind die Hochzeiten.

Die großen Feste der Moslems

Der Jahresablauf der religiösen Praxis wird im sunnitischen Islam wie im Christentum von mehreren großen Festen bestimmt. Die wichtigsten sind **Aid es Seghir**, das **Zuckerfest**, und **Aid el Kebir**, das **Opferfest**.

Das erste wird am Ende des Fastenmonats Ramadan gefeiert. Es ist ein zweitägiges Fest, für das charakteristisch ist, daß viele Leckereien genoßen werden. Daraus rührt auch der

57

Name Zuckerfest. Es ist vor allem ein Fest der Kinder, die aus diesem Anlaß besonders gut gekleidet werden und Geschenke erhalten. An den Tagen vor dem Fest sind die Frauen intensiv mit der Herstellung von Kuchen und Süßigkeiten beschäftigt. Das zweite ist etwa 2 1/2 Monate später. Es erinnert an Abrahams biblisches Tieropfer anläßlich der Errettung seines Sohns. Dieses Fest, das Hauptfest der Moslems schlechthin, dauert wie das Zuckerfest drei Tage. Am ersten Tag werden Hammel geschlachtet – sofern sich die Familie das leisten kann, andernfalls muß es eine Ziege tun. Ein Teil des Fleisches, ein Drittel insgesamt, soll an die Armen der islamischen Gesellschaft verschenkt werden – ein Brauch, den nur die Wohlhabenden einhalten können, sofern sie das überhaupt wollen.

An Aid el Kebir werden die besten Kleider getragen, Freunde und Verwandte zu Festessen eingeladen. Es ist das Fest der Glückwünsche und Komplimente. An diesen Tagen sind alle aufgerufen, ihre Streitigkeiten zu begraben. Zu dieser Zeit beginnt übrigens auch alljährlich die berühmte Pilgerfahrt nach **Mekka** – eine der fünf Säulen des Islam.

Die Termine der großen islamischen Feste sind durch den islamischen Kalender festgelegt. Das Jahr der Moslems ist um elf Tage kürzer als das bürgerlich-christliche und wird auch nicht an dessen Daten angepaßt. Dies hat zur Folge, daß die islamischen Feiertage in unserem **Kalender** wie auch im Jahresablauf des Sonnenjahres beweglich sind. Ihre Daten verschieben sich von Jahr zu Jahr um 11 Tage.

Festtage

	1996	1997
Aid Es-Seghir/Aid el Fitr	21.-24.2.	10.-12.2.
Aid El Kebir	ab 29.4.	ab 18.4.
Ramadan	ab 22.1.	
Ras el Am (islamisches Neujahr)	19.5.	8.5.
Le Mouloud (Geburtstag des Propheten)	29.7.	18.7.

Lokale Feste

Neben den Hauptfesten des Islam gibt es auch zahlreiche religiöse Feste mit lokalspezifischem Charakter. Bei diesen Moussem genannten Feiern handelt es sich um Feste zu Ehren lokaler Heiliger, der Marabouts. Bei besonders bekannten Festen ist dies mit riesigen Wallfahrten verbunden. Moussems finden überwiegend im Sommer statt, da ihre Termine von Jahr zu Jahr variieren, sind Erkundigungen bei den Fremdenverkehrsämtern erforderlich.

Ramadan – zwischen Fasten und Festlichkeit

Im 9. Monat des islamischen Kalenders wird gefastet, d.h. von allen gesunden erwachsenen Muslimen und Musliminnen wird verlangt, zwischen Sonnenauf- und Sonnenuntergang auf Essen, Rauchen und Sexualität zu verzichten. Natürlich halten sich nicht alle an dieses Gebot. Religionen haben es im allgemeinen so an sich, daß innerhalb der Gefolgschaft große Unterschiede in der Intensität bestehen, mit der man praktiziert, das gilt auch für den **Islam** und Tunesien. Aber auch jene, die sich an das Fastengebot halten, müssen nicht Hunger leiden, denn schon zwischen Sonnenuntergang und Sonnenaufgang ist wieder alles erlaubt, was tagsüber verboten war. Es ist geradezu selbstverständlich, daß nach Sonnenuntergang ein ausgesprochener Run auf die festlich gedeckten Tische einsetzt. Das ist übrigens auch sehr lohnenswert, denn im Ramadan wird besonders gut gegessen. In den Abendstunden herrscht vielerorts Volksfeststimmung, Theater, Konzerte und Jahrmärkte beleben die Szene. Eine andere Besonderheit in jener Zeit ist, daß man morgens sehr früh aufsteht, um noch kurz vor Sonnenaufgang eine größere Mahlzeit zu halten. Für die Frauen beginnt dann die Küchenarbeit schon bald nach Mitternacht.

Die großen Familienfeste:
Beschneidung und Hochzeit
Im privaten Bereich bilden Beschneidungen und Hochzeiten die Hauptfeste. Beide haben jeweils eine zentrale Funktion als Initiationsritus: Durch die Beschneidung werden aus Jungen Männer, durch die Hochzeit aus Mädchen Frauen.

Beschneidung
Die Beschneidung findet im Alter zwischen 2 und 7 Jahren statt. Sie wird heute von Chirurgen vorgenommen, die den traditionellen Beschneider, den Tahar, abgelöst haben, der früher ohne Betäubung mit einer Schere oder einem Messer die Vorhaut entfernte, was ein sehr schmerzlicher Eingriff war.

Dieses Ereignis, das zugleich den Eintritt in die Männergruppe wie den endgültig Zugang zum Islam eröffnet, wird durch ein aufwendiges Fest mit opulentem Essen, Bauchtanz und Musik gefeiert. Gäste sind Verwandte, Freunde und Nachbarn.

Hochzeit
Die Hochzeit ist das wichtigste Ereignis im Leben der heranwachsenden Mädchen, durch sie werden sie zur Frau. Für die Männer ist die Bedeutung der Institution Hochzeit nicht ganz so groß, da ihre Männlichkeit bereits durch die Beschneidung bestätigt ist.

Ehen werden immer noch überwiegend arrangiert. Jedoch ist die Mitbestimmung der Betroffenen gewachsen. Bei der Anbahnung der Ehe kommt den Frauen der Familie eine große Bedeutung zu. Heiraten zwischen Cousin und Cousine sind noch recht häufig.

Das durchschnittliche Heiratsalter ist heute viel höher als in früheren Jahren. Es hat von 1956 bis 1990 von 19,5 auf 24 Jahre zugenommen. Dabei hat der Altersunterschied zwischen Männern und Frauen stark abgenommen. War 1956 der Bräutigam noch etwa 10 Jahre älter als die Braut, so beträgt heute diese Differenz nur noch 2,5 Jahre.

Wurden vor den Reformen zu Gunsten der Frauen etwa 30 % der Ehen geschieden, sind es heute weniger als 10 %. Das hängt damit zusammen, daß Männer nicht mehr einfach ihre Ehefrauen wegjagen können, sondern daß Scheidungen heute der gerichtlichen Bestätigung bedürfen – und daß jetzt auch umfangreiche Unterhaltsansprüche seitens der Frau entstehen können. Scheidungen gehen heute z.T. auch auf die Initiative von Frauen zurück. Ein Grund kann dabei männliche Gewalttätigkeit sein. Viele tunesische Frauen nehmen das nicht mehr als naturgegeben hin.

Gewöhnlich geht der staatlichen Trauung die islamische Trauung voraus, zu der sich lediglich die Männer zum Gebet in der **Moschee** treffen.

Traditionellerweise waren Hochzeiten mehrtägige Feste (bis zu sieben Tage), die mit hohen Ausgaben verbunden waren; das gibt es auch heute noch, aber mittlerweile werden auch sehr viele Hochzeiten an einem einzigen Tag im angemieteten Saal durchgezogen – bei Cola und Kuchen.

Bauernfeste
Von einem ganz anderen Typus als die islamischen Hauptfeste und die großen Familienfeiern sind die sehr verbreiteten jahreszeitlichen Feste, deren Anlaß wichtige Ereignisse im Agrarzyklus sind wie das Ende der Oliven-, Getreide-, Dattel- oder Orangenernte oder die Schafschur. Mit ihnen sind im allgemeinen größere irdische Freuden verknüpft wie Märkte, Tanz und Musik, Umzüge, Reiterspiele oder auch Kamelrennen (im Süden). In den stark besuchten Fremdenverkehrsorten sind ihnen heute – den Fremden und dem Geschäft zuliebe – „Folkloreshows" angehängt.

Internationale Festivals
Nicht zuletzt für die Touristen sind die in jüngster Zeit zusehends in Mode gekommenen internationalen Festivals, die aus allerlei **Theater-**, **Musik-**, **Film-** und **Folkloredarbietungen** bestehen, zu deren Akteuren auch ausländische Künstler gehören. Diese meist ein- oder zweiwöchigen Veranstaltungen finden im Juli und August statt, der Hochzeit des Tourismus.

Festorte sind: **Hammamet** (auf dem Gelände des Centre Culturel International; größtes Fest dieser Art), **Karthago** (in den Ruinen, neben dem allgemeinen Festival noch besondere Filmfestspiele), **Tabarka** (großes Jugendfestival), **Houmt Souk**/Djerba (Festival d`Ulysee), **Nabeul**, **La Goulette**, **La Marsa**, **Hammam Lif**, **Bizerte**, **Kerkennah**, **Zarzis**, **Monastir**, **Dougga**, **Bulla Regia**, **El Djem**, **Sousse**, **Gabès**, **Kasserine**, **Korba**, **Béja** und **Foum Tataouine**.

Küche und Kulinarisches

In Tunesiens Küche gehört, sofern sich das Familien finanziell leisten können, fast zu jedem Gericht Fleisch; das macht sie nicht gerade interessant für vegetarisch orientierte Touristen. Islamischen Vorschriften ist es zuzuschreiben, daß Schweinefleisch tabu ist. Wie in anderen Regionen der arabischen Welt steht Hammelfleisch obenan. Es wird aber auch Rind und Geflügel gegessen, in den Küstenregionen ist überdies Fisch (u.a. Makrelen, Gold- und Rotbrassen, Sardinen, Tinten- und Thunfisch, Seebarben, Schalentiere) sehr populär.

Zum Fleisch wird freilich auch reichlich Gemüse gegessen, wie Tomaten, Möhren, Paprika, Kartoffeln, Kichererbsen, Bohnen, Zucchini etc.

Eine zentrale Stelle nimmt das Olivenöl ein, mit dem fast alle Gerichte angemacht werden. Es wird auch recht pikant gewürzt, benutzt werden vor allem Pfeffer, Kümmel, Koriander, Knoblauch – und viele frische Kräuter. Bei vielen Gerichten ist die scharfe Gewürzpaste Harissa im Einsatz.

Zum Essen gehört immer reichlich Brot; früher war das Fladenbrot, heute ißt man das französische Baguette. Letzteres ist nicht die einzige Anleihe, die bei der Küche der ehemaligen Kolonialherren gemacht wurde.

In Tunesien wird im Laufe des Tages dreimal gegessen. Es beginnt mit dem Frühstück, das ziemlich knapp ausfällt (Suppe oder Gebäck oder auch Sandwich). Das Mittagessen (12-14 Uhr) ist in den meisten Familien eine Mahlzeit mittleren Ausmaßes (2 Gänge, Suppe, Fleischgericht mit Brot). Am ausgiebigsten wird im allgemeinen am Abend (ab 19 Uhr) gespeist.

Küche und Kulinarisches

In Tunesien wird je nach Gericht als Eßwerkzeug die Gabel oder der Löffel benutzt, aber niemals die bei uns übliche Messer-Gabel-Kombination, letzteres gibt es nur im Touristenhotel, Mittelklasserestaurant oder in Familien mit stark europäisierten Eßgewohnheiten. Traditionellerweise werden Fisch und Fleisch mit der bloßen Hand gegessen. Auch Suppeneintöpfe werden ohne Besteck gegessen. In diesem Falle werden Brotstückchen in die Flüßigkeit getunkt und Gemüse- und Fleischstückchen mit Brotstückchen umfaßt.

Beim Essen zu schmatzen oder auch bei Kaffee oder Tee zu schlürfen signalisiert, daß das Essen geschmeckt hat, daß man zufrieden ist.

Tunesische Speisekarte

Assida: pürierter Grieß mit Speck und einer Tomatensauce oder auch süß mit Honig und Olivenöl.

Brik à l'oeuf: dreieckige Blätterteigtasche, in Öl gebacken, mit Eigelb, Kartoffelbrei, Spinat und Petersilie gefüllt, auch Thunfisch, Fleisch oder Gemüse als Füllung möglich. Eigentlich eine Vorspeise, sehr populär, in einfachen Lokalen verbreitet; es wird traditionellerweise ohne Besteck aus der bloßen Hand gegessen.

Brochette: Fleischspießchen, über Holzkohle gebraten; eine Spezialität von Straßenständen.

Cassecroute: Weißbrot-Sandwich mit Harissa, Olivenöl, grünen und schwarzen Oliven, Kapern, Thunfisch und Gemüse belegt, sehr populär, ebenfalls eine Spezialität von Straßenständen.

Chakchouka: Eintopf mit Tomaten, Zwiebeln, Knoblauch, Harissa und mit oder ohne Hammelfleisch, häufig mit Spiegelei serviert.

Chorba: Nudel- oder Gerstensuppe mit unterschiedlichen Fleischzutaten.

Couscous: Tunesiens „Nationalgericht", Hartweizengries (angefeuchtet), in einem zugedeckten, siebartigen Behälter (keskés) über einem Topf mit einer Suppe aus Hammelfleisch oder Huhn, mit Paprika, Kichererbsen und anderem Gemüse gegart, deren Geruch und Geschmack in den Gries zieht. Mit dieser pikant gewürzten Suppe wird der Couscous schließlich auch serviert. Es existieren zahlreiche Varianten von Couscous, es soll über 50 Rezepte geben.

Daurade: Seegoldbrasse, innen und außen mit Salz, Knoblauch, Kümmel und Olivenöl eingerieben, gegrillt, mit Kartoffeln serviert.

Doulma: Zucchini mit Fleisch gefüllt.

Felfel: Paprikaschoten mit Hackfleisch gefüllt, in Tomatensoße.

Harissa: Sehr scharfe Paste aus Tomatenmark, Paprikaschoten, Knoblauch und verschiedenen anderen Gewürzen. Bestandteil zahlreicher Gerichte, mitunter auch Beilage.

Ijja: Rührei, mit Tomatenmark oder -saft, Harissa und Knoblauch abgeschmeckt, dazu Merguezwürstchen.

Kaftaji: Gebratene Fleischstückchen mit Zucchini und Paprika.

Kamounia: Kleingeschnittene Innereien und Fleisch in würziger Soße (Tomaten, Harissa und allerlei Gewürze), der der Kümmel den Stempel aufdrückt.

Klaia: Hammel- oder Rindsniere in Tomaten-Knoblauchsoße.

Koucha: mit Pfeffer gewürzter Hammel, mit Kartoffeln serviert.

Leblebi: Kichererbsensuppen mit Harissa und Olivenöl versehen, sehr beliebt, Gericht der einfachen Lokale.

Makrouna: Makkaroni.
Margua: sehr unterschiedlich zubereiteter Eintopf, aus ganz verschiedenen Gemüse- und Fleischsorten. Solche Eintöpfe sind:
- Marguit Jelbana: Grüne Erbsen-Eintopf,
- Marguit Loubia: Weiße Bohnen-Eintopf,
- Marguit Batata: Kartoffeleintopf
- Marguit Mirmiz: Kichererbsen-Zwiebel-Eintopf
Mdames: Bohnensuppe.
Mechoui: Am Spieß gebratener Hammel, Gericht der großen Familienfeste, heute auch den ausländischen Touristen an Folkloreabenden geboten.
Meloukhia: Fleischstückchen, in einer grünen Soße gekocht und mit frischen Kräutern serviert.
Merguez: Über Kohlefeuer geröstete Hammelfleischwürstchen, scharf gewürzt, Spezialität an Straßenständen.
Mosli: Gebratens Hammelfleisch, gedünstete Kartoffeln als Beilage.
Slata Mechouia: Scharfer Salat; Tomaten, Pfefferschoten und Zwiebel feingeschnitten und geröstet, Kapern zugegeben, mit Olivenöl gemengt, mit Thunfischstückchen und gehackten, harten Eiern verziert.
Tajin: Auflauf mit Käse, Eigelb, Gemüse (Kartoffeln, Erbsen, Kichererbsen oder Blumenkohl) und oder Fleisch gemischt; zahlreiche Varianten.

Nachspeisen, Süßspeisen, Gebäck
Traditionellerweise wird zum Nachtisch frisches Obst gegessen; was es im einzelnen gibt, hängt selbstverständlich von der jeweiligen Jahreszeit ab. Es existieren aber auch eine Reihe süßer Nachspeisen, die entweder aus der arabischen oder türkisch-osmanischen Ecke kommen, oder französischen Ursprungs sind. Die meisten Süßspeisen enthalten Honig, Nüsse und Mandeln und sind überaus süß.

Sehr populär als Snack oder leckere Knabberei sind auch die zahlreichen süßen Kuchen, die oft erst lange nach dem Abendessen und kurz vor dem Schlafengehen an der Reihe sind – und in den Konditoreien auch noch bis Mitternacht zu bekommen sind.

Baklawa: Blätterteiggebäck aus Gries mit Honig, Nüssen und Mandeln; türkischer Ursprung;
Bouza: Hirse mit Nüssen, Zucker und Sesamkörnern;
Croissant: Frühstückshörnchen, auch gefüllt. Stammt aus Frankreich, mittlerweile auch bei uns gut bekannt;
Ftair: in Öl gebackenes Fladenbrot;
Halwa: türkischer Honig;
Makroud: Gebäck, honiggetränkt, mit Datteln gefüllt.

In der tunesischen Küche verbreitete französische Begriffe:

agneau:	Lamm
ail:	Knoblauch
beurre:	Butter
brochette:	Bratspieß
café	Kaffee
- au lait	mit Milch
- noir	schwarz
- glacé	Eiskaffee
carrí	Rippenstück
charcuterie:	Wurst und Schinken
châteaubriant	Filetstück
coq:	Hahn
coquillages:	Muscheln
crêpe:	Pfannkuchen
crevettes:	Garnelen
croissant:	Hörnchen
croquette:	Krokette

cru:	roh	poulpe:	Tintenfisch
cuisine:	gekocht	ragout:	Gemüseeintopf mit Fleisch
dattes:	Datteln		
déjeuner:	Mittagessen	raisins:	Weintrauben
entrecôte:	Lendenstück	riz:	Reis
entrée:	Vorspeise	rôti	Braten
escalope:	Schnitzel	saucisse:	Würstchen
figues:	Feigen	sel:	Salz
flan:	Pudding	tarde:	Torte
foie:	Leber	thé nature	schwarzer Tee
fromage:	Käse	thon:	Thunfisch
fruits de mer:	Meeresfrüchte	tournedos:	Rindsfilet
garni:	Beilagen	veau:	Kalb
gâteau:	Kuchen	viande:	Fleisch
glace:	Eis	vinaigre:	Essig
haché:	gehackt	volaille:	Geflügel
haricots:	Bohnen		
herbes:	Kräuter		
hors d'oevre:	kalte Vorspeise		
huile:	Öl		
huitres:	Austern		
jus de fruits	Fruchtsaft		
légume:	Gemüse		
menthe:	Pfefferminze		
miel:	Honig		
moules:	Miesmuscheln		
mouton:	Hammel		
oeuf:	Ei		
oignon:	Zwiebel		
pain blanc:	Weißbrot		
pâtes:	Teigwaren		
pâtisserie:	Kuchen, Gebäck		
pêches:	Pfirsiche		
petits pois:	Erbsen		
piments:	Pfefferschoten		
plat du jour:	Tagesgericht		
poivre:	Pfeffer		
poivrons:	Paprikaschoten		
pommes:	Äpfel		
pommes de terre:	Kartoffeln		
porc:	Schweinefleisch		
potage:	Suppe		
poule:	Huhn		
poulet	Hähnchen		

Der Einfluß fremder Küchen

Die heutige tunesische Küche hat sich erst im Laufe vieler Jahrhunderte herausgebildet. Da ist z.B. ein sehr ursprünglicher Teil, das berberische Erbe. Auf jene Zeit soll das Nationalgericht **Couscous** zurückgehen. Später vermischte sich berberische Eßkultur mit der Küche der arabischen Invasoren. Im **Mittelalter** brachten die maurischen Flüchtlingeaus Spanien einige in Tunesien unbekannte Gerichte mit. Auch die osmanisch-türkische Epoche hatte Folgen für die Küche des Landes. Aus dieser Zeit stammen Brochette (**Kebab**), Dolma, Beurek, Baklawa und Ktayef. Die letzten großen Anstöße von außen kamen in der erst knapp 40 Jahre zurückliegenden Kolonialperiode aus Frankreich. Bekannteste Neuerungen sind die Zunahme von Gemüsebeilagen (z.B. Auberginen), oder die Verdrängung des Fladenbrots durch Baguette als verbreitete Beilage. Auch Kuchen und allerlei Gebäck (die leckeren Croissants z.B.) wurden damals übernommen.

Küche und Kulinarisches

Auch heute gibt es zur Genüge Veränderungen in den Eßgewohnheiten, z.B. hat nun auch in Tunesien das Fast Food Zeitalter Einzug gehalten mit Sandwich, Hamburger und Brathändeln (Poulet Roti).

Trinken:
Nationalgetränke Wasser, Tee, Kaffee
In den Sommermonaten ist der Durst schier unendlich, drei bis vier Liter Flüssigkeit mögen es sein, die dann ein Mensch braucht. Großer Durstlöscher ist seit Urzeiten in dieser Gegend Nordafrikas wie in vielen Regionen des Orients, Afrikas und Asiens das Wasser.

Wasser kann durchaus köstlich sein, wenn der Durst groß ist – und sofern es noch nicht durch große Mengen Chlor deformiert ist. Aber Wasser ist auch in Tunesien wie andernorts mehr fürs Grobe, das Notwendige, das Quantitative, die sublimeren Bedürfnisse werden mit Kaffee, Tee oder zahlreichen Fruchtsäften und Limonaden befriedigt.

Kaffee und Tee sind jene Getränke, die man den Gästen anbietet und die man in Cafés genießt. Kaffee in Tunesien ist vor allem ein espressoähnlicher Kaffee – stark, heiß und sehr süß -, der in kleinen Gläsern serviert wird. Man erhält Kaffee aber auch auf westeuropäische Art als Kaffee mit Milch („café au lait") in großen Tassen – und zwar bevorzugt in gehobenen Restaurants und den Touristenhotels. Auch der Tee wird in kleinen Gläsern serviert, und auch er ist stark und über die Maßen süß. Häufig ist Tee mit Pinienkernen und Mandelstücken gemixt, das gibt ihm einen exotischen Geschmack. Sehr verbreitet ist wie in Marokko und Algerien **Thé à la menthe**, frische Pfefferminze in Zuckerwasser. Nicht minder populär sind die zahlreichen Fruchtsäfte (Orangensaft, Bananenmilch) und die Limonaden, zu denen gleichermaßen ausländische Fabrikate à la Cola wie inländische Produkte, wie Boga, eine Zitronenlimonade, und Apla, ein Apfelsaft mit Kohlensäure, gehören. Ferner ist Mineralwasser (Ain Garci mit Kohlensäure, Ain Oktor, Safia und Melliti ohne; alle in 1- bis 1,5-Literflaschen) weit verbreitet. Boga und Mineralwasser werden von vielen mit Sirup gemischt.

Alkohol
Der Koran verspricht den Rechtgläubigen im Paradies Bäche von Wein, im Hier und Jetzt aber ist der Genuß von Alkohol verboten. Freilich klaffen im tunesischen Islam durchaus Lücken zwischen Verfassung und Wirklichkeit. Nur die sunnitische Orthodoxie hält sich wirklich strikt an das Verbot, andererseits gehört es zum guten Ton in den europäisierten Gruppen der städtischen Oberschicht, einen guten Wein „im Keller zu haben", und in den unteren Schichten erfreuen sich in den Nachmittags- und frühen Abendstunden zu Bier-Kneipen umfunktionierte Cafés unübersehbar eines regen Zuspruchs.

Der Ausschank von Alkoholika ist freilich auf Restaurants der gehobenen Kategorie, Bars (verschiedener Kategorie) und Touristenhotels sowie ausgewählte Cafés (Sa-Do 16-21 Uhr), die dafür einer Lizenz bedürfen, beschränkt.

Darüberhinaus erhält man aber auch Alkohol in den großen Supermärkten von Monoprix (und ein paar Spezialgeschäften), wo die Getränke erheblich billiger sind als in den Bars und Restaurants.

Wein
Das Gebiet des heutigen Tunesiens war in der Antike unter Puniern und Römern

ein bedeutendes Weinanbaugebiet, später – in islamischen Zeit – ging diese Kunst zeitweise verloren, um schließlich in der französischen Kolonialzeit wieder eingeführt zu werden. Heute dienen ca. 36 000 ha dem Weinanbau, der sich auf das Umland von **Tunis** (**Mornag-Ebene**, Berge um Karthago, das **Cap Bon** und Teile des Medjerdagebietes (vor allem **Thibar**) konzentriert. Die Weinbauer sind größtenteils dem Genossenschaftsverband UCCVT angeschlossen. Die Jahresproduktion liegt zwischen 1 und 1,5 Mio. Hektoliter, davon werden 80-90 % exportiert (u.a. auch in die BR Deutschland). Die Weine sind überwiegend stark und herb, es gibt aber auch süße Weine (Muskateller aus Kelibia) und Sekt (aus Thibar).

Weinkarte

Weißweine
Vin de Messe: guter Tischwein
Vieux Thibar: schwer
Sidi Rais: herb
Muscadet de Kelibia: fruchtig, frisch

Rotweine
Haut Mornag: herb
Grand Mornag: noch schwerer
Koudiat: guter Tischwein
Vin de Messe: auch als Rotwein

Rosé
Sidi Rais, Vieux Thibar, Vin de Messe

Bier
Ebenfalls weit verbreitet – auch unter Einheimischen – ist Bier – gängige Marken Celtia und Stella, weniger verbreitet Tuborg und Heineken.

Unter den Spirituosen ist der Feigenschnaps **Boukha** der meist getrunkene. „Kennern" ist auch der Dattelpalmenschnaps **Laghmi** der Oasen ein Begriff, den man allerdings nur im Frühjahr erhält, weil er frisch getrunken werden muß.

Cafés, Restaurants, Märkte und Läden
In den Fremdenverkehrszentren an der Küste und in den großen Oasen sowie den Städten der Gunstzonen besteht ein breites Netz von Cafés, Restaurants, Märkten und Läden verschiedenster Kategorien, so daß auch Individualreisende sich gut und ohne größeren zeitlichen Aufwand versorgen können.

Cafés
Kein Ort ist ohne eines der kleinen, sehr einfachen Cafés, in denen oft nur ein paar in die Jahre gekommen Stühle und Tische stehen. Hier trifft sich die Männerwelt, hier wird politische Meinung gebildet und über tausend andere Dinge diskutiert, aber auch Freizeit betrieben in Form von Spielen – oder so mancher sitzt auch nur endlos hinter einem Gläschen Tee oder Kaffee oder der Wasserpfeife, der Schischa. Als Fremder ist man durchaus willkommen, auch Touristinnen dürfen hier Platz nehmen – etwas, das sich für einheimische Frauen überhaupt nicht ziemt und was man auch nicht sieht. Das Angebot dieser einheimischen Männercafés ist sehr bescheiden: ein paar Erfrischungsgetränke, einige wenige Gebäckstücke, der allgegenwärtige Kaffee und Tee.

In den Zentren der Großstädte und der Badeorte findet man heutzutage aber auch eine größere Zahl durchaus eleganter Cafés, in denen sich die einheimische Mittel- und Oberschicht und die westeuropäischen Touristen tummeln.

Küche und Kulinarisches

Restaurants
Auch wer mit wenig Geld reist, braucht nicht bange zu sein, denn es gibt in Tunesiens Städten zahllose, sehr einfach eingerichte, sehr billige Speiselokale, in denen man durchaus satt wird und deren Essen auch schmeckt. Freilich ist ihre Küche auf einige wenige Standardgerichte beschränkt, so daß man nicht ganz umhin kommt ab und an mal in Restaurants der besseren Kategorie zu gehen.

In den einfachen Lokalen wird grundsätzlich kein Alkohol ausgeschenkt, man findet hier auch nur selten Speisekarten – warum auch, es läßt sich doch leicht überblicken, was es hier gibt, und diejenigen, die hier essen, wissen doch auch, was sie hier erwartet. Restaurants der unteren Preisklasse findet man gewöhnlich in der Umgebung von Markthallen, Busbahnhöfen und in den Zentren der Altstadtviertel.

Nicht so zahlreich – und auch nur auf die wohlhabenderen Landesteile beschränkt – sind die Lokale der mittleren Kategorie, die erheblich komfortabler eingerichtet sind und deren Auswahl an Speisen und Getränken deutlich größer ist. In ihnen erhält man auch durchweg einige Gerichte „Internationaler Küche", während nur ein Teil auch Bier und Wein hat. Die Preise liegen zwar erheblich über der Einfachkategorie, aber sind noch klar unter dem deutschen Level. Auch hier trifft man noch in der Mehrzahl auf Einheimische.

Hochgradig exklusiv und selektiv sind hingegen die Restaurants der gehobenen Klasse, hier findet außer den ausländischen Touristen nur noch die kleine einheimische Schicht mit dicker Geldbörse Zugang. Diese Lokale, die sich in den Luxushotel, den Strandzonen und den Neustadtzentren befinden, bieten neben tunesischen Spezialitäten auch „bessere" Gerichte der internationalen, vornehmlich französischen Küche sowie die verschiedensten Alkoholika. Oft gehören zu ihrem Abendprogramm auch Musik und Tanz. Ihre Preise liegen im Bereich unserer Preisstandards.

Internationale Küche, Restaurants der Touristenhotels
In den Touristenorten (und Tunis) findet man neben Lokalen mit einheimischer Küche auch Pizzerien (mittlerweile weit verbreitet), Crêperien sowie Restaurants mit französicher und chinesischer Küche. Die französische Küche befindet sich oft im Verbund mit einheimischer Küche. Oft stößt man auch in der Gastronomie der Fremdenverkehrsgebiete auf den Begriff „Internationale Küche". Unter dieser Rubrik werden so exotische Gerichte wie Schnitzel, Kotelett, Steak etc. angeboten.

Die Hotels der Pauschalreisenden verfügen über Speisesäle/Restaurants und Cafeterias (und oder Pizzerien). Hier wird ein Typus Küche serviert, der an westeuropäischen Standardgerichten orientiert ist (z.B. Hähnchen, Schnitzel etc.). Wer einheimisch essen will, muß also ab und an mal ausgehen.

Bars, Café-Kneipen, Nachtclubs, Diskotheken
Einfache Bars sind inzwischen auch unter den Einheimischen fest etabliert. Sie haben natürlich nicht gerade das Wohlwollen der islamischen **Fundamentalisten**.

Hier bekommt man außer Bier und Wein auch eine Reihe von wohlschmeckenden Snacks. Diese Lokale sind von außen durch die Aufschrift Bar und/oder Schilder, die Reklame für Bierbrauereien betreiben, zu erkennen. Sie müssen bereits um 21 Uhr schließen.

Eine tunesische Besonderheit ist, daß sich ein Teil der Cafés nach 16 Uhr sich mit einem Schlag in Kneipen verwandelt, in denen bevorzugt Bier konsumiert wird. Diese Café-Pubs, nur von Männern besucht, die vor allem in Tunis reichlich vertreten sind, sind oft gut besucht. Es wird sehr stark geraucht, Ventilation ist in der Regel nicht vorhanden.

Neben den „Kneipen fürs gemeine Volk" gibt es die „Besseren" Bars und teuren Nachtclubs und Diskotheken für die Schickeria und andere wohlhabende Gruppen. Wie die Restaurants der gehobenen Klasse haben sie ihren Standort in Luxushotels, Neustadtzentren und den Badeorten. Gegenüber diesen Kreisen ist man natürlich nicht so kleinlich wie gegenüber dem gemeinen Volk, folglich sind die „besseren" Bars etc. auch bis Mitternacht und teilweise sogar darüber hinaus geöffnet.

Märkte, Lebensmittelgeschäfte
Jede große Stadt besitzt eine **Markthalle**, in der werktags vormittags ein großer Lebensmittelmarkt abgehalten wird. Als Anbieter treten neben professionellen Händlern auch noch zahlreiche Bauern aus dem Umland auf. Diese Märkte, auf denen oft ein dichtes Gedränge besteht, sind der Ort, wo sich die **Bevölkerung** in erster Linie mit Lebensmitteln versorgt.

Auf dem Lande wird diese Funktion von Wochenmärkten wahrgenommen, die es in den Städten zwar auch gibt, hier liegt ihr Schwerpunkt aber eindeutig auf dem Handel mit Kleidern und Haushaltswaren. Für Touristen sind Wochenmärkte allemal ein sehenswertes Ereignis, weil sie so farbenprächtig sind. Als besonders exotisch gelten jene Märkte, auf denen Kamele gehandelt werden und Halbnomaden in größerer Zahl auftreten.

Für die Versorgung der Bevölkerung sind ferner zahllose kleine, über die Stadtteile verstreute Lebensmittelläden, Bäckereien (Boulangerie; Brot fast ausschließlich in der Bäckerei) und Konditoreien (Pâtisserie) zuständig. In den großen Städten sind in jüngster Zeit nun auch **Supermärkte** (Ketten: Magasin Général, Monoprix) eröffnet worden, in denen man neben einheimischen Lebensmitteln (aber nur selten frisches Obst und Gemüse) auch viele importierte Waren bekommt. Hier erhält man auch zahlreiche andere Artikel des täglichen Bedarfs sowie Wein, Bier und Spirituosen.

Der Hammam – Badevergnügen und Kommunikationszentrum

Zu den altgedienten Institutionen der außerhäuslichen Geselligkeit gehört das **Maurische Bad** oder Hammam, das zwar rein äußerlich ein Badehaus ist, ein Ort der physischen und rituellen Reinigung vom materiellen und seelischen Schmutz. Der Hammam ist aber weitaus mehr als rituelle Waschung und Baden der körperlichen Hygiene wegen, er ist auch ein Ort, an dem man sich der Geselligkeit wegen trifft. Es ist auch nicht gerade unwichtig, daß der Hammam der einzige Ort in der Öffentlichkeit ist, wo sich die Menschen, ganz oder weitgehend von den Zwängen der „anständigen" Kleidung befreit (Enttabuisierung des Körperlichen), treffen (freilich in den Grenzen der Geschlechtertrennung).

Der tunesische Sozialwissenschaftler A. Bouhdiba charakterisiert die Vielfalt des Hammamlebens so: „In den

Hamam zu gehen heißt, sich in ein Geheimnis zu versenken. Es heißt, im Traum in den mütterlichen Schoß zurückzukehren. Aber das ist noch nicht alles: da gibt es noch den Masseur oder die Masseuse, die einen nach allen Regeln der Kunst massieren, die einem die Knochen krachen lassen, die einem den ganzen Körper mit einem derben Handschuh frottieren. Der Hammam ist auch zu einem Schönheitssalon geworden, wo man sich mittels "l`or brisé" die Schamhaare entfernt, mittels Lehm, einer durch Kneten geschmeidig gemachten Erde, reinigt, wo man sich mit Henna Haare oder Bart färbt, wo man sich mit wohlriechenden Ölen oder aufdringlichen Essenzen einreibt: mit Thymian, Nelken, Lorbeer und anderen Aphrodisiaka. All diese Elemente sind Symbole von stark sexueller Ausprägung. Es gibt eine ganze Dialektik der Elemente im Hammam: das Warme und das Kalte, das Harte und das Weiche, das Saubere und das Schmutzige, das Reine und das Unreine, das Engelhafte und das Dämonische. Wir verstehen nun, weshalb manche Kunden, besonders unter den Frauen, den Hamambesuch schätzen und dort lange Stunden, ja selbst Tage verbringen. Dort findet man eben das warme Milieu der Gebärmutter wieder. Im Hammam findet man zurück zu sich selbst, man versöhnt sich mit der eigenen Kindheit."

Architektur und Badekultur

Der Hamam, auch Maurisches Badehaus genannt, steht, was die räumliche und technische Ausstattung betrifft, in der Tradition der römischen Badehäuser, der Thermen.

Wie die römischen Thermen setzt sich das Maurische Bad, das man rein äußerlich an seiner Kuppel identifizieren kann, im wesentlichen aus drei oder vier Teilen zusammen: dem Vorraum (Skifa), dem Umkleide- und Ruheraum, dem halbwarmen Durchgangsraum (Bit el taieb) und dem Baderaum (Bit el skhun).

Prinzip ist, wie in der **Antike**, daß von der Normaltemperatur im Eingangsbereich in Räume mit zunehmender Wärme und Feuchtigkeit gewechselt wird. Der letzte Raum in der Folge, in dem sich ein großes Becken mit sehr warmem Wasser befindet, fungiert als Hauptbaderaum, ist Ziel und Höhepunkt des Hammambadens. Typisch für diesen Raum ist reichlich Dampf und wenig Tageslicht.

Die Heizung wurde bis vor wenigen Jahren wie in der Römerzeit durch eine Hypokaustenanlage bewerkstelligt, welche traditionellerweise ihre Heizwärme von einer Feuerstelle in einem abgeschlossenen, ummauerten Hof bezog. Heute wird in Tunesien mit Öl geheizt, da Holz viel zu teuer ist.

Bestehen auch in der Architektur und der technischen Funktionsweise große Ähnlichkeiten zu den römischen Thermen, so unterscheiden sich beide andererseits durch höchst unterschiedliche Badekulturen. Das arabische Badehaus steht ganz im Zusammenhang mit islamischer Kulturtradition, wobei damit primär die Volksreligion gemeint ist, denn es wird vom Propheten höchstpersönlich verworfen. Auch ist es von Zeit zu Zeit immer wieder von orthodoxen und puristischen Eiferern attackiert worden. Dennoch hat es sich fest etablieren können.

Das Baden im Hamam ist zwar auch Reinigung von gegenständlichem Schmutz, aber noch stärker rituelle Reinigung, wie sie vor dem Gebet erforderlich ist. Nicht zufällig befinden sich Hammams traditionellerweise in der Nähe von Moscheen.

Im Hamam wird nur nach Geschlechtern getrennt gebadet. Dieses Problem wird durch besondere Badezeiten für Männer und Frauen bewältigt. Eine Ausnahme von dieser Regel bildet, daß Jungen bis zum Einsetzen der Pubertät mit ihren Müttern baden gehen. Psychologen sagen, daß diese Zeit des ungezwungen Badens mit dem anderen Geschlecht noch in den Träumen der Männer über die Jugendzeit hinaus, mit all den Problemen in der Pubertät, nachwirkt.

Männer erhalten beim Eintritt in den Hammam ein Tuch, das sie beim Baden um die Lenden wickeln. Frauen erhalten überhaupt nichts und baden nackt oder lediglich mit einem Slip oder einem Höschen bekleidet.

Kleidung

In Südtunesien kleiden sich heute viele Männer und Frauen modern westeuropäisch, dies gilt insbesondere für die Jugend. Andererseits trifft man aber auch noch viele Menschen in traditioneller Kleidung.

Die überlieferte Männerkleidung besteht aus einer weiten türkischen Hose (Seroual) und einem langen Gewand, das fast bis auf den Boden reicht. Von letzterem gibt es verschiedene Arten. In den Städten sind die leichte, hellfarbene, langärmelige Djellabah (aus einem einzigen Stück, oft mit Quasten und Borden) und die dickere, ärmellose Gandura (Typ **Tunika**) verbreitet. Auf dem Lande sieht man häufig die Kashabiya (**Burnus**), ein dicker brauner Wollumhang mit Kapuze. Neben dem modernen westlichen Schuhwerk haben sich auch noch die **Babouches** gehalten, Filzpantoffel (ohne Fersenleder und Absatz), die spitz zulaufen.

Städtische Frauen trugen – und tragen z.T. auch heute – über einem langen Rock (Fouta) und einer Bluse (Blousa) einen langen Umhang, der den ganzen Körper verhüllt. Mit ihm wird auch das Gesicht teilweise verdeckt. Es gibt eine leichte Variante, den Sefsari, und eine schwere Variante, den Haik. Der Umhang ist zumeist weiß.

Auf dem Lande ist die traditionelle Frauenkleidung vielfältiger und recht bunt (populäre Farben: rot, blau und lila). Besonders farbenprächtig pflegen sich die Berberfrauen zu kleiden.

Verbreitet ist auch in weiten Teilen Südtunesiens die Melia, ein langer Umhang, der in Kombination mit der Takrita, einem Baumwolltuch, das den Kopf oder die Schultern bedeckt, getragen wird. Die Landfrauen sind reichlich mit **Schmuck** – Halsketten, silbernen Ohrgehängen, Kleiderspangen, Broschen und Ringen behangen. Besonders prächtig sind die Berberfrauen anläßlich festlicher Ereignisse geschmückt.

Ferner ist es unter den Landfrauen Tradition, sich im Gesicht zu tätowieren und die Hände und Füße mit **Henna** zu bemalen.

Handwerk und Volkskunst

Das Handwerk hatte seit dem 19. Jh. unter der überlegenen Konkurrenz der Waren aus den kapitalistischen Ländern Europas schwer zu leiden: einige Zweige verschwanden weitgehend, andere wurden erheblich dezimiert, wieder andere waren gar nicht betroffen.

In jüngster Zeit setzte nun, nicht zuletzt auch dank einer vielfältigen Nachfrage durch den internationalen Massentourismus, in Teilbereichen eine Renaissance oder eine deutliche Expansion ein.

Diese Entwicklung wird unterstützt und teilweise gar vorangetrieben durch staatliche Institutionen zur Förderung des Handwerks (Ministerium für Tourismus und Handwerk und Organisation Nationale d`Artisanat Tunisien/ONAT), die die Ausbildung systematisieren, neue Designs schaffen helfen, Werbung betreiben und sogar mittels einer Kette eigener Verkaufsstellen (ONAT) den Umsatz der Handwerksprodukte vorantreiben.

Nicht alles mag den Geschmack der Touristen/Touristinnen treffen, aber es gibt doch eine ganze Reihe ausgesprochen schöner und auch sehr nützlicher Gegenstände, die stark nachgefragt werden. Ein besonderes Interesse richtet sich auf Keramik, Teppiche und Lederwaren. Im folgenden stellen wir die wichtigsten Handwerkszweige kurz vor.

Teppiche und Decken

Es bestand bis in die jüngere Zeit hinein eine über Jahrhunderte stabile Tradition der Teppichproduktion. Diese wurde vor einiger Zeit von der Kunstabteilung der ONAT analysiert und erweitert. Herausgekommen ist dabei ein breites Spektrum von Farben und Designs: traditionelle, wieder entdeckte antike, modifizierte traditionelle und vollständig neue Muster.

In der Knüpfdichte bestehen sehr große Unterschiede. Es gibt einfache Berberteppiche mit ca. 12.000 Knoten je qm; der durchschnittliche tunesische Knüpfteppich weist um die 40.000 Knoten je qm auf, es gibt aber auch zur Genüge feine Knüpfarten mit 90.000 bis 160.000 – in Ausnahmefällen sogar 250.000 Knoten je qm.

Zentren der Teppichherstellung sind **Kairouan** und der **Sahel**. Es wird aber auch in vielen anderen Orten produziert. In Kairouan und dem Sahel wird überwiegend im Heimgewerbe gearbeitet, in den anderen Standorten dominiert die Teppichmanufaktur.

Herkunftsorte und Arten von Teppichen:

In Tunesien werden hauptsächlich folgende Teppiche hergestellt:

- Zerbiya: ein geknüpfter Teppich, ursprünglich nur in **Kairouan** produziert, heute aber auch in anderen Regionen zu Hause.

- Mergum: ein gewebter und mit feinen Mustern bestickter Teppich (Linien, Punkte, kleine Rechtecke, schmale Bänder), Herkunftsorte sind Kairouan, **El Djem** und **Djebeniana**.

- Klim oder Gtifa (auch Zerbiya genannt): ein gewebter Wandteppich (bunte Streifen und geometrische Figuren), Heimat ist das Gebiet des Hammama-Stammes (Raum **Gafsa-Sidi Bou Zid**).

Handweberei

In Tunesien ist die Handweberei wohl Sache beider Geschlechter, aber Männer und Frauen sind auf ganz unterschiedliche Produkte spezialisiert. Erstere weben Melia, Futa, Sifsari und Hram, alles Stoffe aus Baumwolle, Seide und Kunstseide, letztere sind für die Wollgewebe Flij und Ajar zuständig.

Auch bei den Arbeitsgeräten unterscheidet man sich: Männer benutzen einen waagrecht stehenden Webstuhl (Nol), Frauen einen senkrecht stehenden Webstuhl (Sedaya).

Zentren der Handweberei sind der **Sahel** (mehrere große Weberdörfer) und die Insel **Djerba**.

Kultur und Alltag

Webteppich, Tozeur

In der Kolonialzeit war dieser Zweig des Handwerks im Niedergang begriffen. Der Massentourismus brachte eine neue Schicht von Käufern und Käuferinnen. Diese Entwicklung wurde von der ONAT durch Schaffung von eigenen Produktionszentren und durch konzentrierte Qualitätskontrolle sowie systematische Werbeanstrengungen tatkräftig vorangetrieben. Unter Touristen/Touristinnen sind leichte Tücher und Decken aus Kunstseide populär.

Spinnerei und Färberei
Diese Zweige des Handwerks kamen dank des Fortbestandes von genügend Nachfrage nach Wollgarnen und gewebten Decken und erheblichem Eigenbedarf der produzierenden Familien selbst recht gut über die Kolonialzeit hinweg. Sie haben auch heute noch eine ausreichende Basis.

Die Spinnerei wird durchweg als Heimspinnerei betrieben. Man findet sie in allen ländlichen Gebieten. Sie ist primär auf den Eigenbedarf konzentriert (Wollgarn), es wird aber auch für den Markt gearbeitet.

Die Heimspinnerei ist die Sache von Frauen mittleren Alters, darin unterscheidet sie sich von der Heimweberei und Teppichknüpferei, für die vor allem junge Frauen bzw. jugendliche unverheiratete Mädchen zuständig sind. In Tunesien wird traditionellerweise nicht mit dem Spinnrad, sondern mit einer hölzernen Spule (Moghzal) gesponnen. Während die Spinnerei über zahllose Dörfer verstreut ist, konzentriert sich die Färberei hauptsächlich auf die Webereizentren: solche Beispiele sind etwa **Sayada** im Sahel, die Altstadt von Tunis und die Insel Djerba. Färben wird von Männern und Frauen ausgeübt.

Klöppelei und Stickerei
Auch Klöppelei und Stickerei können auf eine lange Tradition zurückblicken, wobei die andalusisch-maurische Komponente unübersehbar ist. Entsprechend liegen die Herstellungszentren alle in Nordtunesien.

Heimat der Klöppelspitze ist die Region **Bizerte**. Hier wird die arbeitsaufwendige und kostspieligere Paillettenstickerei (Treza) betrieben, deren Anwendungsbereich der Brautschmuck ist.

Weniger aufwendige Stickerei ist überwiegend im Raum **Nabeul** vertreten, wo man sich auf preiswerte Stickarbeiten spezialisiert hat, die in größerer Menge von Touristinnen nachgefragt werden.

Flechterei
Wie die Spinnerei ist die Flechterei ein sehr altes Gebrauchshandwerk, das einen großen Teil der Bevölkerung – vor allem der Bauern und städtischen Unterschichten – mit Matten, Körben, Seilen und Taschen versorgt. Daneben gab es allerdings auch immer einen kleineren Zweig, der mit der Herstellung von kunstvoll gearbeiteten Binsenmatten (Hsir) und Wandbekleidungen (Qsari) für Moscheen beschäftigt war.

Dieser kunsthandwerkliche Bereich hat durch den Tourismus eine erhebliche Ausweitung erfahren.

Es werden sehr unterschiedliche Rohmaterialien benutzt, die jeweils regional konzentriert sind. Daraus ergeben sich folgende Sparten und regionalen Schwerpunkte:

➢ Binsenflechterei im Küstenbereich, überwiegend im Nordosten sowie an den Salzseen des Binnenlandes;

Kultur und Alltag

Keramik auf Djerba

- Halfaflechterei im Sahel von **Hergla** und **Moknine** (mittlerer Abschnitt der Ostküste);
- Palmblattflechterei in den Oasen des Südens.

Binsenflechterei
Rohstoff dieses Zweiges der Flechterei sind die Binsen/Junctus acutus. Sie werden im Juni geschnitten, und danach getrocknet, sortiert und verarbeitet.

Die Binsenernte liegt überwiegend in den Händen der Flechtereigenossenschaften von Nabeul/Cap Bon und Moknine/Sahel, wo die beiden Handwerke konzentriert sind. In Nabeul ist die Binsenflechterei relativ stark an den Bedürfnissen der Touristen und Touristinnen ausgerichtet, in Moknine orientieren sich die Flechter und Flechterinnen dagegen überwiegend am einheimischen Bedarf.

Halfaflechterei
Das Rohmaterial, Halfagras, kommt zwar aus der Hochsteppe Zentraltunesiens (Kasserine), wird aber – von der Halfaseilerei (Eigenbedarf der ländlichen Bevölkerung) und Mattenflechterei abgesehen an der Sahelküste vorgenommen.

Nach der Ernte kommt das Halfagras zum „Faulen" ins Wasser (oft Meerwasser). Danach trocknet man es und bearbeitet es solange mit einer schweren Keule aus Olivenholz bis es weich und feinfasrig ist. Anschließend kann die Weiterverarbeitung beginnen.

Hauptorte der Halfaflechterei sind die beiden Sahelorte Hergla und Moknine.

Zu den bekanntesten Erzeugnissen gehören zweifellos jene Halfakörbe, die auf zahlreichen tunesischen Wochenmärkten angeboten werden.

Im Sahel, dem bedeutendsten Olivenanbaugebiet des Landes, braucht man sie übrigens in sehr großer Zahl für den Transport der Oliven vom Feld zum Markt und in die Olivenmühlen. Ferner sind Halfaflechtwerke (Durchmesser 57 cm, Gewicht 2 kg) als flache, ringförmige, taschenartige Einsätze in den Olivenpressen im Einsatz. In diese werden vorgepreßte Oliven gegeben und in weiteren Preßvorgängen bearbeitet. Dabei fließt das frisch gewonnene Öl durch das Flechtwerk in ein darunter angebrachtes Becken ab.

Palmblattflechterei
Die Palmblattflechterei ist auf die Oasen Südtunesiens konzentriert. Sehr bekannt sind Körbe aus **El Hamma** bei Gabès, die landesweit abgesetzt werden. Neuerdings zählen auch westliche Touristen/Touristinnen zur Kundschaft.

Töpferei
Schon in der **Antike** befand sich im Raum des heutigen Tunesiens ein vielfältiges Töpferhandwerk. Über den damaligen Stand geben die großartigen Sammlungen der archäologischen Museen in **Tunis**, **Karthago**, **Sousse**, **El Djem** und **Sfax** ein zutreffendes Bild.

Auch in der arabischen Periode und in der Zeit unter französischer Kolonialherrschaft wurde fleißig getöpfert. In der ersten Hälfte des 20. Jh. kam es zu einer Zunahme, in dieser Zeit setzte zugleich aber auch der Zusammenbruch der vielen über das ganze Land verstreuten kleinen Betriebe ein, so daß schließlich eine weitgehende Konzentration auf die Zentren **Nabeul**, **Moknine** und **Guellala**/Djerba eintrat. Ab den 70er Jahren hat der Touristenboom, der einen starken Anstieg der Nachfrage nach Kunsttöpferei mit sich brachte, diese Struktur verstärkt.

Zwischen den Zentren bestehen erhebliche Unterschiede:

- in Nabeul dominiert Kunsttöpferei, die glasiert ist (Motli);
  Für das Brennen der Glasur braucht man teure Elektrobrennöfen, dazu sind relativ kostspielige Investitionen erforderlich.
- in Moknine und Guellala ist der Anteil unglasierter Gebrauchstöpferei relativ hoch, wobei jedoch in jüngster Zeit begonnen wurde, auch die unter Touristen begehrtere Nabeul-Keramik zu produzieren; die Einheimischen fragen vor allem Gebrauchskeramik nach wie Geschirr (z.B. für **Couscous**), Kannen und Krüge. Was Schmuckkeramik betrifft, richtet sich ihr Interesse auf Zierteller mit religiösen Sprüchen, Vasen, Nachttischlampen sowie Figuren wie Eidechsen, Fische oder Kamele. Davon ist natürlich auch vieles für ausländische Urlauber und Urlauberinnen interessant.

Traditioneller Brennofen
Eine traditionell arbeitende Töpferwerkstatt besitzt einen oder zwei Ziegel-Brennöfen, die mit Lehm verstrichen sind. Als Brennstoff werden Holz des Ölbaums, Olivenkerne, Rückstände aus Olivenmühlen (Ftura) oder Palmholz (Sannur djerid, Djerba) benutzt.

Der Ofen wird, nachdem man ihn mit Töpfergut belegt hat, vor dem Brennen mit Lehmputz verschlossen. Er wird erst nach mindestens 5 Tagen wieder geöffnet.

Holzverarbeitung
Obwohl Tunesien ein holzarmes Land ist, ist das Angebot an handwerklichen Gegenständen aus Holz recht groß. Aus ökologischen Gründen wäre es zweifellos vernünftig, nicht auch noch Souvenirs für die Touristen aus den holzreichen Ländern West- und Nordeuropas anzubieten.

Für letztere sind z.B. Tierfiguren, Käseplatten, Untersetzer, Wandschmuck etc. aus dem Holz des Ölbaums bestimmt. In der einheimischen Nachfrage spielen natürlich Möbel samt Verzierung eine große Rolle. Mir persönlich haben es die vielen schönen Eingangstüren der Wohnhäuser besonders angetan.

Metallverarbeitung, Schmuck

Gold
Goldschmiedekunst ist eine der ganz alten Handwerkszweige. Bis 1956 befand sich dieser Sektor vollständig in jüdischer Hand. Auch heute gibt es noch einige jüdische Goldschmiede in Tunesien, aber mittlerweile dominieren doch arabische Handwerker.

Auch Touristen fragen recht viel Schmuck nach, im Gegensatz zu wohlhabenden Einheimischen möchten sie aber in der Mehrzahl nicht allzu viel ausgeben. Dem tragen geschäftstüchtige Goldschmiede insoweit Rechnung, als sie für diesen Kreis Erzeugnisse mit wenig Gold, d.h. z.B. vergoldetes Silber und Emaille herstellen.

Silber
Von Touristen wird im Gegensatz zu den Einheimischen auch relativ viel Silberschmuck gekauft, das hat in diesem Bereich zu einem Aufschwung geführt. Zentren sind Tunis und Sfax. Während ersteres für Filigranarbeiten bekannt

ist, ist letzteres hauptsächlich auf massiveren und einfachen Silberschmuck spezialisiert.

Messing und **Kupfer**

Last not least sollen noch die Verarbeitung von Messing und Kupfer angeführt werden.

Die Herstellung von Messingprodukten hatte in Tunesien wenig Tradition, sie ist erst im Zuge des Massentourismus relevant geworden. Es werden hauptsächlich Messingteller mit Silbereinlegearbeit produziert. Standort ist die Medina von **Tunis**.

Dagegen ist die Verarbeitung von Kupfer ausgesprochen traditionsreich und von touristischer Nachfrage weitgehend unabhängig. Sie ist hauptsächlich in **Kairouan** zu Hause.

Praktische Reiseinformationen

Reisevorbereitungen

Reisedokumente, Visa, Führerschein

Für Bürger/Bürgerinnen der Staaten Deutschland, Niederlande, Österreich und Schweiz ist für Tunesien kein Visum erforderlich. Sie erhalten bei der Einreise einen Stempel in den Reisepaß, der zu einem Aufenthalt von vier Monaten berechtigt. Für Kinder und Jugendliche unter 16 Jahren ist entweder ein Kinderausweis oder Eintrag im Elternpaß (mit Foto, auch wenn unter 10 Jahren) notwendig. Reisepässe und Kinderausweise müssen zum Zeitpunkt der Einreise noch mindestens vier Monate gültig sein.

Kraftfahrzeuge, Anhänger und Boote können für einen begrenzten Zeitraum zollfrei eingeführt werden. Bereits nach drei Monaten ist die Einfuhrgenehmigung zu verlängern. Touristen mit eigenem Wagen brauchen den nationalen Führerschein und Fahrzeugschein. Die internationale Grüne Versicherungskarte muß vorher für Tunesien gültig geschrieben werden, andernfalls müssen Sie unmittelbar bei der Einreise eine tunesische Versicherung abschließen. Es erscheint überlegenswert, einen Auslandsschutzbrief (über Automobilclubs) zu kaufen, ferner könnte man an eine Reisevollkasko- und Insassen-Unfallversicherung denken.

Gepäck- und Krankenversicherungen

Es besteht ein Sozialversicherungsabkommen zwischen Deutschland und Tunesien, so daß es im Prinzip für Mitglieder/Mitgliederinnen der gesetzlichen Krankenkassen möglich ist, sich auf Krankenschein behandeln zu lassen. In der Paxis scheint das aber nicht immer zu funktionieren. Oft läuft es darauf hinaus, daß man die Behandlung zunächst vor Ort bezahlt, und erst später auf eine detaillierte Rechnung hin, zu Hause die Kosten erstattet bekommt, und zwar in Höhe der bei uns geltenden Sätze. Wenn der tunesische Arzt darüber hinausgeht, muß man drauflegen.

Wer keiner gesetzlichen **Krankenkasse** angehört, sollte sich bei seiner Privatkasse erkundigen, was sie trägt, notfalls muß eine Reisekrankenversicherung abgeschlossen werden. In diesem Falle empfiehlt es sich, eine damit gekoppelte Gepäckversicherung abzuschließen, was nur relativ niedrige Zusatzkosten bedeutet.

Was die Gepäckversicherung betrifft, halte ich es so, daß ich nur, wenn ich mit etwas mehr und relativ teurem Gepäck (guter Rucksack, teueres Zelt, guter Schlafsack z.B.) auf Reisen gehe, eine entsprechende Versicherung abschließe.

Verpflegung

Nur in **Houmt Souk**/Djerba, **Zarzis** und in den mittleren und großen Städten Südtunesiens ist die Lebensmittelversorgung auch für eingefleischte Westler recht gut, da hier jeweils mindestens ein großer Supermarkt (Monoprix, Magasin Général – Getränke, Käse, Reis, Nudeln etc., aber zumeist kein frisches Obst und Gemüse) existiert.

Für frisches Obst und Gemüse sind jeweils spezielle gedeckte **Märkte** (Markthallen) zuständig, die zum festen

Bestand jeder Stadt – ob klein oder groß – gehören. Hier findet man in der Zeit von März bis Oktober ein recht breites Angebot vor, das in seiner Zusammensetzung jeweils von jenen Produkten bestimmt wird, die gerade geerntet werden. Die Erzeugnisse sind wie bei unseren konventionellen Erzeugern durch Pflanzenschutz etc. belastet. In Tunesien gibt es allerdings keine Ausweichmöglichkeiten wie bei uns, wo ja mittlerweile auch Spezialmärkte und Bioläden Produkte von Ökobauern anbieten.

In den Markthallen oder ihrem Umfeld findet man auch Metzgereien für Hammelfleisch.

Kleidung

Bei Reisen im Hochsommer sollte möglichst Baumwollkleidung getragen werden, da dies bei Hitze weitaus am gesündesten ist.

Wer Südtunesien im Winter, also von Ende November bis Ende März besucht, braucht auch Pullover und andere warme Sachen, ferner ist dann auch ein Regenschutz einzupacken, da in dieser Jahreszeit das Wetter sehr wechselhaft ist und jederzeit auch mit Regen gerechnet werden muß.

Bei der Auswahl der Kleidung ist stets zu berücksichtigen, daß man es mit einem Land zu tun hat, in dem der **Islam** noch eine gewichtige Rolle spielt, wenngleich diese erheblich geringer ist als in jenen arabischen Ländern, in denen die moslemische **Orthodoxie** herrscht.

Frauen sollten also vergleichsweise lange Röcke, Hosen und langärmlige Blusen einpacken. Auch Männer brauchen übrigens lange Hosen und langärmlige Hemden. Auch Kopfbedeckungen (Tücher) gehören zur notwendigen Kleidung, freilich nicht nur aus kulturellen Gründen, sondern vielmehr auch, um sich vor der Sonne und bei Saharatouren ferner vor Wind und Sand zu schützen. Für Frauen kann das Kopftuch ein Schutz vor zudringlichen Blicken sein.

Wer vor hat zu wandern oder auf Wüstentrip zu gehen, sollte auch geschlossene Schuhe dabei haben, um sich vor Skorpionen zu schützen.

Toilettensachen

Am besten bringt man die Toilettensachen von zu Hause mit, man bekommt zwar auch das meiste in **Djerba** und Zarzis, aber die Sachen sind in der Regel teurer als bei uns, und die Auswahl ist nicht so groß. Es ist aber gut zu wissen, daß im Falle, daß Sachen aufgebraucht sind oder verloren wurden, die Möglichkeit besteht, Ersatz zu beschaffen, so daß man nicht übermäßig viel an Toilettensachen einpackt. Es gibt jedenfalls auch zur Genüge Toilettenpapier. Tampons heißen übrigens in Tunesien Tampax.

Auf jeden Fall mitzubringen sind Sonnenbrillen, weil auf diesem Gebiet nur eine ausgesprochen geringe Auswahl besteht.

Badesachen

In Südtunesien und Djerba ist Nacktbaden verboten (Maximum: topless an verschiedenen Touristenstränden), so daß auch die eingeschworenen FKK-Anhänger und -Anhängerinnen Badesachen einpacken müssen. Ferner ist es empfehlenswert Sandalen mitzubringen, da der Sand in der sommerlichen Urlaubszeit sehr heiß werden kann.

Schnorchler/Schnorchlerinnen sollten ihre eigenen Sachen, also Flossen und Taucherbrille, mitnehmen.

Im folgenden sind in einer knappen Checkliste alle reisewichtigen Sachen zusammengestellt, das ist so etwas wie die Basisausrüstung, die insbesondere von Individualreisenden mit Rucksack nicht überschritten werden sollte.

Checkliste
Notwendig: Badesachen, Bargeld (kleiner Bestand), Daypack (kleiner Rucksack bzw. kleine Umhängetasche), Filme, Handtücher, Hemden und T-Shirts (möglichst aus Baumwolle), Hosen, Kopfbedeckung, Landkarte, Nähzeug, Pullover (nach Jahreszeit verschieden), Reiseapotheke, Reiseführer, Reisepaß, Reiseschecks, Schreibsachen, Schuhe (fest), Waschzeug, Sicherheitsnadeln, Sonnenbrille, Sonnencreme, Taschenmesser, Tickets, Unterwäsche, Verbandsmaterial, Wörterbuch (deutsch-französisch-deutsch).

Darüberhinaus empfehlenswert: Dosenöffner, Eßbesteck, Flaschenöffner, Kerzen, Kordel, Regenschutz (Herbst, Frühjahr), Reisewecker, Schlafsack (nur für Individualreisende), Schere (klein), Thermosflasche, Vitamin-C-Tabletten, Wäscheleine.

Impfungen, Reiseapotheke
Besondere Schutzimpfungen (wie z.B. gegen Malaria oder Cholera) sind nach offizieller Information nicht erforderlich. Meines Erachtens gibt es jedoch verschiedene Infektionen, die überall in der Welt – d.h. auch in Tunesien – und jederzeit auftreten können, gegen die man gewappnet sein sollte. Zu denken ist insbesondere an Wundstarrkrampf/Tetanus und Diphterie.

Es empfiehlt sich, eine gut ausgestattete Reiseapotheke mitzubringen. Darin sollten auf jeden Fall enthalten sein: Pflaster, Mullbinden, elastische Binden, kleine Schere, Splitterpinzette, desinfizierter Sprühverband, Mittel gegen Insektenstiche, antiallergische und juckreizstillende Gelees, Salbe gegen Sonnenbrand, Sonnenschutzmittel, Kohletabletten gegen Durchfall, Fieberthermometer.

Wer bestimmte Medikamente regelmäßig einnehmen muß, sollte den gesamten Urlaubsbedarf mitbringen.

Ersatzteile, Zubehör für das Auto
In Südtunesien sind die französischen Automarken, also Renault und Peugot, stark verbreitet. Folglich bekommt man entsprechende Ersatzteile, zumindest im Bereich von größeren Städten (Gabès) und Haupttouristenorten (Houmt Souk, Zarzis), relativ leicht. Mittlerweile sind aber auch Fiat, VW, Mercedes und mehrere japanische Marken in wachsenden Maße vertreten. Fragen Sie vor Ihrer Abreise nach den Vertragswerkstätten Ihrer Automarke in Südtunesien/Tunesien. Notfalls müssen einige wichtige Verschleißteile mitgeführt werden.

Geschenke
Bei Einladungen in Familien ist es ein Gebot der Höflichkeit, ein kleines Geschenk mitzubringen. Besondere Freude bereiten oft Dinge, die aus den Heimatländern des Gastes stammen.

Zoll- und Devisenbestimmungen
Die Zollformalitäten bei der Ein- und Ausreise sind im allgemein sehr leger – das Gepäck wird nur selten überprüft. Neben dem persönlichen Reisebedarf können vorrübergend eingeführt werden:
2 Fotoapparate mit jeweils 20 Filmen, 1 Tonbandgerät, 1 Schmalfilmkamera mit 20 Filmen, 1 Videokamera, 1 Koffer-

radio, 1 Kofferschreibmaschine, 1 Fernglas, Sport- und Campingausrüstung, 1 Fahrrad, 1 Kinderwagen, 1 PC; Pro Person über 16 Jahren: 100 Zigarren oder 400 Zigaretten oder 500 g Tabak; 2l bis 25 % oder 1l über 25 % Alkohol, 1 Fläschchen Parfüm, Geschenke im Wert von 10 TD;

Verboten ist dagegen die Einfuhr von Funkgeräten, Waffen, Rauschgift und Pornos.

Bei der Ausreise ist zu beachten, daß die Ausfuhr von **Antiquitäten** strikt untersagt ist.

Bei allen tunesischen Waren, die den Wert von 30 TD übersteigen, kann der Nachweis, daß die Rechnung bezahlt wurde und auch mindestens in dieser Höhe Geld gewechselt wurde, verlangt werden. Ich habe allerdings noch niemals so etwas erlebt – dann hätte der Zoll auch weiß Gott viel zu tun.

Landkarten

Eine fehlerfreie Karte für Tunesien muß noch geschaffen werden. Die Mängel betreffen vor allem die Nebenstraßen und den Verlauf von Wüstenpisten.

Am geeignetsten erscheint mir nach wie vor der Michelinplan 958 Algerien-Tunesien, der Nordalgerien und Tunesien umfaßt und die Sonderpläne für den Raum Tunis und die Innenstadt von Tunis enthält. Auch diese Karte gibt einige Pisten nicht genau wieder, was aber nicht ins Gewicht fällt, sofern man sich nicht auf eigene Faust in Wüste oder Halbwüste außerhalb des Mainstream aufmacht.

In verschiedenen Touristenorten wird die Straßenkarte „Tunisie" von Editions Tanit angeboten, die auch einigermaßen brauchbar ist, mit der man aber bereits so seine Schwierigkeiten hat, wenn man auf Radtouren Nebenstrekken fährt.

Ferner gibt es eine Karte des Fremdenverkehrsamtes („Carte Touristique et Routière – Tunisie" vom Office de la Topographie et de la Cartographie), die etwa vom gleichen Standard ist. Meist sind allerdings gerade die Vorräte ausgegangen, wenn man danach fragt.

Orts- und Straßennamen

Bei Orts- und Straßennamen tauchen in der **Schreibweise** da und dort Unterschiede auf, das ist allerdings nicht sehr gravierend. Wir haben uns weitgehend an die Tunesienkarte von Michelin und diverse Stadtpläne der einheimischen Fremdenverkehrsämter gehalten.

Reisezeit

Südtunesien kann das ganze Jahr über bereist werden, in irgendeiner Ecke der Region – Wüste, Bergland oder Insel Djerba – findet sich immer ein Fleckchen, das ein angenehmes **Klima** offeriert.

Für Südtunesien, einschließlich Djerba, ist zweifellos der Frühling – März bis Juni -, besonders die erste Zeit, wenn nach den winterlichen Regenfällen Blumen und Bäume blühen und die Luft herrlich frisch ist, eine sehr schöne Reisezeit – vor allem für jene, denen es nicht so sehr auf das Baden ankommt, die vielmehr in erster Linie Land und Leute kennenlernen wollen und Wüstentouren bei angenehmen Temperatur durchführen möchten.

Wer sich warmes Urlaubswetter wünscht, tut allerdings gut daran, wenn er/sie nicht vor Ende April nach **Djerba** oder **Douz**/**Tozeur** (etwas früher) fährt, denn von März bis Anfang Mai gibt es immer wieder Tage, an denen es sehr kühl ist (und zumindest im Küstengebiet und auf Djerba) auch regnet.

Wer in erster Linie einen Badeurlaub im Visier hat, sollte nicht vor Anfang Mai Djerba und **Zarzis** besuchen. Die **Badesaison** dauert von Mai bis Oktober (für abgehärtete Naturen auch noch bis November).

Der Hochsommer ist in Südtunesien und auch auf Djerba schwer erträglich heiß (außer für Leute, die trockenheißes Klima mögen – wie ich z.B.). Es kann mitunter in den Küstenorten und auf Djerba auch sehr schwül werden.

Dennoch herrscht in dieser Zeit – im Juli/August – an den Stränden Hochbetrieb. Das ist übrigens die einzige Zeit des Jahres, in der ein gewißes Gedränge enstehen kann. Wie der Frühling ist auch der Herbst – September bis Mitte November in großen Teilen der Region klimatisch sehr angenehm, freilich ist das Land nun jedoch nicht so farbenprächtig wie im Frühjahr. Gegen Ende dieser Periode ist erstmals nach dem langen trockenen Sommer und Frühherbst wieder mit Regen zu rechnen. Diese Zeit eignet sich auch gut für Touren in die Wüste, die nun nicht mehr so heiß, aber immer noch angenehm warm ist.

Der Winter ist im Küstenbereich im Vergleich zu Westeuropa recht mild. An vielen Tagen scheint auch die Sonne für ein paar Stunden (in Südtunesien länger als im Norden).

Andererseits sind aber auch häufig Regentage dazwischen. Wer freilich nach echter Wärme Ausschau hält, sollte lieber in wirklich tropische Gefilde fahren: mögen auch die Werbespots der tunesischen Touristenwerbung vielversprechend sein, die so gern die Kapazitäten der Hotels länger auslasten möchte.

Wer im Winter in die Wüstenoasen fährt – und das ist eigentlich die beste Zeit für solche Touren (keine Hitze, Skorpione inaktiv) –, findet tagsüber kühl-sonniges Wetter (so um 20° C) vor, muß aber darauf gefaßt sein, daß es nachts empfindlich kalt wird (bis zur Frostgrenze).

Anreise

Es führen „viele" Wege von Mitteleuropa nach Südtunesien. Am kürzesten und schnellsten, aber auch umweltschädigendsten, sind natürlich Flüge. Dies tut die Mehrzahl der Tunesienbesucher: alle Pauschalurlauber, aber auch viele Individualreisende. Einige Touristen nutzen aber die Möglichkeit, mit eigenem Wagen einen der verschiedenen Mittelmeerhäfen anzusteuern, um sich mit der Fähre nach Tunesien bringen zu lassen. Der kürzeste Weg führt über Genua, der längste über Südspanien/Marokko/Algerien. Letzteren fuhren bis vor wenigen Jahren einige wenige Langzeittouristen im Rahmen von Nordafrika-Rundreisen. Nach den jüngsten Entwicklungen in Algerien (islamistischer Terror, Morddrohungen gegen Ausländer) ist diese Route lebensgefährlich geworden und nicht mehr anzuraten.

Mit dem Flugzeug

Südtunesiens Flughafen ist **Djerba**. Von Mitteleuropa bestehen das ganze Jahr über gute Flugverbindungen. Die Insel Djerba wird außer von der nationalen Gesellschaft Tunis Air auch von einer ganzen Reihe anderer Gesellschaften angeflogen. In der Saison kommen zu den Linienflügen zahlreiche Charterflüge hinzu. Außer Djerba wird neuerdings auch **Tozeur** (Saharatourismus) vereinzelt angeflogen.

Reisevorbereitungen

Entfernung der Häfen mit Fährverbindung nach Tunesien in Straßenkilometer

	Genua	Marseille	Neapel	Trapani/Sizilien
Berlin	1.293	1.575	1.751	2.604
Hamburg	1.380	1.450	2.015	2.868
Frankfurt/M.	859	1.015	1.520	2.373
München	699	1.060	1.150	2.003
Wien	988	1.370	1.345	2.198
Zürich	447	750	1.108	1.961

Die Flüge von Westeuropa nach Djerba dauern zwischen 2 und 3 Stunden (Frankfurt-Djerba 2 1/2 Std.).

Für das Gros der Touristen ist der Flug ohnehin im Pauschalarrangement eingeschlossen, so daß sich eigentlich nur die Individualreisenden um Flüge zu kümmern haben. Von ihnen fliegt kaum jemand zum Linienflugtarif, da es zahlreiche wesentlich günstigere Sondertarife bzw. Billigflüge gibt. Besonders niedrig sind die Flugpreise im November/Dezember bis vor den Weihnachtsferien und im Januar/Februar/März, in dieser Zeit kann man Tunesienflüge (Tunis, Monastir, auch Djerba) schon für 250-400 DM haben, dagegen ist in der Saison mit 450-550 DM zu rechnen. Auf der Suche nach Billigflügen schaut man am besten mal in die Reiseteile der großen Tageszeitungen.

Auto oder Bahn plus Fähre
Von einer Reihe von Mittelmeerhäfen (Frankreich, Italien), die außer mit dem Pkw auch mit der Bahn zu erreichen sind, bestehen zumindest im Sommer regelmäßige Schiffspassagen nach Tunesien – allerdings, von wenigen Ausnahmen abgesehen, werden freilich nur nordtunesische Häfen (La Goulette/**Tunis**, **Kelibia**) angelaufen, in näch-

ster Zeit soll aber zumindest **Zarzis** eine regelmäßige Verbindung bekommen.

Die **Bahn-Fähre-Verbindung** ist übrigens die ökologisch am wenigsten belastende Anreise.

Die Fähre ist etwas für Leute, die ein wenig mehr Zeit haben, da für die An- und Rückreise – wenn man allergrößte Hektik vermeidet – doch mit 4 bis 8 Tagen zusätzlicher Reisezeit zu rechnen ist.

Die Reise mit dem **Schiff** kommt auch um einiges teurer als der Billigflug, da die Tarife für die Überfahrt recht hoch sind. Die meistbenutzte Verbindung ist die Fähre Genua-La Goulette/Tunis, die knapp 24 Stunden braucht. Ebenfalls recht beliebt ist die Fähre Marseille-Tunis. Beide Häfen sind per Autobahn und Fernschnellzug mit Mitteleuropa verbunden.

Weitere mögliche Verbindungen sind:
- Neapel – Tunis (Anfang Juni bis Mitte Oktober);
- Trapani – Kelibia (gegenwärtig nur in der Hochsaison).

Für die Fähren können auch schon in Deutschland Reservierungen vorgenommen werden. Das kommt etwa 10-20 % teurer, hat aber andererseits den Vorteil, daß man in der Saison, wenn

Praktische Reiseinformationen

die Fähren nicht selten ausgebucht sind, nicht mehrere Tage im Hafen von Genua oder Marseille warten muß.

Fähren und Agenturen
CTN – Compagnie Tunisiene de Navigation,

Genua – Tunis (ca. 24 Std.)
Tunesische Fähren „Ambassador", „Scirocco" und „Habib" (während der Hauptsaison Zusatzfähren): Ende Mai bis Ende Oktober dreimal wöchentlich (unregelmäßige Abfahrtstage), auch für Pkw und Wohnmobil, 2- und 4-Bett-Kabinen, Sitzplatz/Liege, Restaurant, Bar, Schwimmbad. Bordwährung: Französischer Franc; Preise pro Person für Sessel, einfach 195, Hin- und Rückfahrt 342 DM, ermäßigte Tarife für Ehepaare, Minigruppen, Schüler und Studenten. Pkw + 2 Insassen für Hin- und Rückfahrt günstiger Sonderpreis. Prospekt mit Terminen und Fahrpreisen bei den Agenturen erhältlich.

Marseille – Tunis (ca. 24 Std.)
Tunesische Fähren „Ambassador", „Habib" und „Scirocco": in der Saison dreimal wöchentlich, sonst weniger, Ausstattung wie Genua-Tunis-Linie. Normaltarif pro Person für Sessel, einfach 275, Hin- und Rückfahrt 495 DM. Verschiedene ermäßigte Tarife, Sondertarif für Pkw + 2 Insassen, Touristenklasse. Prospekt mit Terminen und Fahrpreisen bei den Agenturen erhältlich.

Neapel -Tunis
Die tunesischen Fähren „Scirocco" und „Ambassador", Verkehr Anfang Juni bis Ende Oktober, unregelmäßige Abfahrtstage, wöchentlich ein- bis zweimal. Prospekte über Termine und Fahrpreise sind über die für die CTN arbeitenden Agenturen erhältlich.

Agenturen
Deutschland
Alpha-Tours GmbH, 60596 Frankfurt/M., Stresemannallee 61, Tel. 06963300020, Fax 06963300031;

Italien
Tirrenia Navigazione, 16100 Genua, Ponte Colombo (Stazione Maritime), Tel. 10258041, Fax 102698255;

Tunesien
CTN, 1000 Tunis, Rue de Yugoslavie 122, Tel. 01242775, Fax 01354855;

Marseille s. SNCM

Schweiz
Avimare, 8057 Zürich, Oerlikoner Str. 47, Tel. 3117650, Fax 3112078;
Österreich
Universal Reisen GmbH, 1010 Wien, Schubertring 11, Tel. 02227136348/9, Fax 02227133407;

SNCM – Société Maritime Corse Méditerranée

Marseille – Tunis (20-24 Std.)
Französische Autofähren „Liberté", „Esterel", „Napoleon" und „Corse", ein- bis zweimal wöchentlich im Juli und August häufiger, das ganze Jahr über, 2- und 4-Bett- Kabinen, Sitzplatz/Liege;
  Normalpreis inkl. Sitzplatz: einfache Fahrt 267 DM, 1910 ÖS, 226 SF, Hin- und Rückfahrt 482 DM, 3440 ÖS, 408 SF, ermäßigter Tarif für Studenten und Ehepaare bei Hin- und Rückfahrt für die Kabine; Pkw, Boote, Wohnmobile bis 3,80 m einfach 527 DM, Hin- und Rückfahrt

840 DM; höhere Tarife für 3,81 bis 4,40, 4,41 bis 5,00 und mehr als 5,00; Sondertarife für Passagiere + Pkw in der Nebensaison (1.1. bis 24.6. und 16.8. bis 31.12. ab Frankreich, 1.1. bis 9.8. und 16.9. bis 31.12., ab Tunesien). Prospekt mit Terminen und Fahrpreisen über die Agenturen erhältlich.

Agenturen
Deutschland
SNCM-Germany GmbH, 65760 Eschborn, Berliner Str. 31, Tel. 0619642911/13, Fax 06196483015;

Marseille
SNCM, 13002 Marseille, Blvd. des Dames 61, Tel. 91563010, Fax: 91563100; Einschiffung: Gare Maritime de La Joliette;

Tunesien
SNCM, Tunis, Av. Farhat Hached 47, Tel. 01338222, Fax: 01330636;

Österreich
Universal Reisen, 1010 Wien, Schubertring 11, Tel. 02227136348, Fax: 02227133407;

Schweiz
Voyages Wasteels SA, 3007 Bern, Eigerplatz 2, Tel. 0313724780, Fax: 0313716704;

Praktische Tips von A bis Z für die Reise im Lande

Adapter
Fast durchweg hat man es mit 220 V/50 Hz Wechselstrom zu tun. Die Ausnahme bilden ein paar Altbauten mit 110 V. Für evtl. noch anzutreffende alte französische Steckdosen könnte man einen Stecker-Adapter für den Anschluß elektrischer Geräte mitnehmen.

Ärztliche Versorgung

Gesundheitsvorsorge unterwegs
Durchfälle und Magenverstimmungen
Zu den häufigsten Touristenkrankheiten zählen Durchfälle und Magenverstimmungen, dafür gibt es zur Genüge Gründe: verunreinigtes Wasser, verdorbene Nahrungsmittel, zu fettes Essen, zu kaltes Getränk, Unterkühlung des Magen-Darm-Traktes. Sie können dagegen in gewissem Maße vorbeugen, indem Sie rohes Fleisch, ungeschältes Obst, nicht pasteurisierte Milch, Speiseeis, Brunnen- und Leitungswasser (zumindest außerhalb der Städte) konsequent meiden.

Gegen starken Durchfall empfiehlt es sich, einen oder zwei Tage im Bett zu bleiben und lediglich ungezuckerten Tee mit etwas Zwieback oder Toast zu sich zu nehmen. Außerdem ist es notwendig, viel Flüssigkeit zu trinken. An Medikamenten kommen lediglich Kohletabletten in Frage. Auch in den folgenden Tagen sollte nur leicht verdauliche Kost gegessen werden. Bleibt der Durchfall auch nach vier Tagen unverändert schwer (Gefahr einer Amöbenruhr), sollten Sie auf jeden Fall einen Arzt aufsuchen.

Sonnenbrand
Sicherlich ist die Gefahr, sich in Südtunesiens sengender Hochsommersonne einen Sonnenbrand zu holen, größer als in heimischen Gefilden. Aber eigentlich ist das absolut vermeidbar, wenn man in den ersten Tagen nur allmählich den Aufenthalt in der Sonne steigert und sich immer hinreichend durch einen Kopf- und Nackenschutz

Praktische Reiseinformationen

und das Auftragen von Sonnenöl schützt.

Wenn es denn doch passiert, weil die nötig Vorsicht nicht waltete, empfehlen wir Ihnen als Therapie kalte Umschläge/Eiskompressen auf den Kopf sowie sich in einem dunklen Raum zur Ruhe zu legen. Ferner muß in dieser Situation jeglicher Alkohol gemieden werden.

Verschiedenes andere
Touristen, die in klimatisierten Hotels wohnen, befinden sich im Hochsommer auf Grund der dann erheblichen Differenz zwischen Außen- und Innentemperatur stets in Gefahr, sich eine Erkältung zu holen.

Es ist nicht sehr wahrscheinlich, daß Sie von einem Hund, Kamel oder Esel gebissen werden, aber wenn es doch passiert, sollten Sie sofort zum Arzt gehen (Tollwutgefahr). In diesem Zusammenhang ist auch darauf zu verweisen, daß Wunden immer sofort desinfiziert werden sollten.

Unseres Erachtens ist die Gefahr, von Skorpionen gebissen zu werden, größer, auch vor Schlangen muß man sich in bestimmten Regionen in acht nehmen. Dieser Gefahr beugt man am besten durch geschlossenes Schuhwerk vor. Barfuß oder in Sandalen im Gelände herumzulaufen ist auch deshalb nicht ratsam, weil man sich damit der Gefahr aussetzt, daß Sandflöhe in die Haut eindringen, die Tetanus verursachen können.

Skorpione, Schlangen

Es gibt in Tunesien zehn Arten von Skorpionen, von denen eine, nämlich der Androctonus Australis – über 10 cm lang, grau-gelblich, dunkle Scheren; Vorkommen: südliches Bergland, Steppe, äußerster Süden – sehr gefährlich ist. Als besonders folgenreich gelten Bisse in den Hals-Mundbereich, die Lebensgefahr bedeuten.

Sind auch bei anderen Skorpionarten die Bisse weniger gefährlich, so sind sie doch auf jeden Fall sehr schmerzhaft. Mit Skorpionen hat man es vor allem im Hochsommer zu tun, da die Tiere den Winter in einer Art Halbschlaf zu verbringen pflegen. Sie sind wie die Schlangen nachtaktiv und greifen gleichfalls eigentlich nicht von allein an. Skorpione haben die Gewohnheit, die Wärme suchend sich auch in Schuhen, Schlafsäcken, Betten oder unter Kleidung zu tummeln. Entsprechend erweist es sich als sehr sinnvoll, abends und morgens mit der gebotenen Vorsicht Kleidung und Schuhe zu überprüfen.

Auch bei den Schlangen hat man es mit etwa einem Dutzend Arten zu tun, auch darunter sind mehrere hochgiftige (Sandvipern, Puffottern). Die Schlangen gelten als ausgesprochen menschenscheu. Sie verbergen sich tagsüber vor Sonne und Hitze unter Fels und Stein und verlassen ihre Domizile gewöhlich erst in der Abendkühle.

Schlangen wie Skorpione kommen vor allem im Süden vor. Die nötige Vorsicht gegenüber diesen Tieren besteht in erster Linie darin, daß man außerhalb von Ortschaften feste, hohe Schuhe trägt und nicht in Felsritze oder unter große Steine greift und keine dicken Steine aufhebt, denn darunter könnten sich Schlangen oder Skorpione befinden. Wenn man es trotz aller Vorsicht mit einem Tier zu tun bekommt, sollte man es laufen lassen, sofern es flieht, und sich dabei ganz ruhig verhalten.

Im Falle eines Schlangenbisses muß die Wunde zum Herz hin abgebunden werden. Die Binde sollte etwa alle 20 Minuten gelockert werden. Die Wunde ist vorsichtig zu desinfizieren, darf aber nicht, wie oft zu hören ist, ausgebrannt werden. Der/die Gebissene sollte möglichst bald in ärztliche Behandlung kommen. Es wäre sehr gut, wenn die Schlange möglichst genau beschrieben werden kann, damit der Arzt in die Lage versetzt wird, das richtige Serum anzuwenden.

Zu den Dingen, die Sie meiden sollten, gehört ferner das **Baden** in Binnengewässern (Bächen, Seen), die sich in der Nähe menschlicher Siedlungen befinden, da diese eventuell mit Bilharzien verseucht sind. Besonders risikoreich sind in dieser Hinsicht Bewässerungskanäle in Oasen.

Schließlich sei noch für Tage mit großer Hitze geraten, sehr viel zu trinken, u.U. 4-6 Liter, und gut gesalzen und reichlich gewürzt zu essen, um die bei großen Flüssigkeitsverlusten auftretenden Verluste von Salz und Mineralien auszugleichen. An heißen Tagen auftretende Kopfschmerzen, Gleichgewichtsstörungen und anhaltende Abgeschlagenheit deuten auf entsprechende Mängel hin. Mittlerweile ist auch Aids in Tunesien, wo man den Begriff Sida benutzt, heimisch. Hier gelten die von zu Hause bekannten Vorsorgemaßnahmen (z.B. Geschlechtsverkehr nur mit Präservativ).

Möglichkeiten der
Gesundheitsversorgung für Touristen

Krankenhäuser, Ärzte
Die besten Krankenhäuser befinden sich in **Tunis**, wo es auch verschiedene Spezial- und Privatkliniken gibt. Die ebenfalls recht gut eingerichteten Regionalkrankenhäuser findet man in Südtunesien lediglich in **Gabès, Gafsa, Houmt Souk, Medenine, Zarzis** und - **Tataouine**. In den übrigen Orten muß man sich mit einfachen Krankenstationen, den Dispensaires zufrieden geben. In den größeren südtunesischen Städten und in Houmt Souk/Djerba – in der Regel in den Zentren und besseren Stadtvierteln – findet man auch in größerer Zahl Arztpraxen, die durch ein Messingschild angezeigt werden, das das Spezialgebiet des betreffenden Arztes und seinen Ausbildungsort – oft eine französische Universität – ausweist. Alle sprechen fließend Französisch, manche auch Englisch oder Deutsch.

Behandlungen sind im allgemeinen sofort in bar zu bezahlen. Für die Erstattung durch Krankenkassen ist es wichtig, daß man sich eine detaillierte Rechnung ausstellen läßt.

Apotheken

Auch an Apotheken besteht in den großen Städten und den Touristenorten kein Mangel. Sie sind mit der französischen Bezeichnung „Pharmacie" ausgeschildert. In ihnen erhält man vorwiegend französische, schweizer und deutsche Produkte, die unter demselben Namen wie im Herstellungsland angeboten werden. Sie sind zumeist rezeptfrei und – soweit im Inland hergestellt – wesentlich billiger als bei uns. In den Apotheken sind auch zahlreiche Drogerieartikel wie Tempotaschentücher, Tampons etc. erhältlich. In den Großstädten existiert ein Nacht- und Sonntagsdienst.

Anmache

In einem Land, in dem für die Männerwelt vorehelicher oder außerehelicher Sex – einmal von der Prostitution abgesehen – extrem schwierig ist, verwun-

Praktische Tips von A bis Z für die Reise im Lande

dert es nicht, daß sich die Augen vieler – vor allem junger – Männer in den Fremdenverkehrsorten voller Erwartung auf die Touristinnen aus dem Westen richten, von denen es heißt, daß sie sexuell ausgesprochen freizügig seien, d.h., daß sie „leicht zu haben sind." Ganz so falsch ist diese Ansicht ja auch nicht, denn im Westen ist ja die Sexualität nicht mehr so eng in das Korsett von Ehe und Familie eingeschnürt. Und es gibt ja auch genug Beispiele dafür, daß Einheimische bei Touristinnen, die einem kleinen Urlaubsflirt nicht abhold sind – und davon gibt es genug – Erfolg haben.

Das Interesse richtet sich besonders auf junge, allein reisende Frauen oder auf Frauen, von denen man dies vermutet. Die Annäherungsversuche können korrekt und charmant sein, sind mitunter aber auch ausgesprochen unverfroren und aufdringlich (fast schon handgreiflich).

Diese Anmache tritt vor allem in den Basaren (bevorzugt junge Händler) und an Stränden auf, an letzteren (besonders Stadtstränden) gibt es auch einige Gafferei.

Dies ist freilich das Verhalten einer kleinen Minderheit unter Tunesiens Männern, die meisten verhalten sich gegenüber Touristinnen durchaus höflich und korrekt.

Frauen, die ihre Ruhe haben wollen, erreichen dies am besten durch dezente Kleidung in der Öffentlichkeit, und indem sie direkten Blickkontakt mit Männern meiden. Falls dennoch irgendwelche Zudringlichkeiten geäußert werden, hilft auch, daß freundlich und bestimmt abgelehnt wird. Bei penetranter Belästigung ist es notwendig lautstark zu schimpfen und sich an ältere Tunesier zu wenden, die im allgemeinen zu Hilfe kommen, weil viele gegen aufdringliches Verhalten von Jugendlichen gegenüber Frauen sind.

Archäologie
Tunesien ist sehr reich an archäologischen Stätten aus römischer Zeit. In dieser Hinsicht kann es sich durchaus mit Kleinasien und Italien messen. Die archäologischen Stätten liegen jedoch durchweg in Nordtunesien und werden nur von wenigen Djerbatouristen besucht.

Am besten erhalten ist **Dougga**. Weitere hochinteressante Hinterlassenschaften der Antike sind **Thuburbo Majus**, **Karthago**, **Maktar**, **Sufetula**, **El Djem**, **Bulla Regia** und **Chemtou**.

Baden/Strände
Die 1.300 km lange Küste besitzt viele schöne Strände, von denen lediglich die langen Sandstrände von **Djerba**, **Zarzis**,

Wassertemperaturen (Mittel) in °C												
	J	F	M	A	M	J	J	A	S	O	N	D
Tunis	15	14	15	16	17	21	24	25	24	22	19	16
Sousse/Monastir	15	15	15	16	17	21	24	25	24	22	20	17
Djerba	16	15	16	17	18	21	24	26	25	22	20	18
Tabarka	–	–	14	15	17	21	25	25	24	20	–	–

beide im Süden, sowie **Mahdia, Monastir, Sousse, Hammamet, Nabeul, Soliman, Gammarth** und **Tabarka**, alle im Norden, die zu den besten im Bereich des Mittelmeeres gehören, für den Massentourismus genutzt werden. Darüberhinaus gibt es viele noch ganz einsame Badebuchten.

Strände sind in Tunesien grundsätzlich öffentliches Eigentum und müßten von Rechts wegen jedermann/jederfrau zugänglich sein – auch wenn sie sich im Bereich von Touristenhotels befinden. Man ist bemüht, die Hauptstrände des Fremdenverkehrs von Verschmutzungen frei zu halten, an anderen Stränden besteht dieses Bemühen nur begrenzt.

Die Badesaison fängt Ende April an und reicht bis Ende Oktober. FKK ist überall verboten, Oben-Ohne-Baden wird hingegen an Hotel-Swimmingpools und hotelnahen Stränden geduldet.

Behinderte

Das Verkehrssystem und die Hotels sind noch nicht behindertengerecht eingerichtet. Aber im allgemeinen verhalten sich viele Leute kooperativ.

Diebstahl, Betrug und andere Kriminalität

Diebstahl

Im Vergleich zu Deutschland, vor allem deutschen Großstädten, ist die Kriminalitätsrate, insbesondere die Zahl der Gewaltdelikte, in Tunesien sehr niedrig, das gilt vor allem für die ländlichen Gebiete. Aber auch in den Städten und Touristenorten ist sie noch relativ gering, wenn auch in Zunahme begriffen. Dennoch ist es ratsam, auf verschiedenste Weise potentiellen Diebstählen und kleineren Betrügereien vorzubeugen. So sollten niemals größere Geldbeträge offen gezeigt werden und in der Regel kleinere Bezahlungen in Lokalen und Geschäften oder beim Straßenhändler mit einer separaten Börse mit Kleingeld getätigt werden. Ferner ist das Bargeld stets in einem verdeckten Geldgürtel, wie die wichtigsten Papiere und Wertsachen auch, am Körper zu tragen. Gepäck sollte niemals unbeobachtet herumstehen und der Fotoapparat nicht herumliegen gelassen werden.

Touristen, die mit dem Auto unterwegs sind, sollten ihren Wagen nicht in unbeleuchteten Seitenstraßen abstellen.

Kleine „Betrugsversuche"

Ein typisches Phänomen des modernen Massentourismus ist, daß es eine Reihe von Situationen gibt, in denen versucht wird, Touristen bei Dienstleistungen übers Ohr zu hauen. Damit es erst gar nicht dahin kommt – einschließlich entsprechender Reibereien und häßlicher Auseinandersetzungen -, ist es gut, von vornherein bestimmte Leistungen und Preise fest zu vereinbaren. Das gilt z.B. gegenüber Fremdenführern, Taxifahrern (sofern kein Taxameter existiert), Verleihern von Reittieren, Fahrrädern etc.

Es ist auch immer angebracht, Anwerbern zu mißtrauen, die Sie in einen bestimmten Laden schaffen wollen – das muß nicht unbedingt das beste Angebot sein.

Diplomatische Vertretungen
Tunesische Botschaften und Konsulate

Deutschland
Tunesische Botschaft, 53175 Bonn, Godesberger Allee 103, Tel. 0228376981, Fax: 0228374223

Praktische Tips von A bis Z für die Reise im Lande

Tunesische Konsulate: 40213 Düsseldorf, Graf-Adolf-Platz, Tel. 02111007/09, Fax: 0211374005; 22085 Hamburg, Overbeckstr. 39, Tel. 0402201756, Fax: 0402279786; 80335
München, Seidlstr. 28, Tel. 089554635, Fax: 0895502518; 13187
Berlin-Pankow, Esplanade 12, Tel. 0304722087, Fax: 0304932816

Österreich
Tunesische Botschaft, 1030 Wien, Ghegagasse 3, Tel. 0222786552

Schweiz
Tunesische Botschaft, 3005 Bern, Kirchfeldstr. 63, Tel. 031448226
Tunesisches Konsulat, 1209 Genf, Rue de Moillebeau 58, Tel. 022348450
Ausländische Botschaften und Konsulate in Tunesien

Deutschland
Botschaft, 1002 Tunis, Rue el Hamra 1 (Mutuelleville), Tel. 01786455, Fax: 01788242
Konsulat: Houmt Souk, Djerba, Bungalow 40, Sidi Mahrez, B.P. 21, Tel. 05/5 71 39

Österreich
Botschaft, 1004 Tunis-El Menzah, Rue Ibn Hamdis 16, Tel. 01238696

Schweiz
Botschaft, 1002 Tunis-Mutuelleville, Rue Chenkiti 12, Tel. 01281917 und 01280132

Feste und Feiertage

Staatliche Feste
1.1. Neujahr
18.1. Revolutionsfest (Anniversaire de la Révolution)
20.3. Unabhängigkeitsfest (Fête de L'Independance)
9.4. Tag der Gefallenen (Jour des Martyrs)
1.5. Tag der Arbeit (Fête du Travail)
2.6. Fest der Jugend (Fête de la Jeunesse)
25.7. Fest der Republik (Fête de la Proclamation de la République)
13.8. Fest der Frau (Journée de la Femme)
3.9. Gründungstag des Neo Destur
15.10. Abzug der Franzosen aus Bizerte (Fête de l'Évacution)

Fotografieren
Filme bringt man am besten von zu Hause mit. Man erhält zwar auch eine recht gute Auswahl in Houmt Souk/Djerba, aber die Filme werden dort mitunter nicht wirklich fachgerecht gelagert, außerdem sind sie in der Regel teurer.

Bei der Ausrüstung hat man zu berücksichtigen, daß man es mit größerer Helligkeit zu tun hat und daß auf Wüstentrips die Kamera vor Sand geschützt werden muß. Wegen der großen Helligkeit sind auf jeden Fall Skylight-Filter mitzunehmen. Als eine wichtige Maßnahme gegen den in vielen Regionen allgegenwärtigen Sand gilt es nach Gebrauch das Objektiv sogleich sorgfältig zu verschließen. In diesen Rahmen gehört weiter, daß die Kamera in eine bestens abgeschlossene Fototasche untergebracht wird. Belichtete Filme sollten auf keinen Fall längere Zeit in der Hitze herumgetragen werden.

Fremdenführer
Im allgemeinen werden organisierte Ausflüge und Rundreisen von professio-

Praktische Reiseinformationen

Laden in Tataouine

nellen Fremdenführern begleitet. Diese können aber auch von kleinen Gruppen oder Einzelreisenden spontan für ganz individuelle Unternehmungen über Fremdenverkehrsämter und die großen Hotels engagiert werden. Die professionellen Fremdenführer sind an ihrem Abzeichen zu erkennen; sie besitzen darüberhinaus auch einen Dienstausweis. Sie sprechen zumindest Französisch, manche aber auch Deutsch und Englisch. Ihre Tarife sind durch die Fremdenverkehrsbehörden festgelegt.

Neben den Profis gibt es noch zahlreiche selbsternannte Führer, darunter auch nicht wenige Kinder, die den Touris an vielbesuchten Orten mitunter mit großer Hartnäckigkeit ihre Dienste aufzudrängen suchen. Wer sich einem dieser „kleinen Guides" anschließt, sollte vor der Führung den Tarif absprechen, damit es nicht am Ende zu einem nervigen Disput kommt. Ferner sollte man/frau sich erkundigen, ob der Fremdenführer noch anschließend als Anwerber in einen Laden zu führen gedenkt, und sich zu diesem Vorhaben verbindlich äußern.

Gastfreundschaft

In früheren Jahren war Gastfreundschaft gegenüber Fremden etwas Selbstverständliches. In den Zeiten des Massentourismus und der Verstädterung hat sich vieles geändert. Die Beziehungen zu den Touristen/Touristinnen in den Fremdenverkehrsorten sind vornehmlich geschäftlicher Art: Verkauf von Waren, Dienstleistungen und was sich dabei bei einem kurzen Gespräch eben so ergibt.

Aber es gibt auch die überlieferte Gastfreundschaft; man trifft auf sie, wenn man allein oder in kleiner Gruppe jenseits der Trampelpfade des Tourismus reist.

In der Regel heißt das festliches Essen in großem Familienkreis und ausgiebige Unterhaltung. Als Gast erhält man die besten Stücke Fleisch und wird reichlich ermuntert, sich großzügig zu bedienen. Niemand denkt auch nur andeutungsweise an irgendeine Gegenleistung. Dennoch ist es schön und fair, ein kleines **Geschenk** parat zu haben. Fotos sollten nicht nur versprochen, sondern auch bald nach der Heimkehr geschickt werden.

Als Gast gewinnt man in ländlichen Haushalten viel Sympathie, wenn man das Essen im Schneidersitz auf dem Boden einnimmt und nach überlieferter Art mit bloßen Händen ißt. Im Umgang mit den Gastgebern wird ein gewisser Respekt gegenüber den älteren Personen erwartet.

Geld/Geldwechsel

Währung
Tunesiens Währungseinheit ist der tunesische Dinar/TD. 1 TD hatte im März 1996 den Wert von ca. 1,50 DM. Der Kurs war in den letzten Jahren ziemlich stabil.

1 Dinar hat 1000 Millimes (M). Es gibt Noten zu 1, 5, 10 und 20 TD sowie Münzen zu 1, 2, 5, 10, 100 und 500 Millimes und 1 und 5 Dinar.

Die Ein- und Ausfuhr von Dinar ist verboten. Dies wird im allgemeinen auch von den ausländischen Touristen eingehalten, da der Wechselkurs im Ausland ungünstiger ist als in Tunesien selbst, so daß für Spekulanten nichts zu holen ist.

Praktische Reiseinformationen

Wechselkurs

Der Wechselkurs wird durch die Zentralbank festgelegt. Man findet den aktuellen Stand außer in den Banken auch in den Tageszeitungen sowie auch an vielen Hotelrezeptionen angezeigt. Der Geldwechsel ist außer bei den Banken auch in den Touristenhotels und natürlich auf den internationalen Flughäfen möglich. Tunesien ist übrigens voll an das westeuropäische Euro- und Reisechecknetz angeschlossen. Allerdings sind dabei verschiedene Limitationen zu berücksichtigen: mit Kreditkarten kann man z.B. nur in den größeren Hotels, Restaurants und Geschäften zahlen. Auf die American Expresskarte erhält man lediglich in Tunis Bargeld. Dagegen können Euroschecks bei zahlreichen Banken ohne Probleme eingelöst werden. Zum Geldwechsel ist stets der Reisepaß mitzubringen. Die Wechselquittungen sollten aufgehoben werden, da man sie als Nachweis braucht, wenn man bei der Ausreise übrig gebliebene Dinar zurücktauschen möchte. Ingesamt können 30 % der ursprünglich getauschten Geldsumme zurückgewechselt werden, dieser Betrag darf aber nicht über 100 Dinar hinausgehen. In den letzten Tagen vor der Heimreise sollte folglich nicht zu freizügig Geld gewechselt werden, sonst bleibt man unter Umständen auf einer größeren Summe sitzen, wenn nicht Mitreisende aushelfen.

Öffnungszeiten der **Banken**

Mo-Do 8-11.30 Uhr und 14-17 Uhr, Fr. 8-11.30 und 13.30-16.30 Uhr; im Sommer (1.7.-15.9.): Mo-Fr 8-11 Uhr; im Ramadan: Mo- Fr 8-11 und 13-14.30 Uhr

Aufbewahrung und Sicherheit

Pauschalreisende haben die Möglichkeit, im Hotel ihr Geld und andere wervolle Dinge gegen eine Quittung im Safe aufbewahren zu lassen. Individualreisende mit wechselnden Standorten haben es da schon etwas schwieriger. Ich handhabe es seit Jahren so, daß ich einen breiten Gürtel unter dem Hemd trage, in dem Paß, Geld und Traveller Cheques verstaut sind. Für den Paß und die Traveller Cheques habe ich als zusätzliche Sicherung für den Fall des Verlustes eine Kopie der ersten Seiten bzw. eine Liste mit den Nummern der Schecks (jeweils um eingelöste Nummern korrigiert) in andern Teilen des Gepäcks, um bei Verlust leichter einen neuen Paß zu bekommen bzw. die Nummern der Schecks zu wissen, die im Falle eines Diebstahls zu sperren sind.

Es ist ratsam, nur wenig Bargeld mitzuführen, da im Falle eines Diebstahls alles weg ist, während man ja bekanntlich verlorene bzw. gestohlene Traveller Cheques (Reiseschecks) sperren lassen kann und das entsprechende Geld zurückbekommt. Dies hat unverzüglich zu erfolgen.

Geldüberweisung

Wenn das Geld ausgeht, besteht natürlich die Möglichkeit, sich über eine große Bank mit Filiale oder Geschäftsverbindung in Tunesien (in der Regel Tunis) von Freunden in der Heimat eine Überweisung vornehmen zu lassen. Am schnellsten ist die telegraphische Überweisung; sie ist allerdings auch die teuerste.

Handeln

Die Preise sind teils fix, teils aber auch eine Größe, die sich erst nach mehr oder weniger ausgiebigem Feilschen ergibt.

Fest vorgegeben sind z.b. die Preise in den Supermärkten, Kaufhäusern, modernen Geschäften, in den Restaurants und Hotels, für die Verkehrsmittel sowie Eintrittskarten für Museen, Konzerte, Kinos, Theater etc.

Handeln muß man dagegen bei den Waren in den **Souks**, das gilt z.b. auch für viele Dinge, die von Touristen/Touristinnen begehrt werden, wie **Keramik**, **Teppiche**, Sachen aus Leder etc. Es ist gut, bevor man einen Handel beginnt, eine Vostellung davon zu haben, was eine Sache etwa kosten kann. Da die Handwerkswaren der Souks auch zu Festpreisen in den staatlichen Läden für **Kunsthandwerk** (ONAT-Artisanat) angeboten werden, gibt es auch diesen Anhaltspunkt.

Es ist immer gut, den Händler dazu zu bringen, daß er das erste Preisangebot macht, dadurch entgeht man der Gefahr, den Handel mit einem viel zu hohen Preis zu beginnen. Es gibt keine Regel dafür, um wieviel Prozent die Händler bei ihrem ersten Preisvorschlag über den üblichen Preis hinausgehen. In den Geschäften der Souks sind heutzutage in der Saison auch viele Aushilfskräfte beschäftigt, die auf Provisionsbasis beschäftigt werden, die mit vielfach überhöhten Preisen beginnen, um zu einem möglichst hohen Endpreis zu gelangen.

Ich persönlich verfahre so, daß ich am Anfang einen sehr niedrigen Preis gegenhalte, um erst einmal die Reaktionen der Gegenseite zu testen. Ich gehe auch nur ganz langsam nach oben.

Auch bei sehr geschicktem Feilschen wird man keinen Preis bekommen, der unter dem Betrag liegt, den die Einheimischen zahlen, man kann aber dicht an dieses Niveau herankommen. Auf jeden Fall wird dies auch ein Preis sein, mit dem der Händler leben kann, denn trotz allen Gezeters gibt ein Händler eine Ware nicht zu den Einkaufskosten oder gar darunter ab.

Wer einen halbwegs günstigen Kauf anstrebt, sollte sich ein wenig Zeit lassen. Das Feilschen muß ja auch nicht langweilig sein, Händler sind mitunter auch Leute, die die Unterhaltung nicht so engstirnig aufs Geschäft fixieren und in gemütlicher Atmosphäre Tee und andere erfrischende Getränke servieren lassen.

Kinder

Nach meinen Eindrücken ist Tunesien ein ausgesprochen kinderfreundliches Land.

Kino

Wie in vielen Regionen der Welt ist auch in Tunesien die Zahl der Kinos durch das Vordringen des Fernsehens stark zurückgegangen. Nur in **Tunis** findet man noch etwa ein dutzend Filmtheater, in den meisten Provinzstädten eines oder überhaupt keines. Das aktuelle Programm der Filmtheater – zumindest soweit es Tunis betrifft – steht in den französischsprachigen **Zeitungen** „La Presse" und „Le Temps".

Film

Der Kreis einheimischer Filmemacher ist relativ klein und konnte sich in der Quantität und Popularität nicht mit dem ägyptisch-arabischen Film messen, der in Tunesien wie in vielen arabischen Ländern lange Zeit die Szene dominierte. Heute sind Filme und Fernsehserien aus dem Westen stark verbreitet. Hauptereignis: die internationalen Filmtage von **Karthago** (alljährlich).

Kirchen, Moscheen

Kunsthistorisch interessierte Touristen/Touristinnen können sich auf zahlreiche Moscheen, **Marabouts** und **Zaouias** freuen. Wie überall in der Welt konzentriert sich auch in Tunesien der Besichtigungsbetrieb auf einige wenige Rosinen; dies sind die **Sidi Oqba-Moschee** in **Kairouan** und die **Zitouna-Moschee** in Tunis, beide im Norden gelegen.

Aber auch in **Djerba** und Südtunesien gibt es zahlreiche architektonisch ausgesprochen interessante Moscheen. Wir haben eine Reihe davon angeführt.

In Südtunesien befindet sich übrigens die größte „Zusammenballung" von Marabouts, dies ist im Oasenstädtchen **Nefta**, dem bedeutendsten Wallfahrtsort des tunesischen **Volksislams**.

Literatur

Neben der arabischen Literatur (ein Schwerpunkt ist die Lyrik) gibt es auch eine ansehliche französischsprachige Literatur (vor allem Prosa). Wer also zumindest Französischkenntnisse mitbringt, hat daher durchaus die Möglichkeit, diesen kulturell interessanten Bereich kennenzulernen. Namen, nach denen Sie beim Stöbern Ausschau halten sollten, sind: Mohammed Aziza, Aicha Bakhtiri, Heli Beji, Salah Garmadi, Moncef Ghachem, Majid el Houssi, Abdelwahab Meddeb, Fawzi Mellah, Albert Memmi und Amina Sand. Es ist nur sehr wenig ins Deutsche übersetzt worden. Eine Auswahl an tunesischen Kurzgeschichten ist z.B. in Regina Keils Auswahlband „Hanin. Prosa aus dem Maghreb", Heidelberg 1989, Wunderhorn, enthalten. Im Verlag Donata Kinzelbach, Mainz, der auf die Übersetzung nordafrikanischer Literatur, aber mit Schwerpunkt Algerien, spezialisiert ist, ist Albert Memmis Roman „Die Fremde" erschienen.

Lesetip
S. Pantucek, Zeitgenössische Literatur, in: K. Schliephake (Hg.), Tunesien, Stuttgart 1984

Malerei

Das Bilderverbot der sunnitischen Orthodoxie hat längst seine Geltung verloren. Seit Jahrzehnten exstiert in Tunesien eine lebendige und vielfältige Kunstszene, die von der abstrakten Malerei, über verschiedene Spielarten des Realismus bis zu Synthesen aus moderner Malerei und **Kalligraphie** reicht. Wer die Gegenwartsmalerei des Landes kennenlernen will, hat dazu reichlich Gelegenheit in den zahlreichen Galerien. Allerdings ist diese Szene im Norden, d.h. vor allem auf Tunis, konzentriert – als doch recht weit weg von den Zentren des südtunesischen Fremdenverkehrs.

Lesetip
Z. Lasram, Die Entstehung und Entwicklung der tunesischen Malerei, in: K. Schliephake (Hg.), Tunesien, Stuttgart 1984

Maße, Gewichte

In Tunesien ist wie bei uns das metrische System üblich, Entfernungen werden also in Meter und Kilometer, Gewichte in Gramm und Kilogramm und Hohlmaße in Liter angegeben.

Museen

Tunesien besitzt mehrere wichtige archäologische Museen, die auch international zum besten gehören. Dies gilt insbesondere für das Bardo Museum von Tunis mit seiner exzellenten Sammlung von römischen Mosaiken – und in Zukunft wird das Museum von Byrsa-Karthago (noch im Aufbau) mit seinen reichen Funden aus punischer Zeit zu vergleichbarer Bedeutung gelangen.

Ansonsten gibt es zahlreiche kleine archäologische Museen in vielen Provinzorten und an den Ausgrabungsstätten selbst, von denen einige ebenfalls recht interessant sind.

Ferner existieren mehrere Museen für Volkskunst (**Tunis, Monastir, Tozeur** z.B.) und islamische Kunst (z.B. Tunis und **Rekkada** bei Kairouan).

Was Museen betrifft, hinkt der Süden weit hinterher. Einziges wirklich hochkarätiges Museum der Region ist das Dar Cherait in Tozeur.

Musik
Tunesiens Musikszene präsentiert sich als ein buntes Gemisch aus arabisch-nordafrikanischer Musiktradition sowie gegenwärtigen Schlagermoden arabischer und westlicher Provenienz. Die verschiedenen Strömungen moderner westlicher Musik dröhnen nicht nur aus der Juke Box der modernen Touristenhotels, ihre renommiertesten Vertreter und Vertreterinnen werden auch gegen viel Geld zu den sommerlichen Musikfestivals und Hochzeiten der oberen Einkommensklassen engagiert.

Das spezifisch tunesisch-arabische Musikerbe ist die Malouf-Musik, die einst unter dem Einfluß der maurischen Andalusien- Flüchtlinge entstand. Für diese Musik sind ungewöhnliche Halbtonschritte sowie ein Gemisch aus Instrumental- und Gesangsteilen typisch. In ihr geben Saiteninstrumente (Geige, Laute, Zither, Harfe, Mandoline) den Ton an. Es kommen aber auch Trommeln, Tambourine und Flöten zum Einsatz.

Von der städtischen Malouf-Musik unterscheidet sich sehr deutlich die arabische Volksmusik der Dörfer, in der es vor allem auf den Rhythmus ankommt, wobei Trommeln und Blasinstrumenten die Hauptrolle zukommt.

Lesetip
J. Benazzouna, Die klassische, volkstümliche und moderne arabische Musik, in: K. Schliephake (Hg.), Tunesien, Stuttgart 1984

Nationalparks und Naturschutzgebiete
Um die typischen Naturlandschaften des Landes zumindestes als Teilstück zu erhalten sowie zum Schutz von **Fauna** und **Flora** sind seit der Unabhängigkeit eine Reihe von Nationalparks und Naturschutzgebieten geschaffen worden. Weitere sind in Planung.

Im Bereich von Südtunesien sind zu finden: der **Nationalpark Sidi Toul**, 80 km südlich von Ben Gardane (Saharalandschaft mit Salzpfannen, Dünengelände, Dorkasgazellen, Sandkatzen, Einbürgerung von Straußen und Antilopen geplant) und **Sahara-Nationalpark Djebil**, ca. 80 km südlich von Douz (Dünen-und Reglandschaft). Beide sind gegenwärtig noch im Aufbau.

Notruf
Der Notruf ist in Tunesien landesweit Tel. 282211.

Öffnungszeiten
Es gibt sehr wohl offizielle Öffnungszeiten für Ämter, Museen etc., aber man hält sich nicht ganz 100prozentig daran. Offizieller Ruhetag ist trotz des moslemischen Charakters des Landes wie bei uns der Sonntag. Dem Islam

wird aber auf der informellen Ebene insoweit Rechnung getragen, als vielersorts am Freitag nachmittag die Geschäfte geschlossen sind.

Banken: s. Geld und Währung

Behörden: Mo-Do 9-13 und 15-18 Uhr sowie Sa 9-13; im Sommer, Juli bis September nur 7-13 Uhr, im Ramadan lediglich von 8- 14 Uhr;

Geschäfte: 8/9-12 und 14/15-18 (im Sommer auch 16-19); freitags nachmittags sowie an Sonn- und Feiertagen geschlossen. Die Läden in den Souks oder auf dem Markt halten sich nicht vollständig an diese Zeiten. Auch Touristenläden in Hotels oder im Umfeld von Hotels haben oft bis 20 Uhr oder sogar darüber hinaus geöffnet.

Moscheen: Moscheen dürfen von Andersgläubigen entweder überhaupt nicht oder nur im Bereich des Hofes betreten werden. Soweit für Touristen/Touristinnen geöffnet, können sie nur außerhalb der Gebetszeiten besichtigt werden.

Museen: Außer an Montagen und offiziellen Feiertagen vom 1.4.- 30.9.: 9-12 und 15-18.30 Uhr; 1.10.-31.3.: 9-12 und 14-17.30 Uhr geöffnet.

Post: s. Post und Telefon.

Supermärkte (Monoprix, Magasin Général): sehr uneinheitliche Öffnungszeiten, manche Mo-Sa 8.30-12.30, 15.30-19.30 Uhr, manche montags ganztägig, am Freitag und Samstag am Nachmittag geschlossen.

Touristeninformation (ONTT, Syndicat d`Initiative): Mo-Fr 9- 12 und 15-17 Uhr, Sa z.T. nur vormittags.

Wochenmärkte: am Markttag von frühmorgens bis zum frühen Nachmittag.

Pauschalreisen und organisierte Ausflüge

Djerba und Südtunesien sind im Pauschaltourismus fest etabliert. Alle großen deutschen Veranstalter sind mit zahlreichen Ferienangeboten vertreten.

1995 besuchten 837116 deutsche Touristen, fast alle Pauschalreisende, das Land, die sich auf **Hammamet**, **Sousse**, **Monastir**, **Madhia**, **Djerba** und **Zarzis** verteilen. Ferner werden von den Reiseveranstaltern in großer Zahl ein- und mehrtägige Touren zu einer Reihe populärer Ausflugsziele angeboten. In Djerba und Zarzis sind dies vor allem **Gabès** (Oase, Strand), **Alt-Matmata** (Höhlenwohnungen, bizarre Berglandschaft), **Chenini** (Wohnhöhlen, schöne Berglandschaft), **Ksar Ghilane** (Oase, Sanddünen), **Douz** (Oase, Sanddünen), **Tozeur** (Oase, Museum, saharische Architektur) und **Nefta** (Oase, Marabuts).

In allen Touristenhotels hängen und liegen zahlreiche Angebote aus. Bei den Preisen bestehen nur geringfügige Unterschiede zwischen den Veranstaltern.

Man kann die Touren auch z.T. auf eigene Faust mit öffentlichen Verkehrsmitteln unternehmen, das erfordert freilich mehr Aufwand an Organisation, ist aber oft wesentlich billiger.

Andererseits sind aber auch verschiedene Exkursionen mit öffentlichen Verkehrsmitteln nur schwer oder überhaupt nicht durchführbar (überhaupt nicht z.B. Ksar Ghilane).

Polizei

Die Polizei ist unter der Telefonnummer 197 zu erreichen, Notrufnummern für Krankenwagen und Feuerwehr sind 261200 bzw. 198.

Post und Telefon

Die Postämter sind dank ihres gelben PTT-Schildes gut zu finden. PTT heißt übrigens „Post, Telefon, Telegraph". Express- und Einschreibebriefe sowie Päckchen und Pakete sind erst von einem Postbeamten zu überprüfen, bevor sie endgültig für den Versand fertiggemacht werden können. Briefe nach Deutschland, Österreich oder in die Schweiz brauchen etwa eine Woche.

Es ist möglich, Briefe an tunesische Ämter postlagernd (Poste restante) zu senden. Diese werden im allgemeinen sorgfältig aufbewahrt und lediglich gegen Vorlage des Passes ausgehändigt. Dabei ist auch eine kleine Gebühr zu zahlen. Damit es die Postbeamten möglichst einfach mit der Ablage haben, empfehlen wir, den Familiennamen des Empfängers/der Empfängerin zu unterstreichen.

Öffnungszeiten: Mo-Fr 8-12 und 15-18 Uhr, Sa 8-12 Uhr; Sommer (1.7.-15.9.):Mo-Fr 8-13 Uhr, Ramadan: Mo-Fr 8-15 Uhr.

Telefon

Auslandsgespräche sind recht unproblematisch. Es ist günstiger, von den Postämtern/Fernsprechämtern als von den Hotels aus anzurufen. Letztere sind teurer, da bei ihnen die Praxis verbreitet ist, Gespräche aufzurunden. Bei einem Teil der Fernsprecher zahlt man durch Einwurf von Münzen, bei einem Teil wird über den Schalter abgerechnet.

In den letzten Jahren sind in den Städten an der Ostküste viele Taxiphone eröffnet worden, das sind Räume, in denen sich mehrere öffentliche Telefonzellen befinden. Sie sind durch entsprechene Hinweisschilder gut ausfindig zu machen. Telefonieren ins Ausland läuft folgendermaßen: zuerst 00 + Vorwahl des betreffenden Landes (Deutschland 49, Österreich 43, Schweiz 41), dann Vorwahl des Ortes ohne die Null und schließlich die Rufnummer.

Vorwahlnummern in Tunesien: Tunis: 01, Bizerte, Hammamet, Nabeul: 02, Soussse, Monastir, Mahdia: 03, Sfax: 04, Djerba, Gabes: 05, Gafsa: 06, Kairouan: 07, El Kef und der Norden: 08, die Vorwahlnummern gelten immer für eine gesamte Region.

Preise (1 TD = 1000 M)

Lebensmittel
1 Baguette (französisches Weißbrot): 140 M
1 Ei: ab 60 M
1 kg offene Butter: ca. 4 TD
1 kg Käse: ab 6 TD
1 Joghurt: ab 200 M
Obst und Gemüse (in der Saison)
1 kg Tomaten: ab 200 M
1 Kg Kartoffeln, Zwiebel, Paprika: ab 300 M
1 Kg Äpfel/Birnen: ab 800 M
1 Kg Wassermelone: ab 200 M
1 Kg Honigmelone: ab 300 M
1 Kg Weintrauben: ab 500 M
1 Kg Feigenkaktus: 1800 M
1 Kg Datteln (Deglet en Nour): ab 2,8 TD
1 Kg Orangen: ab 300 M
1 Kg Zitronen: ab 300 M
Getränke
Frisch gepreßter Orangensaft: ab 300 M (Touristencafé ab 500 M)
Frischer Palmensaft „Laghmi" (nur im Süden): ab 100 M (Straßenhändler)
Coca Cola (1 l): 350 M (Supermarkt)
Mineralwasser (ca. 1 l): ab 250 M (Supermarkt)
Milch (1 l): 500 M
Flasche Wein (0,7 l): ab ca. 2 TD

Flasche Bier (0,3): 750 M (Supermarkt), Kneipe 1 TD, Touristenhotel 1,5 TD
Flasche Whisky: 35-50 TD
Boukha (Feigenschnaps) 1 l: 16 TD

Monatliches Einkommen:
Ungelernter Arbeiter ab 120 TD, Facharbeiter ab 200 TD,
Ingenieur ab 450 TD, Angestellter ab 180 TD, Bänker ab 300 TD, Lehrer ab 300 TD;

Radio und Fernsehen

Der staatliche Rundfunk sendet in Arabisch und Französisch. Das Fernsehprogramm wird auf zwei Kanälen ausgestrahlt, von denen der erste auf Arabisch und der zweite auf Französisch ist. Im Süden können auch algerische und libysche Sender empfangen werden.

Diese umfangreichen Informationsmöglichkeiten werden von der herrschenden Monopolpartei und ihren polizeistaatlichen Kontrolleuren nur ungern gesehen, 1994 war deshalb vorübergehend der Import und die Installation von Parabolantennen untersagt.

Reisekasse

Tunesien ist im Bereich der öffentlichen Verkehrsmittel und Nahrungsmittel erheblich billiger als die Bundesrepublik Deutschland. Im Vergleich zu den anderen Mittelmehrländern erweist es sich neben der Türkei, Marokko und Ägypten als weitaus preiswerter als Spanien, Italien, Zypern und Griechenland.

Individualreisende können, wenn sie sehr sparsam sind (ganz einfache Hotels, einfache Speiselokale, viel Selbstversorgung über Märkte und Supermärkte) mit etwa 30 DM pro Tag auskommen, das ergibt etwa 1500 DM für vierwöchige Tunesienreisen, wenn man für den Hin- und Rückflug 500 DM und Fahrten im Inland etwa 100 DM ansetzt. Wer größere Ansprüche hat und darüberhinaus noch verschiedene Dinge (Teppich, Keramik, Ledersachen) einkaufen möchte, muß höher kalkulieren.

Pauschalreisende haben zusätzliche Kosten durch Getränke, Trinkgelder, Ausflüge, Taxifahrten, Mietwagen, Benutzung von Sport- und Freizeiteinrichtungen an den Stränden. Man kann die Kosten erheblich vermindern, wenn die Getränke und verschiedene andere Dinge in Supermärkten gekauft werden und ab und an in einfachen Lokalen gespeist wird.

Nebenkosten für Sport- und Freizeitaktivitäten
Liege/Sonnenschirm am Pool (Tag) bis 2 TD
Liege/Sonnenschirm am Strand (Tag) bis 2 TD
Surfbrett (Stunde) ca. 10 TD
Segelboot (Stunde) ab 18 TD
Tretboot (Stunde) ca. 10 TD
Tennisplatz (Stunde) ab 10 TD
Tennisplatz mit Trainer (Stunde) ca. 20 TD
Minigolf (Runde) bis 2 TD
Reiten (Pferd mit Trainer) ab 10 TD
Golf (18-Loch-Platz; Tag) 50-60 TD
Leihfahrrad (Tag) 10 TD

Satire, Volkshumor

Satire hat es in diesem Land sehr schwer; wenn sie sich treffend mit der Macht anlegt, wird von der anderen Seite mit Verboten, **Zensur** und Haft geantwortet. Lamin Nahdi, der Pioniersatiriker (auch Gründer des Theaters von El Kef), hat im Laufe der vergangenen Jahrzehnte so manchen Auftritt verwehrt bekommen und die Gefängnisse auch von innen gesehen.

Auch im Volk gibt es genug politischen Witz, viel indirekte, geschickt verpackte Kritik, die trotz aller polizeilichen Überwachungspraktiken lebendig ist.

Ansonsten ist im Alltag noch sehr gegenwärtig der bauernschlaue mittelalterliche Goha (dem türkischen Nasreddin Hodscha vergleichbar), von dem zahlreiche – mehr oder weniger hintergründige – Witze erzählt werden.

Sprachkenntnisse/Verständigung
In den südtunesischen Hauptfremdenverkehrsorten (**Houmt Souk**, Hotelzonen von **Djerba** und **Zarzis**) ist die Verständigung, zumindest in den Restaurants, Souks und Mittelklassehotels recht gut, da von den in diesem Bereich tätigen Personen auch viele mehr oder weniger gut – manchmal sogar gut – Deutsch sprechen.

Außerhalb dieses Sektors und in den anderen Regionen des Landes kann man mit Deutsch nicht viel anfangen; dort kommt man aber mit Französischkenntnissen sehr gut zu Rande. Das hängt damit zusammen, daß mittlerweile praktisch alle Tunesier und Tunesierinnen in einem Bildungswesen aufwachsen, in dem Französisch eine sehr große Rolle spielt, in dem de facto **Zweisprachigkeit** herrscht.

Wer also ein wenig im Land herumreist, tut gut daran, die Französischkenntnisse aufzufrischen und zumindest ein kleines Wörterbuch Deutsch-Französisch-Deutsch mitzubringen.

Arabisch
Trotz der großen Rolle, die Französisch im **Bildungswesen**, in Presse, Wirtschaft und Verwaltung spielt, ist und bleibt aber Arabisch die Muttersprache.

Als klassisches Hocharabisch gilt die **Sprache** des **Koran**, diese wird in den arabischen Ländern jeweils nur von einer kleinen Elite beherrscht. In Tunesien wird ein Arabisch gesprochen (tunesische Umgangssprache), das sich deutlich vom Arabisch des ostarabischen Raumes unterscheidet. Eine Besonderheit des tunesisch-maghrebinischen Arabisch ist, daß in es eine Reihe von Ausdrücken aus dem Spanischen (moslemische Flüchtlinge aus Andalusien) und dem Berberischen Eingang gefunden haben. Berbersprachen, die heute noch in Marokko und Algerien weit verbreitet sind, spielen in Tunesien dagegen überhaupt keine Rolle. Man geht davon aus, daß lediglich eine Minderheit unter den Ibaditen Djerbas und ein Teil der Bergbewohner des Dahar – insgesamt wohl nicht mehr als 200.000 Menschen – noch des Berberischen mächtig sind – aber im Umgang mit der Mehrheitsbevölkerung das Arabische benutzen.

Schreibweise
Arabisch wird von rechts nach links geschrieben, eine Ausnahme bilden die Zahlen, die in der bei uns üblichen Richtung aneinandergereiht werden. Eine andere Besonderheit der arabischen Schrift ist, daß die Vokale weggelassen werden. Früher wurden sie mit Sonderzeichen angezeigt, für den Koran ist das beispielsweise der Fall. Die Buchstaben werden je nachdem, ob sie allein stehen oder sich am Anfang, in der Mitte oder am Ende eines Wortes befinden anders geschrieben.

Das Weglassen der Vokale macht sehr viel Übung erforderlich, bis man Arabisch auch lesen lernt.

Die Umschreibung des Arabischen in die lateinische Schrift ist voller Ungereimtheiten. Wir verwenden in diesem Buch die französische Transliteration, die nicht immer einheitlich ist. Beispielsweise wird der Laut dsch sowohl mit dj und j wiedergegeben (Djerba und Jerba). Oder u wird sowohl mit ou als auch u geschrieben. Auch bei der Wiedergabe der Unterscheidung zwischen stimmhaftem und stimmlosem s wird nicht immer konsequent verfahren. Ferner ist nach Ansicht von Sprachwissenschaftlern die Wiedergabe der arabischen Kehllaute durch die französische Transliteration mit h, gh, kh und rh ziemlich willkürlich.

Ausspracheregeln

ch	sch im Deutschen
dh	weiches englisches th
e	nicht gesprochen am Wortende
eu	wie offenes deutsches ö
gue, gui	wie ge bzw. gi
h	stark gehauchtes h
j, dj	entspricht dem weichen dsch in Journalist
kh	etwa wie ch in Dach
ou	deutsches u
q	k, tief in der Kehle gesprochen
rh, gh	wie das r in warum
r	rollendes r
s	stimmlos
w	wie das englische w
y	j im Deutschen
z	stimmhaftes s

Basiswortschatz
Begrüßungsformeln, Redewendungen

Frau	lalla
Herr	sidi
Guten Tag, willkommen	marhaba
Gruß für alle Gelegenheiten	salam, assalama
Guten Morgen	s'bah el khir
Guten Abend	msa el kheir
Gute Nacht	liltek saida
Auf Wiedersehen	beslama
Bis bald	filaman
Danke	shukran
Bitte	men fadlek
Entschuldigung!	sahmahni
Ich bin ...	ana
... Deutsche/Deutscher	almani
... Österreicher/Österreicherin	nimsewi
... Schweizer/Schweizerin	swissri
Wie heißen Sie?	sismik?
Ich heiße ...	ana ismi ...
Sprechen Sie ...?	tkalam anta?
... Deutsch	almanya
... Französisch	faranzya
... Englisch	l'inglesya
Wie geht es Ihnen?	kief halek?
Wieviel?	asch-hal, kaddesh?
Viel	ktir
Zu teuer	gali jasser
Wenig	shu'ia
Genug	barka oder ikfi
Geld	flus
Klein	srir
Groß	kebir
Wann?	emta?
Wo ist ...?	fen ...?
Ja	n'am
Nein	la
Ich	ana
Du	enti
Was kostet ...?	kaddesh ...?
Brot	khobs
Fleisch	l(e)ham
Fisch	huta
Gemüse	khodra
Obst	khalla
Suppe	schorba
Wasser	meya
Bier	birra

Kaffee (Mokka)	kahwa (arabi)	100	mia
		1000	alf

Wochentage	
Sonntag	el had
Montag	el tnine
Dienstag	el tleta
Mittwoch	el arb'a
Donnerstag	el khemis
Freitag	el j'ma
Samstag	el sebt

Zahlen	
0	sifr
1	wahed
2	(i)tnin
3	tlata
4	arba'a
5	chamsa
6	sitta
7	seba'a
8	tmanya
9	tisa'a
10	aschra

Die Zahlen von 11 bis 20 enden auf „ ... asch."

11	hedasch
12	tnasch
13	tlatasch
14	arbatasch
15	chamstasch
16	settasch
17	sebatasch
18	tmantasch
19	tisatasch

Die Zahlen von 20 bis 90 enden auf „ ... in"

20	aschrin
30	etlatin
40	arbain
50	chamsin
60	settin
70	sebain
80	tmanin
90	tasin

Theater

Das Theater fiel wie die plastische Bildhauerei und die gegenständliche Malerei unter das islamische Verbot, Personen abzubilden, entsprechend fällt seine Entstehung erst in die Kolonialzeit. Mittlerweile hat es sich aber fest etabliert, in **Tunis** existiert ein renommiertes Staatstheater, landesweit spielten Anfang der 80er Jahre 13 professionelle, 74 Amateur- und 90 Schülergruppen Theater.

Lesetip
F. Boughedir, Entwicklung und heutige Situation des Theaters in Tunesien, in: K. Schliephake (Hg.), Tunesien, Stuttgart 1984

Touristeninformation

Im Ausland

Das tunesische Fremdenverkehrsamt **ONTT** unterhält in Deutschland, Österreich und der Schweiz Informationsbüros, die Auskünfte erteilen und eine Reihe von Informationsbroschüren bereithalten.

Deutschland
Fremdenverkehrsamt Tunesien, 60329 Frankfurt a. Main, Am Hauptbahnhof 6, Tel. 069231891/92, Fax: 069232168;
Fremdenverkehrsamt Tunesien, 40210 Düsseldorf, Steinstr. 23, Tel. 021184218, Fax: 0211322773;

Österreich
Fremdenverkehrsamt Tunesien, 1010 Wien, Landgerichtsstr. 22, Tel. 0222483944/60;

Schweiz
Fremdenverkehrsamt Tunesien, 8001 Zürich, Bahnhofstr. 69, Tel. 012114830/31;

Im Inland
In den inländischen Büros erhält man Auskünfte zu Verkehrsmitteln, Hotellisten, Stadtpläne und Informationsbroschüren. In den Büros der Hauptfremdenverkehrsorte wird teilweise Deutsch verstanden.

Zentrale
Office National du Tourisme, Av. Mohammed V 1, Tunis, Tel. 01341077, Fax: 01350997;

Büros in Südtunesien und Djerba s. unter Ortsbeschreibungen

Unterkunft
An Unterkünften verschiedenster Kategorie herrscht inzwischen in Südtunesiens Touristenhochburgen kein Mangel mehr, da in den letzten zehn Jahren sehr viel gebaut wurde.

Einfache Hotels findet man überall im Lande bis in die Kleinstädte hinein. Sie befinden sich gewöhnlich im Zentrum. Hotels der mittleren Kategorie beschränken sich auf die größeren Städte und Touristenorte, wobei sie in letzteren reichlich vertreten sind. Sie sind sowohl im Stadtbereich als auch in den Touristikzonen zu finden.

Dagegen liegen die Hotels der oberen und Luxuskategorie fast immer am Rande der Städte (Tozeur) oder in separaten Hotelzonen (Djerba, Zarzis, Douz), die mehrere Kilometer vom Stadtzentrum entfernt sind. In dieser Kategorie besitzen fast alle Hotels Swimmingpools, gepflegte Restaurants, Bars sowie ausgedehnte Gartenanlagen.

Hotels
Die Hotels sind von der staatlichen Touristenorganisation **ONTT** in Kategorien – insgesamt sechs – eingeteilt, wobei mir des öfteren Einstufungen bestimmter Hotels nicht so ganz einsichtig sind. Ferner werden auch die Preise von staatlicher Seite festgelegt. Sie müssen in den Hotelzimmern ausgehängt werden. Des weiteren sind die Hotels verpflichtet, Beschwerdebücher zu führen, die in der Rezeption zugänglich sein müssen.

Die Zimmerpreise variieren relativ stark mit dem Wechsel der Saison, wobei sie branchenüblich in der Hochsaison im Zenit sind. Hauptsaison ist die Zeit vom 1.7.-15.9.. Ebenfalls recht gut bereist ist Tunesien in der Zwischensaison vom 1.4.-30.6. und vom 16.9.-31.10. Verbleibt schließlich noch die Zeit vom 1.11.-31.3., die als Vor- bzw. Nebensaison gilt.

In der Hauptsaison liegen die Preise etwa 20-80 % über der Zwischensaison (erhebliche Unterschiede im Aufschlag zwischen einzelnen Hotels). Dies gilt allerdings nicht für die ganz einfachen Hotels unterhalb der staatlichen Kategorisierung, deren Preise das ganze Jahr über gleichbleibend sind.

Wir führen lediglich die Zimmerpreise für die Hauptsaison an. Die Angaben für Doppelzimmer beziehen sich auf zwei Personen. Nur in den Hotels der mittleren und oberen Kategorie ist im Zimmerpreis auch das Frühstück enthalten. Einzelreisende, die im Doppelzimmer übernachten, müssen zumeist einen z.T. nicht unerheblichen Zuschlag zahlen, so daß sie auf eta 60-70 % des Doppelzimmerpreises kommen. Über die tunesischen **Fremdenverkehrsämter** in Deutschland, Österreich und der

Schweiz können detaillierte Preislisten für die Hotels bezogen werden.

Die in Pauschalreisen enthaltenen Zimmerpreise liegen weit (!) unter den offiziellen Zimmerpreisen, wie man sie zahlt, wenn man vor Ort ein Zimmer bucht. Selbst wer vorhat, nicht immer am selben Ort zu bleiben, sondern mehrtägige Exkursionen einbauen möchte, ist viel günstiger dran, wenn er zu Hause eine Pauschalreise bucht.

Offizielle Zimmerpreise (Hochsaison 1996, Touristenorte, 2 Personen)
Sehr einfach (nicht klassifiziert): DZ 10-20 TD;
Einfach (1*): DZ 20-40 TD; Mittel (2**, 3**): DZ 30-60, 50-100 TD;
Gehobene Kategorie (4****, 5*****): DZ 80-160, ab 100 TD.

Jugendherbergen
Südtunesien besitzt auch einige Jugendherbergen/Auberge de Jeunesse. Für die Benutzung braucht man den internationalen Jugendherbergsausweis. Die Übernachtungen kosten lediglich ca. 4 TD. Da in den Sommermonaten die Herbergen stark von Jugendgruppen frequentiert sind, ist es ratsam vorher anzurufen.

Camping
Tunesien ist gegenwärtig noch kein Camperland, entsprechend ist die Zahl der Campingplätze sehr klein und ihre Einrichtung sehr bescheiden. Sie sind auch zumeist lediglich in der Hauptsaison geöffnet. Wer an Stränden oder im Gelände campen möchte, sollte sich zuvor bei der Ortspolizei oder beim Grundstückseigentümer die Einwilligung holen.

Urlaubsaktivitäten
Mittlerweile ist im Urlaubsland Tunesien, d. h. auch in Djerba und Südtunesien, in großer Breite all das etabliert worden, was gemeinhin zu den mit Aktivurlaub verbundenen Betätigungen gehört, wie Tauchen, Surfen, Reiten, Wandern, Segeln, Tennis, Radfahren, Fallschirmfliegen, Golf etc. Zum Angebot der Strandhotels der mittleren und gehobenen Kategorie gehören z.B. Minigolf, Boccia, Basket- und Volleyball, Tennis, Reiten, Squash (z.T.), Fahrradverleih, Bogenschießen (vereinzelt), Strandsegeln (vereinzelt) und Animationsprogramme.

Die westlichen Touristen bleiben gewöhnlich unter sich und beteiligen sich nur in Aunahmefällen in einheimischen Sportvereinen.

Tauchen
Als bestes Tauchgebiet gilt die Nordküste zwischen **Tabarka** und **Bizerte**. Der Yachting Club von Tabarka, Fischerhafen, verleiht Tauchausrüstung und organisiert auch Tauchausflüge, außerdem bietet er auch Tauchkurse an.

Kurse bieten auch die Tauchschulen in **Monastir** (SHTT) und **El Kantaoui** (im Touristenkomplex „Port Jardin"), an. Tauchgebiete im Süden sind: der Golf von **Bou Grara** (zwischen dem Festland und **Djerba**), der Nordosten von Djerba und die Umgebung von **Zarzis**.

Während für die Geräte keine Limitationen bestehen, ist die Unterwasserjagd erheblich eingeschränkt. Weitere Informationen: Centre Nautique Internationale de Tunisie, Tunis, Rue de Medenine 22.

Segeln, Yachten
Tunesiens Küste hat seit Jahren einen festen Platz in den Mittelmeersegel-

törns. Es gibt Anlegestellen in Tabarka, Bizerte, **Sidi Bou Said-Amilcar, La Goulette, Kelibia, Hammamet, Port El Kantaoui, Sousse,** Monastir, **Mahdia, Sfax, Sidi Youssef** (Kerkenah), **Gabès, Houmt Souk** und Zarzis. Sidi Bou Said, Port El Kantaoui und Monastir sind moderne Yachthäfen, die mit den international üblichen Fazilitäten ausgestattet sind.

An der Nordküste weht der Wind über einen großen Teil des Jahres von Nordwest bis West; im Sommer sind die dominierenden Richtungen im Wechselspiel West nach Nord und Süd nach Ost. Die Meeresbrise (Ost nach Nordost) beträgt 5.

An der Ostküste sind im Sommer Ostwinde vorherrschend. Vorübergehend können überraschend starke Shirokostöße auftreten, die jedoch in der Regel nicht lange anhalten. Durch Windstöße aus Süd-Ost kann es am **Cap Bon** zu hohem Wellengang kommen.

Das tunesische Fremdenverkehrsamt hat eine Broschüre zu „Yachting in Tunesien" erstellt, der Sie viele wichtige Details entnehmen können, die wir hier nicht anführen wollen.

Reiten

Auch Reiten beginnt allmählich in der Tourismusbranche Fuß zu fassen. In allen Hauptferienorten ist es heute möglich, Pferde, Esel und Kamele für Ausritte zu mieten. Zu einem besonderen Hit haben sich ein- bis mehrtägige Kameltouren durch Wüstengebiete entwickelt. Solche Unternehmen werden u.a. von Zaied Ali Zaied, Campement Nomade de Nouil, 15 km von Douz, veranstaltet.

Tennis

Alle größeren Strandhotels besitzen Tennisplätze, die den Gästen gegen eine geringe Gebühr zur Verfügung stehen. Viele verfügen sogar über eine Flutlichtanlage. Es ist möglich, Tennisschläger auszuleihen. Einige Hotels bieten auch Tenniskurse an.

Golf

Auch für Golfinteressenten stehen jetzt verschiedene Anlagen zur Verfügung, so in La Soukra bei Tunis (18 Loch), Port El Kantaoui, Monastir und Hammamet, alle im Norden sowie in Djerba, Süden.

Wandern

Wandern hat sich in Südtunesien noch nicht durchgesetzt. Es bestehen aber gute Möglichkeiten z.B. im **Dahar-Gebirge.**

Grundsätzlich haben Leute, die sich zu Wanderungen aufmachen, zu gewärtigen, daß keine Wanderliteratur und kein brauchbares **Kartenmaterial** vorliegen und daß man auch in den potentiellen Wanderregionen in keinster Weise auf entsprechende Aktivitäten etwa in Form von Übernachtungshütten oder Speiselokalen eingestellt ist. Es ist ferner zu beachten, daß die Gebirgsregionen sehr dünn besiedelt sind – also braucht man Proviant plus Zelt und in der heißen Sommerszeit auch ausreichende Wasservorräte.

Radfahren

Seit ein paar Jahren beginnt der Fahrradverleih zuzunehmen. Ensprechende Aktivitäten erstrecken sich aber fast nur auf die relativ stark frequentierten Seebäder (Insel **Djerba**), man trifft aber bei Radwanderungen durch das Inland nur ganz selten auf Touristen, die ebenfalls mit dem Rad unterwegs sind. Wie für den Bereich Wandern fehlt auch hier die entsprechende Literatur.

Meine Routenvorschläge bedeuten nur einen ersten Einstieg für Unternehmungen im Hinterland der Hauptfremdenverkehrsorte.

Verhaltenstips

Interkulturelle Mißverständnisse und die blinde Überbewertung der eigenen Normen kulturellen Verhaltens bilden den Grund für allerlei Konflikte und Verärgerungen, die eigentlich vermeidbar wären. Dazu ist aber ein gewißes Verständnis für die Besonderheiten der jeweils anderen **Kultur** und natürlich Toleranz erforderlich. Die folgenden Verhaltenstips zielen in diese Richtung. Darüberhinaus sind ein paar allgemeine Ratschläge für umweltverträglicheren Tourismus angefügt.

In der Moschee
Moscheen dürfen nicht mit Schuhen betreten werden. Ferner hat Männlein und Weiblein Arme und Beine zu bedecken (lange Ärmel, lange Hosen) und eine Kopfbedeckung zu tragen. Schließlich sollten Moscheen nicht zu Gebetszeiten besichtigt werden.

Seit dem Eintreffen des Massentourismus in Tunesien sind viele Moscheen für Touristen/Touristinnen geschlossen worden. Auch in den anderen sind nur noch die Teilbereiche außerhalb des Betsaals für nichtmoslemische Besucher/Besucherinnen zugänglich.

Öffentlichkeit im Ramadan
Im Fastenmonat Ramadan dürfen die Moslems zwischen Sonnenaufgang und Sonnenuntergang in der Öffentlichkeit (z.B. auf der Straße) weder Rauchen noch Trinken. Sie gewinnen viel Sympathie, wenn Sie sich in diesen Rahmen einfügen und entsprechende Aktivitäten auf Ihr Hotel beschränken.

Zärtlichkeiten in der Öffentlichkeit
Sexualität und Erotik ist in der tunesischen Gesellschaft an das Haus gebunden; dem entspricht, daß es sich nicht geziemt, in der Öffentlichkeit Zärtlichkeiten auszutauschen. Man sieht hier viele Männer händchenhaltend spazierengehen, das hat nichts mit Homosexualität zu tun – so sind hier halt die Bräuche.

Nacktbaden
In Tunesien nicht erwünscht und auch nicht gestattet – gut, muß man/frau halt akzeptieren.

Kleidung
In der islamischen Tradition, an die sich, was die Kleidung betrifft, in gewißem Maße auch viele modern gesinnte Tunesier und Tunesierinnen anlehnen, wird erwartet, daß der Körper bedeckt wird (z.B. auch Männer die Beine bedecken) und die Kleidung nicht die Körperformen abzeichnet. Außerhalb des Hotelgeländes und hotelnahen Strandes sollten Sie sich an diese Normen halten. D.h. ja auch nicht, daß sich Frauen verschleiern müßten, das tun ja auch moderne Tunesierinnen nicht, aber Weiblein sollte sich nicht zu offenherzig kleiden.

Besuche, Gesten
Sofern die Gastgeber noch nicht allzu sehr westernisiert sind, ist es üblich, beim Eintritt in das Haus die Schuhe auszuziehen.

Die im islamischen Kulturkreis übliche Sitte, nur mit der rechten Hand zu essen, wird in Tunesien nicht mehr streng eingehalten.

Männer und Frauen sitzen zumeist getrennt, Männer werden häufig zuerst bedient. Allerdings werden Touristinnen mit Partner, wenn sie nicht ausdrücklich etwas anderes verlangen, in die Männergruppe aufgenommen.

Touristinnen haben einen breiteren Zugang zur tunesischen Gesellschaft, da sie sich sowohl im Männerbereich (Z.B. Café) als auch in der Frauengruppe bewegen können, während männliche Touristen auf die Männerrunde beschränkt bleiben.

Fotografieren

Es versteht sich von selbst, daß man Personen erst um ihre Zustimmung fragt, bevor Aufnahmen gemacht werden. Am besten ist es, sich überhaupt auf Gebäude und Landschaften zu beschränken.

Trinkgeld

Trinkgeldgeben ist erst seit dem Eintritt in das Touristenzeitalter üblich – und auch nur im touristischen Sektor, nicht aber in den einfachen Lokalen und kleinen Hotels.

Gewöhnlich gibt man dem Tischkellner und den Leuten, die die Zimmer sauber halten, 3-5 TD pro Woche, am besten persönlich, damit es auch wirklich in ihre Hände gelangt. Gerade die untere Schicht des Personals ist sehr auf Trinkgeld angewiesen, da sie außerordentlich schlecht entlohnt wird. Es gibt sogar Hotels, in denen Leute ohne Entlohnung mit dem Verweis auf zu erwartendes Trinkgeld eingestellt werden. Üblicherweise liegen die Löhne bei 50 bis 150 TD. Viele dieser Leute sind auch nur während der Saison beschäftigt.

Ansonsten gibt man noch in Restaurants und Cafés ein Trinkgeld, wobei uns 5-10 % angemessen erscheint.

Wasserverbrauch

Wasser ist in Südtunesien ein knappes und kostbares Gut, der Wassergroßverbrauch durch den Fremdenverkehr ist einer der Faktoren, die dafür verantwortlich sind, daß der **Grundwasserspiegel** in verschiedenen sehr wasserarmen Regionen (Oasen) gesunken ist. Man kann durch sparsamen Wasserverbrauch (weniger ausgiebig Duschen z.B.) dem entgegenwirken.

Umwelt

Auch Touristen/Touristinnen können dazu beitragen, daß nicht Haufen von Abfall an den Stränden herumliegen, indem sie grundsätzlich nichts wegwerfen.

Um die Müllberge nicht noch mehr wachsen zu lassen, ist es auch gut Flüssigkeiten möglichst in Glasflaschen zu kaufen, die wieder zurückgenommen werden.

Ein guter Beitrag für sanften Tourismus, Umweltschonung und Einsparung von Energie ist es auch, nicht mit dem Pkw oder Leihwagen das Land zu bereisen. Es gibt genügend Angebote seitens der öffentlichen Verkehrsmittel – und die Alternative **Fahrrad**.

Verkehrsmittel

Südtunesien besitzt ein breites Angebot an öffentlichen Verkehrsmitteln, so daß es ausländischen Touristen auch ohne Pkw gut möglich ist, die Region intensiv zu bereisen. Da noch ein relativ großer Teil der Bevölkerung nicht im Besitze eines Privatautos ist, ist das Netz der öffentlichen Verkehrsmittel zum einen noch nicht derart zerschlagen wie bei uns und sind zum anderen auch die Preise für öffentliche Verkehrsmittel nicht so sündhaft hoch, was ja auch damit zusammenhängt,

Bus

Man ist in Südtunesien und auf Djerba im wesentlichen auf den Bus angewiesen, da die im Norden recht gut vertretene Bahn im Süden lediglich die Routen Metlaoui-Gafsa-Sfax/Tunis und Gabés-Sfax/Tunis bedient.

Das Busnetz ist recht dicht, es erfaßt die Städte aller Größenordnungen und auch viele Dörfer.

Der Busbetrieb liegt in den Händen der staatlichen Société National de Transport (SNT) und verschiedener Sociétés Regionales (Regionalgesellschaften). Erstere bedient hauptsächlich lange Strecken, während bei letzteren Nahziele überwiegen. Die Busse der SNT sind durchweg modern und komfortabel, bei den Regionalgesellschaften trifft das weniger zu.

Die Fahrkarten kann man im allgemeinen sowohl am Schalter der Busbahnhöfe als auch in den Bussen selbst erwerben. Busse sind oft sehr voll. Wer relativ spät dran ist, muß nicht selten stehen oder wird vom überfüllten Bus überhaupt nicht mitgenommen. Bei nur ganz wenigen Bussen sind überhaupt Reservierungen möglich.

Das Gepäck nimmt man mit in den Bus, es besteht aber auch die Möglichkeit, sperrige Sachen in den Gepäckraum oder mitunter auch auf das Dach zu geben. Im Sommer sollte man stets daran denken, daß sich, sofern Gepäck auf das Dach kommt, keine Sachen darin befinden, die die Hitze nicht vertragen. Die Tarife der Busse sind sehr niedrig. Sie liegen bei etwa 6 Pfennigen pro km. Das entspricht übrigens der 2. Klasse der Eisenbahn.

Entfernungen in Straßenkilometer

	Hammamet	Sousse	Sfax
Djerba	447	363	236
Douz	446	362	285
Hammamet	–	84	211
Kairouan	102	57	136
Mahdia	146	62	104
Matmata	407	323	196
Sfax	211	127	–
Sousse	84	–	127
Tataouine	472	388	261
Tozeur	417	333	206
Tunis	67	141	268

Eisenbahn

Die tunesische Eisenbahn ist auf den Norden und Zentralteil des Landes begrenzt, südlichster Punkt ist die Stadt **Gabès**. Sie kommt im wesentlichen nur für Ausflüge in den Norden in Betracht (z.B. von Gabés nach **Sfax**, **Sousse** oder **Tunis**).

Man findet die Fernverbindungen für Züge und Busse in den Tageszeitungen „La Presse" und „Le Temps".

Die Preise für die 2. Klasse betragen ca. 6 Pfennige pro 100 km, in der 1. Klasse zahlt man etwa 50 % mehr. Rückfahrkarten verbilligen die Reise.

Wenn die 2. Klasse arg voll ist, wäre zu überlegen, ob man nicht in die 1. Klasse wechselt, man kann dann auch noch dem Schaffner den Differenzbetrag im Zug geben.

In den Zügen wird reichlich geraucht, die Fenster sind leider verschlossen und können nur mit Hilfe eines Schlüssels geöffnet werden, der sich im Besitze des Schaffners befindet. Es gibt zwar auch Bereiche, für die ein Rauchverbot besteht, nur hält sich kaum jemand daran.

Es ist gegenwärtig ein Gesetz in Vorbereitung, das Rauchen in öffentlichen Verkehrsmitteln und Gebäuden generell untersagt.

Louages/Sammeltaxis
Sehr beliebt sind wie in den anderen Regionen auch in Südtunesien die Louages, Sammeltaxis mit einem festen Zielort – gewöhnlich Peugeot-Kombiwagen, die 5 Personen mitnehmen. Abgefahren wird in der Regel nicht, bevor das Auto voll ist, es sei denn jemand entschließt sich, den ein oder anderen leeren Sitz mitzuzahlen.

Die Louages sind natürlich der Bahn und dem Bus zeitlich ein Stück – wenn nicht gerade etwas passiert oder eine Reparatur erforderlich wird – voraus, da sie ohne zahlreiche Halts direkt auf ihr Ziel zusteuern.

Die Preise liegen fest, man zahlt etwa 7-8 Pfennige pro km, was nur unwesentlich über den Preisen von Bahn und Bus liegt.

Taxis
Im Nahverkehr und im Ortsbereich spielt schließlich auch das Taxi eine Rolle, seine Tarife sind freilich höher als die der Louages.

Es existiert eine Grundgebühr von ca. 0,40 DM, pro km kommen ca. 0,30 DM hinzu. Ferner werden pro Gepäckstück zusätzlich 0,60 DM berechnet. Im Sommer von 22 bis 6 und im Winter von 21 bis 7 Uhr zahlt man einen Nachttarif, der ca. 50 % über dem Normaltarif liegt. Taxis sind verpflichtet ihr Taxameter anzuwerfen, das wird freilich gegenüber Touristen nicht immer eingehalten. Für Nichtraucher und -raucherinnen kann ich noch die gute Nachricht anfügen, daß in Tunesien in Taxis nicht geraucht werden darf – zumindest weisen Schilder darauf hin.

Im Verkehr zwischen Stadt und Dorf sind in Südtunesien vielerorts kleine Lieferwagen mit Sitzbänken in Einsatz. Diese Camion-Taxis sind sehr billig.

Mietwagen
Überall in der Welt, wo Massentourismus sich ausbreitet, tauchen auch sehr bald weltweit bekannte Autovermietungen auf, die nichts Besseres zu tun haben, als durch Mietwagenverleih an westliche Touristen den Individualverkehr anzuheizen, was nicht nur die bekannten ökologisch bedenklichen zusätzlichen Abgase zur Folge hat, sondern auch ein Mehr an Unfällen auslöst – und zwar auf beiden Seiten, denn beide bekommen es ja mit allerlei ungewohnten fahrerischen Gepflogenheiten zu tun.

Wir würden uns sehr freuen, wenn sich unsere Leser und Leserinnen mit den öffentlichen Verkehrsmitteln begnügen – der Umwelt zuliebe und auch des geselligeren und der Masse der Bevölkerung näheren Reisens wegen.

Straßennetz, Verkehrsregeln, Unfälle
Das Straßennetz ist im Norden dichter und auch besser ausgebaut als im Süden. In dieser Region befindet sich auch Tunesiens einzige Autobahn, die gegenwärtig von **Tunis** bis **Sousse** reicht und auch bald bis **Sfax** ausgebaut sein wird – und irgendwann auch einmal nach **Tozeur** und **Djerba** führen wird.

Nur wenige Fernstraßen besitzen im Süden einen genügend breiten Teerstreifen, so daß auch Busse einander passieren können, ohne in Schotter abgedrängt zu werden. Dagegen verfügen viele Landstraßen oft lediglich über einen schmalen Teerstreifen in der Mitte, der zu beiden Seiten sogleich in Piste übergeht. Das führt ständig zu der schwierigen Entscheidung, wer denn nun in die Ausweichspur muß. Ausländer sollten es der Sicherheit wegen lieber nicht darauf ankommen lassen und frühzeitig zur Seite gehen.

Tunesiens hat Rechtsverkehr, die Verkehrsregeln sind wie bei uns, die Verkehrszeichen sind in Französisch und Arabisch geschrieben.

Im Süden ist das Netz der Tankstellen – von der Küste abgesehen – nur sehr weitmaschig. In der Regel wird Normalbenzin (92 Oktan), Superbenzin (95 Oktan) und Diesel angeboten, dagegen ist bleifreies Benzin nur selten erhältlich; die Benzinpreise sind etwa halb so hoch wie bei uns. Es gibt recht viele Reparaturwerkstätten, sie befinden sich gewöhnlich an den Ausfallstraßen. Bei Unfällen mit Personenschaden muß die Garde National gerufen werden. Für Inhaber/Inhaberinnen eines für Tunesien gültigen Schutzbriefes wird der tunesische Automobilclub tätig.

Zeitungen

In den Touristenorten kann man auch verschiedene deutsche Tageszeitungen (u.a. die „Süddeutsche", „FAZ", aber nicht „Frankfurter Rundschau" und „Taz") und Wochenmagazine (u.a. „Stern" und „Spiegel") bekommen.

Wer über gute Französischkenntnisse verfügt, kann über die beiden einheimischen Zeitungen „La Presse" und „Le Temps" die einheimische Politik, Wirtschaft und Kultur verfolgen. Von den Wochenzeitungen sind „Réalités" und „L`Economiste Maghrebien" recht lesenswert. Gegenüber der kritischen französischsprachigen ausländischen Presse, wie „Le Monde" (Tageszeitung aus Frankreich) und „Jeune Afrique" (Wochenzeitung für gesamt Afrika), kommt es ab und an zu Verboten seitens der Zensur.

Zeitunterschied

In Tunesien gilt wie bei uns die mitteleuropäische Zeit. Da jedoch keine Umstellung auf Sommerzeit vorgenommen wird, ist man von Ende März bis Ende September eine Stunde gegenüber uns zurück.

ZOLL
s. Einreise

Orts- und Landschaftsbeschreibungen

Insel Djerba

Diese Insel, die nur wenige Kilometer von der südtunesischen Küste entfernt liegt, ist mit ihren 514 qkm Fläche nicht nur Tunesiens, sondern auch Nordafrikas größte Insel.

Djerba ist durchweg flach. Im Süden gibt es eine leichte Andeutung von Hügeln, die aber lediglich 52 m erreicht. Das Land wird äußerst intensiv und vielfältig genutzt. 120.000 Menschen leben auf Djerba, damit gehört es zu den am dichtesten besiedelten Regionen des Landes.

Ausgedehnte Sandstrände, malerische kleine Orte und ausgesprochen günstiges **Klima** bildeten die Voraussetzungen für den Einzug des Massentourismus seit den 60er Jahren. Djerba ist heute neben Hammamet/Nabeul und Sousse/Monastir Tunesiens dritter großer Fremdenverkehrsraum.

Basisdaten Geographie

Djerba ist 514 qkm groß, die Ost-West-Ausdehnung beträgt ca. 29, die Nord-Süd-Ausdehnung ca. 27 km. Djerba hat das Klima und die Vegetation der Steppe, dadurch unterscheidet es sich deutlich von den saharischen Regionen Südtunesiens.

Die Sommer werden heiß (durchschnittliche Höchsttemperaturen im Juli/August 28°C, absolute Höchsttemperatur ca. 48°C), aber nicht so heiß wie in der Wüste, die Winter sind mild bis kühl (durchschnittliche Tiefsttemperatur im Januar 12°C, absolute Tiefsttemperatur ca. 3°C), aber nicht so kalt wie in der Wüste und im Daharbergland.

Der Frühling (März bis Mai) und der Herbst (September bis November) sind überwiegend warm und frisch; allerdings ist das Wetter in dieser Zeit ziemlich wechselhaft. Das hängt damit zusammen, daß Djerba in einer Mischzone zwischen mediterranem und saharischem Klima liegt und in diesen Jahreszeiten keine Tendenz eindeutig

Klima in Djerba (Durchschnittswerte)

	A	B	C	D	E
Jan.	12,1	13	26	5	7
Feb.	13,6	13	19	5	7
März	16,0	14	20	4	8
Ap.	18,5	15	13	3	8
Mai	21,0	17	8	2	10
Jun.	24,2	20	1	1	12
Jul.	26,6	23	0	0	12
Aug.	27,7	24	1	1	11
Sept.	26,3	23	14	4	9
Okt.	23,0	21	38	5	7
Nov.	18,2	15	42	5	6
Dez.	13,1	14	26	5	6

A = durchschnittliche Lufttemperatur °C;
B = durchschnittliche Wassertemperatur °C;
C = Niederschlag in mm/Monat;
D = Regentage/Monat,
E = Stunden Sonnenschein pro Tag.

dominiert. Im allgemeinen gelten der Frühling, insbesondere die Monate April bis Juni, und der Herbst, insbesondere die Zeit von September bis Mitte November, unter Europäern/Europäerinnen als beste Reisezeit für Djerba.

An 324 Tagen im Jahr scheint die Sonne, die durchnittliche Zahl der Sonnenstunden befindet sich im Januar bei 8, im Juli bei 12 pro Tag.

Djerba ist sehr trocken. Die jährliche Niederschlagsmenge erreicht nicht mehr als 200 mm, selbst in den „Regenmonaten Oktober bis Februar" ist nur gelegentlich mit Niederschlägen (monatlich an 5 Tagen, zumeist nur für ein paar Stunden) zu rechnen – in den übrigen Monaten überhaupt nicht. Immerhin ist die Niederschlagsmenge andererseits doch doppelt so hoch wie in den Wüstensteppen und Wüsten auf dem Festland.

Von Natur aus ist Djerbas Vegetation schüttere Steppe, diese ist jedoch längst fast vollständig durch Kulturlandschaft verdrängt.

Inselgeschichte

Vermutlich besaßen die Phönizier bereits im 8. Jh. v.Chr. einen Ankerplatz auf der Insel. Daraus dürfte irgendwann die Siedlung Meninx entstanden sein, die in der karthagischen Epoche ein bekannter Handelsplatz war – und deren Purpurmanufakturen sehr geschätzt wurden.

In der römischen Zeit kamen einige andere Ortschaften hinzu, darunter Girba, auf das der Name der Insel zurückzuführen ist. In dieser Zeit wurde auch ein Damm zum Festland angelegt. Djerba erhielt so Anschluß an die großen Karawanenrouten der Sahara und Innerafrikas und wurde zum recht wohlhabenden Umschlagsplatz für Gold, Elfenbein und auch Sklaven.

Im 1. Jahrhundert ließen sich nach der Zerstörung Jerusalems zahlreiche jüdische Flüchtlinge auf der Insel nieder, die dann über fast zweitausend Jahre einen wichtigen Faktor im Wirtschaftsleben von Djerba bildeten.

Über die jüdische Einwanderung nach Djerba gibt es unter Historikern jedoch unterschiedliche Auffassungen. So findet man auch die Hypothese, daß bereits 586 v.Chr. nach der Zerstörung Jerusalems durch Nebukadnezar jüdische Flüchtlinge nach Djerba gekommen seien. Andererseits existiert aber auch die Ansicht, daß die jüdische **Einwanderung** erst im 8. Jh. stattgefunden habe und daß es sich dabei um vor arabischen Invasoren geflohene jüdische Berberstämme aus dem algerischen Atlas gehandelt habe.

Mit der Vandalenherrschaft ging die wirtschaftliche Blüte zu Ende. Auch in der byzantinischen Ära und den frühen Jahren der Araberherrschaft führte Djerba wohl ein wenig beachtetes politisches und wirtschaftliches Dasein.

Ein sehr wichtiges Datum der djerbischen Geschichte ist die Einwanderung ibaditischer Moslems Anfang des 10. Jh. Es soll zu Auseinandersetzungen mit den ansässigen djerbischen Sunniten gekommen sein, bei denen die Ibaditen den kürzeren zogen und sich deshalb mit den unfruchtbareren Gebieten abfinden mußten.

Anfang des 12. Jh. waren Djerbi als Piraten sehr aktiv. 1135 wurde die Insel deshalb von sizilianischen Normannen unter Roger II. angegriffen, viele Männer wurden getötet und zahlreiche Frauen und Kinder als Sklaven verschleppt. 20 Jahre später mußten die

Insel Djerba

europäischen Besatzer aber wieder den Almohaden weichen.

1284 kam Djerba dann erneut unter sizilianische Herrschaft; laut Ibn Khaldun wurden 8.000 Gefangene verschleppt und alle Kleinkinder in die Ziehbrunnen geworfen.

1305 wurden die Fremdherrscher durch eine Volkserhebung, die von dem hafsidischen Gouverneur von Tunis unterstützt wurde, hinweggefegt. Im Gegenzug marschierte 1310 eine sizilianische Strafexpedition (100 Ritter, 1500 Mann Fußvolk) ein. Sie wurde jedoch in einen Hinterhalt gelockt und vollständig vernichtet.

Kurz darauf wurde Djerba neuerlich attackiert. Diesmal waren die Sizilianer, deren Flotte die Insel abgeriegelt hatte, „erfolgreicher". In einem fürchterlichen Massaker wurde am 27.Mai 1310 ein großer Teil der männlichen Bevölkerung getötet. Mehrere tausend Frauen und Kinder kamen unter das Joch der Sklaverei.

Die Fremdherrschaft wurde 1333 durch einen Aufstand beendet. In den folgenden Jahrhunderten befand sich die Insel unter hafsidischer Herrschaft, die weitgehend „indirekt" war. Diese Phase wird von Historikern als eine Periode wachsenden wirtschaftlichen Aufstiegs charakterisiert, wobei ein Teil der Einkommen ab der Mitte des 15. Jh. das Ergebnis zunehmender Piraterie gewesen sein soll.

In diesem Zusammenhang steht die Landung eines spanisch-habsburgischen Kommandos um 1510 unter Peter von Navarra, die aber am Widerstand der Einheimischen und den Truppen des Korsaren Barbarossa scheiterte.

1560 wurde Djerba schließlich von einer 30.000 Mann starken spanisch-maltesischen Armada (54 Linienschiffe, 36 Frachtschiffe) unter dem Vizekönig von Sizilien besetzt. Die neuen Herren konnten sich nur wenige Monate halten. Nach einem Überraschungsangriff von Dragut, dem piratischen „Nachfolger" Barbarossas, der sich mit der osmanischen Flotte verbündet hatte, wurde die vor der Küste ankernde Okkupantenflotte eingekesselt und bei einem Ausbruchsversuch vernichtet. Etwa 7.000 „Alliierte", die sich in der Festung von **Houmt Souk (Bordjel Kebir)** verschanzt hatten, wurden nach dreimonatiger Belagerung überrannt und bis auf etwa tausend, die als Sklaven nach Istanbul geschafft wurden, niedergemetzelt.

Ihre Schädel wurden anschließend vor der Festung zu einer Pyramide aufgeschichtet. Dieses grausige „Denkmal" wurde erst 1848 entfernt.

Die neuen osmanischen Herren wurden zunächst freudig begrüßt. Es zeigte sich aber nur zu bald, daß es ihnen auch nur um die Ausbeutung von Untertanen ging, als sie wucherische Steuern einführten. Dies bewog viele Djerbi, auf das tunesische Festland abzuwandern.

1599-1601 befand sich die Insel im Aufstand, obwohl die Osmanen den Djerbi politisch weitgehende Autonomie ließen. Die türkisch-osmanische Herrschaft konnte jedoch nicht abgeschüttelt werden.

Djerba blieb bis zum Beginn der französischen Kolonialära, d.h. 320 Jahre, unter der Oberherrschaft von mehr oder weniger eng an die Osmanen gebundenen Herren aus Tunis (vgl. den Beitrag zur Geschichte Tunesiens im ersten Teil). Diese wurde 1792 einmal für 58 Tage durch Kara Mohammed, einen Offizier aus der Gefolgschaft des Piraten Ali Balgour, der den osmanischen

Gouverneur von Tripolis vertrieben hatte, gestürzt. Hammouda Paschas eilig herbei geschaffte Truppen machten dann jedoch kurzen Prozeß mit ihm. Bei dieser Gelegenheit wurden übrigens die Insulaner ganz nebenbei gründlich ausgeplündert.

Am 28. Juli 1881 wurde über dem Bordj El Kebir von Houmt Souk die Trikolore gehißt, Djerba befand sich fortan unter französischer Herrschaft.

Die Insel war eine Hochburg des antikolonialen Widerstandes. Salah Ben Youssef, einer der Führer der Neo Destour Partei und 1956 von Bourguiba als Rivale um die Macht kalt gestellt, kam aus Djerba. In dieser Auseinandersetzung ging es – bei aller persönlicher Rivalität – auch um Richtungen, denn während Bourguiba am Westen und Modell Frankreich orientiert war, hing Ben Youssef stärker am islamisch-arabischen Kulturerbe und hatte eine panarabische Zielrichtung. Er wurde 1961 von seinen politischen Gegnern in einem Hotel in Frankfurt/M. ermordet.

Sozio-ökonomisch gesehen war Djerba in der Kolonialzeit und den ersten Jahren nach 1956 ein Gebiet, an dem man in Tunis nicht sonderlich interessiert war und das vernachlässigt wurde. Diese Situation änderte sich seit Mitte der sechziger Jahren binnen weniger Jahre durch das Einsetzen des Massentourismus. Die Insel ist nun dank verschiedener bekannter Strände und exzellenter Freizeiteinrichtungen zum landesweit bewunderten und z.T. beneideten Freizeitflecken mit viel internationalem Flair aufgestiegen.

Wirtschaft und Umwelt

Bis in die jüngste Zeit hinein war die **Landwirtschaft** die Haupterwerbsquelle der **Bevölkerung**.

Im Zentrum der Insel werden große Flächen mit Obst- und Gemüsekulturen (Zitrusfrüchte, Pfirsiche, Aprikosen, Äpfel, Birnen, Feigen u.v.a.) bestellt.

Entlang der Küste stehen etwa 1,2 Mio. Dattelpalmen, die allerdings auf Grund der relativ hohen Luftfeuchtigkeit nur niedrige Erträge abwerfen und auch nur von minderer Qualität sind.

In der Zone zwischen Küstensaum und Inselzentrum ist schließlich in weiten Gebieten der Ölbaum zu Hause, dessen Zahl bei 600.000 liegt.

Die intensive Landwirtschaft erfordert sehr viel **Wasser**, das auf der Insel nicht in ausreichender Menge vorhanden ist. Auf Djerba gibt es weder Flüsse noch Quellen, die Wasserversorgung erfolgt stattdessen durch **Zisternen** (ca. 2.000), die Regenwasser auffangen und Brunnen, die das Grundwasser nutzbar machen. Die **Niederschläge** sind mit etwa 200 mm pro Jahr außerordentlich gering, so daß die Zisternen längst nicht genug liefern können. Auch der Ausweg Grundwasser ist nur noch begrenzt möglich, da in jüngster Zeit,u.a. auch bedingt durch den hohen Wasserverbrauch der wachsenden Bevölkerung und der Touristenhotels, der Grundwasserspiegel bedenklich abgesunken ist. Sozusagen folgerichtig ergibt sich die Tendenz, daß immer mehr Wasser von außen per Pipeline vom Festland herangeschafft werden muß.

Eine weitere wichtige Erwerbsquelle bildet die **Fischerei**. In den flachen Küstengewässern wird sowohl mit Reusen als auch amphorenförmigen Tonkrügen gearbeitet. Letztere werden speziell auf Tintenfische angesetzt, deren Vorliebe, sich in dunkle Höhlen zu verkriechen, ausgenutzt wird. Etwas weiter draußen, sozusagen auf „hoher See", wird auch mit Schleppnetzen operiert. Dort werden hauptsächlich Makrelen, Barsche, Brassen und Thunfische gefangen. Es wird auch noch nach Schwämmen getaucht, jedoch ist diese Aktivität erheblich zurückgegangen.

Weitere traditionell wichtige Wirtschaftszweige sind ansonsten das **Handwerk**, dessen Hauptprodukte **Töpferei** (Guellala), **Schmuck**, gewebte Wolldecken, **Stickereien**, **Schilfmattenflechterei** und Holzschnitzereien sind, sowie der **Handel**, der sehr stark auf Houmt Souk konzentriert ist. Dagegen gibt es überhaupt keine Industrie.

Händler aus Djerba gelten in Tunesien als besonders gerissen, für zahlreiche Menschen auf dem Festland verkörpert der „Djerbi" den Händler schlechthin.

Händler aus Djerba haben in der Kolonialzeit damit begonnen, sich auch in vielen tunesischen Regionen und Städten des Festlandes niederzulassen. Dank ihrer besonderen Geschäftstüchtigkeit und Sparsamkeit haben sie heute in vielen Souks starke Positionen inne (teilweise Monopole). Dies gilt vor allem für den Lebensmittel-, Stoff- und Teppichhandel in **Tunis**, **Sousse** und dem gesamten Süden. Auch in den Orten, in denen sie nicht dominieren (**Sfax** z.B.), sind doch zumindest ein paar Läden in ihrer Hand.

Außerhalb ihrer angestammten Sphäre haben sie in den letzten Jahrzehnten viel Geld in den **Tourismus** (Hotels, Restaurants etc.) investiert. Mehrere Djerbis gehören zu den reichsten Familien Tunesiens, so z.B. die Ben Yedder, denen u.a. auch die bekannte Kette von Konditoreien gehört. Freilich sind bei weitem nicht alle Händler djerbischer Herkunft reich, viele sind Händler kleiner oder mittlerer Größenordnung.

In jüngster Zeit hat sich nun der Tourismus immer mehr zum zentralen Wirtschaftsbereich der Insel entwickelt; das führt in den bislang dominierenden Wirtschaftszweigen zu einer Neudefinition ihrer Rolle und z.T. auch zu Vernachläßigung, was in der Landwirtschaft der Fall sein soll.

Bis in die jüngere Vergangenheit bestand eine starke Abwanderungsbewegung; diese ist durch die zusätzlichen Beschäftigungsmöglichkeiten im Tourismussektor deutlich abgeschwächt worden, jedoch hat das keineswegs eine Rückwanderungswelle ausgelöst.

Fast ein Fünftel der Männer lebt heute immer noch als **Arbeitsmigrant** in Tunis, verschiedenen andern tunesischen Städten oder in Frankreich.

Tourismus auf Djerba

Kaum ein Faktor hat die wirtschaftliche Entwicklung stärker beeinflußt als die Heraufkunft des Massentourismus. Der Startschuß fiel im Jahre 1962 mit der Eröffnung des Strandhotels Al Jazira und des Club Méditerranéedorfes La Fidèle.

Heute, nachdem über drei Jahrzehnte vergangen sind, stehen an Djerbas Ostküste mehrere Dutzend teilweise ausgesprochen luxuriöser Hotels mit einer Kapazität von über 25.000 Betten. In ihnen sind gegenwärtig über 6.000 Personen beschäftigt. Diese Expansion war auf der wasserarmen Insel nur möglich durch die Anlage einer 120 km langen Pipeline, die jährlich etwa 2 Mio.

Kubikmeter Wasser vom fernen Oued Zeuss heranschafft. Davon kommt allerdings den einheimischen Landwirten nur wenig zugute, denn 80 % der Wassermenge geht in die Hotels.

Durch den Aufbau des Massentourismus wurde die totale Modernisierung wesentlicher Bereiche der Infrastruktur ausgelöst, es wurde ein Flughafen gebaut, das Straßennetz erweitert und verbessert, ein Telefon- und Telexdienst geschaffen.

Durch den Tourismus wurde ferner das Arbeitsplatzangebot erheblich ausgeweitet, dadurch wurde die Auswanderung erheblich vermindert. Gleichzeitig wurde die Insel nun sogar für Zuwanderer attraktiv: zum einen touristisches Fachpersonal aus dem Norden, das neue Beschäftigungsmöglichkeiten nutzte, zum anderen Landflüchtlinge aus den armen Regionen des südtunesischen Hinterlandes auf der Suche nach einem besseren Leben. Diese Migranten brachten fremde kulturelle Bräuche auf die Inseln; dies reduzierte den spezifischen Charakter und zog Djerba allmählich in den Hauptstrom tunesischer kultureller Gepflogenheiten.

Wem nützt der Djerba-Tourismus?
Ganz gewiß den Touristikkonzernen in Westeuropa, die zu Hause die Reisen an die Pauschalreisenden verkaufen und mit allen denkbaren Mitteln die Tarife der Fluggesellschaften und Hotels drücken.

An die harten Devisen der westlichen Touristen kommen ansonsten noch die Fluggesellschaften; hier ist Tunesien in einer einigermaßen günstigen Position, insofern die Tunis Air einen recht großen Anteil an den Djerbaflugpassagieren hat. Weitaus geringer ist da schon der Einkommensanteil der Basarhändler, Taxifahrer, Busunternehmer, Handwerker u.a. vor Ort.

Touristen/Touristinnen und Einheimische
Djerbas Hotelzone wurde in einem Bereich der Insel angelegt, der vorher unbewohnte öde Küstenzone war. Es wurde also landwirtschaftlich niemand etwas weggenommen; der Tourismus wurde sozusagen außerhalb des einheimischen Wirtschafts- und Sozialgeflechts angelegt.

Die Hotels sind so ausgestattet, daß sie die Bedürfnisse eines Badeurlaubs (Strand, Disko, Bars, Restaurants, Läden, Wassersport verschiedenster Art, Tennis etc.) vollständig abdecken. Dieses Angebot kann durch Einkaufsbummels in Houmt Souk ergänzt werden. Fürs „Abenteurliche und Exotische" gibt es schließlich noch ein- und mehrtägige Exkursionen in die Höhlendörfer des **Dahar** und die **Oasen** der **Sahara**.

Die Pauschaltouristen – und das sind fast alle, die nach Djerba kommen – leben also exterritorial („Zone Touristique") und befinden sich in einer eigens für sie organisierten Welt, die im Verhältnis zum Lebensstandard der lokalen Bevölkerung luxuriös ist.

Die Einheimischen kommen hier fast nur als Angestellte an der Rezeption, Kellner, Barkeeper, Putzkolonnen, Fahrer von Jeeps, Taxis oder geländegängigen Fahrzeugen oder Händler im Basar vor. Es kommt nur selten zu privaten Beziehungen zwischen Fremden und Einheimischen, entsprechend nehmen die Touristen/Touristinnen nur relativ wenig vom tunesischen Alltag und den vielfältigen sozialen, politischen und kulturellen Problemen der Einheimischen wahr.

Kultur und Gesellschaft

Kulturell weist Djerba eine Reihe von Besonderheiten auf. So hat sich hier das Berbertum länger gehalten als in Nord- und Zentraltunesien und es sind auch noch verschiedene Elemente dieser Kulturtradition in Teilen der **Bevölkerung** lebendig. So spricht beispielsweise eine kleine Gruppe von Djerbi immer noch einen Berberdialekt.

Eine andere Besonderheit Djerbas ist die weite Verbreitung der islamischen Sonderströmung der Ibaditen.

Über fast 2.000 Jahre bildeten die Juden immer eine große Gemeinde; diese Epoche ging mit dem Massenexodus nach 1967 zu Ende. Hauptauswanderungsziel der djerbischen Juden war aber nicht Israel, sondern Frankreich.

Die Ibaditen

Zu den Besonderheiten Djerbas gehört, daß hier die kleine islamische Konfession der Ibaditen stark vertreten ist. Wie groß ihr exakter Anteil allerdings ist, kann seltsamerweise nur ganz grob geschätzt werden. Letzte exakte Angaben existieren nur für das weit zurückliegende Jahr 1942 und wurden durch den französischen Kolonialbeamten Stablo erhoben. Damals ergab sich eine ganz knappe Mehrheit der Ibaditen gegenüber den sunnitischen Malekiten. Mittlerweile bilden letztere dank Zuwanderung sunnitischer Moslems vom Festland die Mehrheit.

Ibaditen und Malekiten haben getrennte Siedlungsgebiete und heiraten auch nicht untereinander.

Orte mit vorwiegend oder ausschließlich ibaditischer Bevölkerung sind Guellala, Adjim, Cedriane, Sedouikech, überwiegend von Malekiten bewohnt werden **Houmt Souk, Mahboubine, El May, Midoun** und Arkou.

Die Ibaditen gehören zu den Kharedjiten, die außer auf Djerba noch im algerischen Mzab und in Oman stark vertreten sind. Diese Strömung des Islams ist 657 in der Zeit der Auseinandersetzung zwischen Mohammeds Schwiegersohn Ali und Mu`awiya um die Führung der Moslems in der Nachfolge des Propheten entstanden. Sie wandten sich gegen die Erblichkeit des Kalifentums und traten für die Wahl durch die Gläubigen ein.

Anfänglich suchten sie ihre Anschauungen mit terroristischen Mitteln durchzusetzen, später akzeptierten sie schließlich den gewaltfreien Weg.

Die Ibaditen gelten als besonders rigide Anhänger orthodox- islamischer Normen und damit auch als ein Hort des Patriarchalismus.

Siedlungsweise und Architektur

Auf Djerba sind **Streusiedlungen**, die aus weit auseinanderliegenden Gehöften bestehen, sehr verbreitet. Diese traditionellerweise von großen Familien bewohnten Bauwerke umfassen in der Regel mehrere Gebäude mit Tonnengewölben oder einfachen Flachdächern, die um einen Innenhof angelegt sind. Sie werden gewöhnlich von intensiv bewirtschafteten Gemüsegärten (hauptsächlich Tomaten und Bohnen), **Menzel** genannt, umgeben, zu denen auch Dattelpalmen und Obstbäume gehören (Aprikosen, Pfirsiche, Mandeln, Granatäpfel). Dagegen befinden sich die großen Ölbaumhaine (**Frawa**) außerhalb des Menzel. Sie sind auch oft im Besitz von mehreren Familien. Um die Gärten, vor allem die Gemüsebeete, mit Wasser versorgen zu können, wurden mächtige Ziehbrunnen von 10 bis 40 m Tiefe angelegt. Früher wurde das Wasser durch Esel und Kamele zutage befördert, heute besorgt dies die elektrische Pumpe. Der Menzel ist oft von einer **Opuntienhecke** oder einer Mauer umgeben. Diese Siedlungsweise hat zur Folge, daß bis vor kurzem viele Ortschaften lediglich aus einem ganz kleinen Kern in Form einiger weniger an einem Straßenkreuz postierter Läden bestanden und ansonsten in Form von Weilern über ein ausgedehntes Gelände streuen. In jüngster Zeit beginnen nun die Ortskerne deutlich zu wachsen.

Echte größere kompakte Siedlungen bildeten früher lediglich die Kleinstadt Houmt Souk und die Dörfer **Hara Kebira**, **Hara Seghira** und Midoun, heute haben auch die meisten anderen Orte einen größeren Kern.

Das traditionelle Djerbahaus:
Dar und Haouch
In der elementaren Form haben wir es bei dem traditionellen Haus mit einem rechteckigen Bauwerk zu tun, das lediglich aus einem einzigen, 8 bis 15 m langen Raum, dem Dar, besteht. Die Wände sind aus Kalkstein, den man mit Gips verputzt. Die Decke wird von Palmstämmen gebildet, die mit einer Schicht von gestampftem Lehm überzogen sind. Durch die Länge der Stämme war die Breite des Hauses traditionellerweise auf etwa drei Meter begrenzt.

Der Dar ist im Innern in drei Bereiche aufgegliedert. Zentrum und Wohnbereich ist der mittlere Teil, in dem sich auch die einzige Tür des Hauses befindet.

Dieser Raum ist zu beiden Seiten durch Vorhänge von Schlafräumen abgeteilt. Der eine ist der Sommerschlafraum, der andere der Winterschlafraum. Ersterer liegt höher und besitzt einen turmartigen Aufsatz mit Fenstern, um für Kühle und Frische zu sorgen. Letzterer liegt dagegen ebenerdig und ist fensterlos, um die Wärme zu halten.

Traditionellerweise war die Inneneinrichtung spartanisch: Strohmatten bedeckten den Boden; in ein paar Wandnischen waren die bescheidenen Habseligkeiten deponiert.

Zur Grundausrüstung des Dar gehört schließlich eine unterirdische **Zisterne**, der der winterliche Regen über Terrassen und Flachdächer zugeleitet wird. Im Optimalfall reichen die Reserven bis zum nächsten Winterregen. Das **Wasser** wird mit großer Sorgfalt sauber gehalten; dies ist z.B. ein Grund dafür, daß es keine Tauben auf Djerba gibt. Zwar ist die Struktur erhalten geblieben, aber dank der größeren Möglichkeiten der modernen Bauweise mit Stahlgerüsten und Zement werden die Dars heute erheblich breiter. Auch in der Inneneinrichtung hat sich einiges geändert, z.B. brachte der Anschluß ans moderne Stromnetz eine andere Beleuchtung und den Kühlschrank. Auch der Fernseher ist mittlerweile selbstverständlich.

Sobald die Kinder Familien gründen, werden sie mit einem eigenen Dar versorgt, der mit den anderen Dars um einen Innenhof angelegt wird. Maximal kann sich auf diese Weise ein Viereck bilden. Diese Gehöfte aus mehreren Dars werden Haouch genannt. Wenn die Familie weiterwächst, bilden sich neue Haouchs; schließlich kann auf diese Weise eine ganze Siedlung entstehen, wie das Beispiel **Melitta** zeigt.

Traditionellerweise war im Haouch die gesamte Großfamilie (bestehend aus drei Generationen) versammelt. In

Insel Djerba

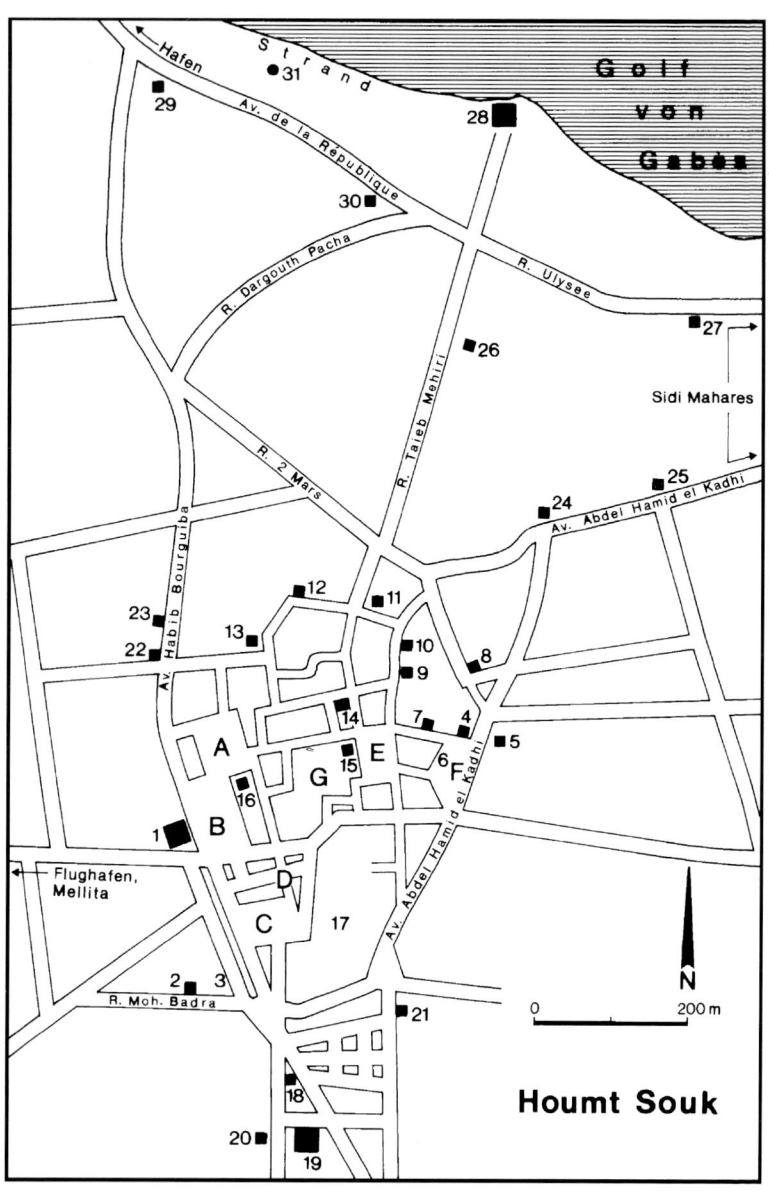

Houmt Souk

1 Post
2 Hotel Hadji
3 Taxis
4 Zaouia Sidi Brahim
5 Fremdenmoschee
6 Taxis
7 Hammam
8 Wollfärberei
9 Jugendherberge
10 Hotel
11 Türkenmoschee
12 Katholische Kirche
13 Hotel Arisha
14 Hotel Des Sables d'Or
15 Hotel Djerba Erriadh
16 Hotel Sindbad
17 Markthalle, Souks
18 Tunis Air
19 Busbahnhof
20 Louages
21 Air France
22 ONAT-Artisanat
23 Hammam
24 Hotel Essada
25 Museum
26 Jugendzentrum
27 Touristeninformation
28 Bordj el Kebir
29 Hotel Lotos
30 Hotel Dar Faiza
31 Obelisk

A Place Sidi Abdelkader
B Place Mongi Slim
C Place Bechir Seoud
D Place Farhart Hached
E Place Hedi Chaker
F Place Sidi Brahim
G Hauptgeschäftsviertel der Altstadt

jüngerer Zeit sind dagegen viele Familien durch **Migration** von Familienmitgliedern aufs Festland, insbesondere **Tunis**, nach Frankreich und in andere Regionen der Welt ziemlich unvollständig.

Nach djerbischem Verständnis beginnt die Privatsphäre einer Familie nicht an der Haustür des Dar, sondern vielmehr schon am Zaun des Menzel. Touristen/Touristinnen, die ungebeten im Menzel herumlaufen, werden entsprechend als unhöfliche Eindringling angesehen.

Moscheen und Heiligengräber auf Djerba

In Djerba sucht man vergebens nach **Moscheen** mit jenen riesigen Innenhöfen und Betsälen, in denen sich mehrere tausend Menschen zum Freitagsgebet versammeln können. Für die Insel sind zahlreiche kleine Moscheen typisch, es soll über 300 geben. Viele stehen sogar außerhalb der Dörfer mitten im Gelände und dienen lediglich den Familien einiger weniger Gehöfte.

Die **Architektur** spiegelt die Spaltung in die beiden großen Konfessionen Ibaditen und sunnitische Malekiten. Ibaditische Moscheen – gewöhnlich sehr klein – ähneln etwas einem Fort und besitzen ein gedrungenes, viereckiges **Minarett** – oft mit einem Aufsatz versehen -, das den Gebetsraum nur wenig überragt. Das erinnert daran, daß sie einst nicht nur als Gebetsstätte, sondern auch als Schutzraum gegen feindliche Angriffe fungierten.

Ganz anders sind die malekitischen Moscheen: ihre quadratischen Minarette ragen hoch auf und geben dem Bauwerk eine besondere Note. Der Moscheebau ist vielfältiger gegliedert (z.B. Kuppeln) und ausgedehnter. Diese

Moscheenarchitektur kam erst im 17. Jh. vom Festland, als z.b. das Schutzbedürfnis, das die Anlage der ibaditischen Moscheen beeinflußte, keine Rolle mehr spielte.

Es gibt aber auch Gemeinsames in der djerbischen Moscheenarchitektur: da sind z.b. die Zisternen im Hof der Moschee, aus denen das Wasser für die rituellen Waschungen vor dem Gebet entnommen wird.

Zum festen Bestandteil im tunesischen **Volksislam** gehören die kleinen kubischen Grabbauten mit Kuppel, die **Marabouts**. Man findet sie auch auf Djerba, aber sie sind hier nicht so zahlreich wie in jenen Orten, die einen besonderen Ruf für diese Dinge haben, wie z.b. Nefta, am Chott el Djerid.

Houmt Souk

Seit dem 19. Jh. „das" politische Zentrum und der Hauptmarkt der Insel, heute mit 20.000 Einwohnern und unter neuen Bedingungen „die" Kapitale des **Tourismus**.

Die Altstadt ist baulich hübsch, aber die starke Instrumentalisierung für Dienstleistungen des Fremdenverkehrs nehmen ihr einiges von ihrem tradierten Charakter.

Stadtgeschichte

Es ist durch Funde im **Bordj el Kebir** belegt, daß schon zu römischer Zeit im Gebiet von Houmt Souk eine Siedlung bestand. Es ist denkbar, daß die Anfänge bereits in der punischen Ära liegen.

Im **Mittelalter** war der Flecken als wichtiger Umschlagplatz zwischen den Wüstenländern Nordafrikas und dem Mittelmeerraum vor allem Hafenplatz, aber kein Zentrum städtischer Zivilisation.

Impulse zu städtischem Leben gingen Anfang des 18. Jh. von den Deys von Tunis aus, die Houmt Souk zu einem Verwaltungssitz machten und für etwas Urbanität sorgten. Das Städtchen war immer vom malekitischen **Islam** bestimmt. Für etwas Heterogenität sorgte die Zuwanderung von Maltesern ab 1826. Es handelte sich um Händler, die nach der Annektion Maltas durch die Briten nach Djerba emigrierten, um von hier aus ihren Schwarzhandel zu organisieren. Sie legten im Bereich der **Souks** Fondouks an, mehrstöckige Gebäude um einen Innenhof, in denen sie ihre Waren lagerten und wo sie auch wohnten. Die katholischen Malteser waren für ihren blühenden **Aberglauben** berühmt, aber darin können es die djerbischen Muslime durchaus mit ihnen aufnehmen.

Nach 1956 verließen die Malteser wie die wenigen Franzosen/Französinnen, die in Houmt lebten, wieder das Städtchen. Bevorzugtes Ziel war übrigens Frankreich. Houmt Souk war in jener Zeit immer noch nicht mehr als ein „großes Dorf", der Aufstieg zur Stadt setzte eigentlich erst in den 60er Jahren ein und war eng verbunden mit dem Einstieg in den Massentourismus.

Die Inselhauptstadt ist seither auch attraktiv für viele Arbeitssuchende vom Festland. In den letzten zwei Jahrzehnten hat der Basar eine expansive Transformation zum Touristensouk durchgemacht. Der Ort ist flächenmäßig erheblich ausgedehnt worden. Der Ausbau erfolgte bevorzugt entlang der Ausfallstraßen Richtung Adjim und El May.

Ortsgeographie

Hauptstraße von Houmt Souk ist die ca. 2 km lange, großzügig angelegte Av. Habib Bourguiba, die am Hafen, ganz im Norden der Stadt, beginnt und sich bis in den „tiefen" Süden der Inselhauptstadt hinzieht.

Ihr Renommierstück ist der Abschnitt zwischen der Post und dem Büro von Tunis Air, das in Form einer Allee angelegt ist. Kern dieses Abschnitts sind drei von zahlreichen Souvenirläden umsäumte große Plätze, die ineinander übergehen: die Place Mongi Bali, im Norden (Nähe Post), die Place Farhat Hached, in der Mitte (mit ein paar modernen Läden) und die Place Bechir, im Süden (Cafés, Keramikläden).

Östlich von der Av. Habib Bourguiba erstreckt sich das schöne Altstadtviertel mit seinen interessanten Souks, das im Osten von der Rue 2 Mars 1934 und der Av. Abdelhamid el Cadhi umschlossen ist, die im Norden bzw. Süden in die Av. Habib Bourguiba münden.

Sehenswürdigkeiten

Das gesamte Zentrum, im wesentlichen Einkaufszone im traditionellen Stil, ist interessant. Jedoch gibt es nur relativ wenige herausgehobene Sehenswürdigkeiten.

Moscheen

Houmt Souk besitzt keine Moschee vom Typ der großen Freitagsmoscheen in Tunis, Sousse, Kairouan etc. Hier sind Sakralbauten vergleichsweise klein und von einer sehr spezifischen Architektur – wie ich finde, recht hübsch anzusehen.

Eine der wichtigsten Moscheen der Stadt ist die **Djama el Ghorba** oder Moschee der Fremden, die gegenüber von der **Zaouia Sidi Brahim** steht (nahe Taxistand). Dieses schneeweise Bauwerk besitzt ein massives quadratisches **Minarett**, das mit Koranzitaten versehen ist, sowie eine Gebetshalle mit einer größeren Kuppel und verschiedenen kleinen Kuppeln. Diese Moschee befindet sich wie die anderen Moscheen im Zentrum in malekitischen Händen. Das Fehlen einer ibaditischen Moschee verdeutlicht, daß Houmt Souk für die große Mehrheit der ibaditischen Djerbi bislang lediglich als Marktplatz fungiert, den man ein- oder zweimal in der Woche aufsucht. Ferner zählt zu den gewichtigen Moschee von Houmt Souk die **Türkenmoschee** (17. Jh.) am Nordrand der Altstadt. An dieser nimmt man neben den sieben Kuppeln vor allem das runde Minarett war, eine für Djerba sehr ungewöhnliche Konstruktion. Sie war ursprünglich unter den Osmanen für sunnitische Muslime der hanafitischen Rechtsschule errichtet worden, heute wird sie von den Malekiten genutzt.

Zaouia des Sidi Brahim el Djamni

Zu Houmt Souks wichtigen islamischen Sakralbauten gehört schließlich noch die Zaouia Sidi Brahim gegenüber von der **Moschee der Fremden**, ein kuppeliger Gebäudekomplex, der mit seinen wenigen winzigen Fensterchen mehr wie ein Gefängnis aussieht. Der grob verputzte Kuppelbau mit Kamin nebenan ist ein Maurisches Bad.

Zu den islamischen Sakralbauten der Stadt haben nur Muslime Zugang.

Gegenüber von der Türkenmoschee steht eine katholische Kirche, die 1848 unter französischer Regie erbaut wurde. Hier trafen sich zum Gottesdienst Kolonialfranzosen und Malteser. Heute hat dieser Sakralbau die Aufgaben einer Sporthalle übernommen.

Volkskunstmuseum/Musée des Arts et Tradition populaires Av. Abdelhamid el

Insel Djerba

Kadhi, in den Räumen der früheren **Zaouia Sidi Zitouni** (erbaut im 18. Jh.): Die Ausstellung ist interessant und vielfältig, zu sehen sind:

– Hochzeitskleidung der arabischen, berberischen und jüdischen Inselbevölkerung samt Zeichnungen, die Hochzeitsriten erläutern;

– Schmuck (überwiegend aus jüdischen Werkstätten), Koranschriften, traditionelles Küchengerät, kunstvoll verzierte Holztruhen und -regale, Lampen, Krüge etc.

Bordj el Kebir
im Norden von Houmt Souk, direkt am Meer, einzige massive Festungsanlage auf der Insel. Der ursprüngliche Bau wurde 1284 auf Anweisung von Roger de Loria errichtet.

Die heutige Struktur geht aber auf die Hafsiden zurück (15. Jh., Bauherr: Abou Fares), die damals einen Ausbau vornahmen, um sich vor spanischen Angriffen zu schützen. Neuerliche bauliche Veränderungen wurden 1560 unter dem mit den Osmanen verbündeten Piraten Dragut vorgenommen, der die Bastionen verstärken ließ.

Ab dem 17. Jh. hatte die Festung keine militärische Bedeutung mehr, entsprechend überließ man sie den Kräften von Wind, Sonne und Regen – sie begann zu verfallen.

Seit 1968 wird nun renoviert, der äußere Bereich ist inzwischen wieder hergestellt, aber im Innern bleibt noch viel zu tun.

Etwas aus dem Rahmen des Militärbaus fällt der zweikuppelige **Marabout des Heiligen Ghazi Mustapha** im Nordosten des Hofes.

Hafen
Der Hafen ist klein, man sucht hier vergeblich nach der Silhouette von Riesenfrachtern und Großtankern. Daran wird sich in Zukunft wohl wenig ändern, denn die Funktion als Frachthafen der Insel ist Adjim zugedacht.

Spaziergänge
Das Städtchen Houmt Souk hat trotz des Massentourismus noch recht viel Atmosphäre. Spaziergänge in der kleinen und übersichtlichen Altstadt machen wirklich Spaß.

Ich will hier keine detaillierte Route vorschlagen, weil Streifzüge durch Houmt Souk im wesentlichen Altstadtbummel sind – und so etwas immer ziemlich spontan verläuft. Ich könnte mir vorstellen, daß man an der Place Bechir Seoud beginnt und sich erst einmal in den östlich davon gelegenen Bereich um die Markthalle begibt. Danach wird man zur nach Norden hin benachbarten Place Hached hinübergehen, eine kleine Kaffeepause einlegen und anschließend in die bunte Welt der Basare (nicht allzu groß, sehr übersichtlich) im Osten und Nordosten eintauchen.

Im Norden der Souks wird man einen Blick auf die Türkenmoschee werfen und über die Rue 2 Mars (südöstliche Richtung) sich der Zaouia Sidi Brahim und der Moschee der Fremden zuwenden. Wir gelangen schließlich wieder auf die Höhe der Place Hached an. Nach den Anstrengungen der Besichtigung kann man hier den Spaziergang in einem der guten Speiselokale abschließen.

Houmt Souk Info

Banken/Geldwechsel
Für Pauschaltouristen besteht im allgemeinen die Möglichkeit, das Geld im Hotel zu wechseln, Individualtouristen der kleinen Hotels von Houmt Souk müssen dagegen auf jeden Fall zur Bank. Daran herrscht aber in Houmt Souk kein Mangel. Man findet sie an der Place Farhat Hached und an der Av. Habib Bourguiba. Ein paar Adressen:

- Arab-Tunisair Bank (ATB), Place Hedi Chaker;
- Banque Nationale Agricole (BNA), Place Hedi Chaker;
- Société Tunisienne de Banque (STB.),Place Hedi Chaker;
- Banque de Tunisie (BT), Av. Habib Bourguiba;
- La Banque du Sud (B.S.), Av. Habib Bourguiba;

Cafés
Die Altstadt von Houmt Souk besitzt einige gemütliche Straßencafés, die vor allem an der Place Hedi Chaker zu Hause sind.

- Café-Patisserie Ben Yedder, Place Farhat Hached (mit Konditorei, die viele leckere Sachen parat hat);
- Café Zara, Place Hedi Chaker;
- Patisserie Marhaba, nahe Place Hedi Chaker (gutes Speiseeis);

Einkaufen/Läden
Für Touristen/Touristinnen, die handwerkliche Produkte lieben, ist Houmt sicherlich ein Einkaufsparadies. Angeboten wird viel Keramik (glasiert und unglasiert, heute auch viele Gegenstände mit Nabeul Design), Schmuck, Ledersachen, Metallgegenstände, Teppiche (vorwiegend aus anderen Regionen), Kelims etc. Beliebt sind unter Touris auch Parfüm, Gewürze, Henna und einheimische Strohhüte.

Die Zahl der Läden im Basar und seinem Umfeld ist sehr groß. Ich möchte keinen herausheben, weil das nur dazu führt, daß die empfohlenen Geschäfte überlaufen werden.

Handwerk aus nah und fern
Nur ein Teil der angebotenen handwerklichen Gegenstände wird auf Djerba selbst hergestellt.

Von der Insel stammt z.B. die unglasierte **Keramik** aus Guellala, Djerbas Zentrum der Töpferei. Freilich ist die aus dem nordtunesischen Nabeul „importierte Keramik unter Touristen/Touristinnen populärer.

Im Teppich- und Kelimangebot überwiegen Produkte von außerhalb, aber es werden auch in Djerba **Teppiche** und **Kelims** hergestellt – wie die gewebten Kelims von **Midoun** mit ihren leuchtenden Farben.

Eine Eigenleistung Djerbas ist dagegen der schwere silberne Berberschmuck, der nach sehr alten Mustern gefertigt wird. Diese Kunst ist seit Urzeiten eine Domäne jüdischer Handwerker. Dieser Zweig hat wie die Töpferei durch den **Tourismus** einen starken Nachfrageschub bekommen. Ausschließlich von außerhalb kommen andererseits Kupfergegenstände (**Gabés**, **Medenine**) und die Messingarbeiten.

Zum Handwerk s. vor allen den Beitrag „Handwerk und Volkskunst" im Hintergrundteil.

Fahrradverleih
In vielen der großen Strandhotels; Tarife: Halber Tag 7, ganzer Tag 10, eine Woche 50 TD.

Fluggesellschaften
Tunis Air, Av. Habib Bourguiba, Tel. 05550159; Deutsche Lufthansa, c/o Tunis Air; Air France, Av. Abdel H. El Khadi, Tel. 05550239

Golf
Ein neuer Golfplatz (27 Loch) befindet sich bei Hotel Abou Nawes Golf, ca. 18 km. Es werden noch Kurse für Anfänger angeboten.

Hammams
Hammam Sidi Brahim, neben dem Taxistand, Männer 5.30-12, Frauen 13-19 Uhr; Hammam Ziadi, neben dem ONAT, Männer 6-12, Frauen 13-18 Uhr. Hammams finden Sie auch in verschiedenen Hotels der Touristikzone.

Klima/Reisezeit
s. o.

Kuren
In einigen Hotels der Küstenzone (z.B. Dar Midoun, Marina Beach, Dar Djerba, Palma Djerba, Cedriane) werden 3- bis 5-Tageskuren angeboten. Dazu gehören u.a. Hydromassagen, Lymphdrainage, Massage und Sauna/Hammam.

Märkte/Wochenmärkte
Es gibt eine Markthalle im Bereich der Altstadt (Schild: Marché Commun), die täglich bis ca. 14 Uhr geöffnet ist. Hier kann man sich mit frischem Obst, Gemüse, Hammelfleisch, Geflügel und Fisch versorgen. Im Bereich des Marché Commun befindet sich auch das Office National des Pêches, in dem regelmäßig Fischversteigerungen stattfinden (lautes Spektakel).

Der Wochenmarkt, der am Nordrand der Altstadt abgehalten wird (Mo, Do), konzentriert sich dagegen auf Textilien und Haushaltswaren.

Solche Märkte werden übrigens auch in verschiedenen Dörfern in der Umgebung von Houmt Souk organisiert.

Markttage auf der Insel
Sonntag	Midoun, Guellala
Montag	Houmt Souk
Dienstag	**Sedouikech**
Mittwoch	Guellala, **Adjim**
Donnerstag	Houmt Souk
Freitag	Midoun
Samstag	**El May**

ONAT-Artisanat
Av. Habib Bourguiba

Reiten
Reitpferde vermieten u.a. Ranch Ponderosa, gegenüber von Hotel Cedriane, und die Ranch von Hotel Meninx, beide in der Hotelzone.

Restaurants
Untere Preiskategorie
Lokale der einfachen Kategorie findet man u.a. im Bereich der Markthalle und der Basarzone verstreut.

Mittel
An Lokalen dieser Kategorie besteht in Houmt Souk ein gutes Angebot. Sie liegen hauptsächlich im Bereich um die Place Hedi Chaker.
- Restaurant de l`Ile, Place Hedi Chaker (kleiner Raum im Erdgeschoß, großer Raum im Obergeschoß, reichhaltige Speisekarte);
- Restaurant Baccar, Place Hedi Chaker (große Auswahl, auch allerlei Fischgerichte);
- Blue Moon, Place Hedi Chaker (Standardgerichte, viele Touris);

Markthalle in Houmt Souk

Insel Djerba

- El Hana, Place Mohammed Ali, Av. Abdelhammid el Chadi (schweizer Leitung, tunesische und europäische Küche, gepflegt, große Auswahl, darunter u.a. gegrillter Fisch/Poissons du Jour grillé und Rüsti, am Freitag abend Folklore, dann sehr voll);
- Ettebsi, Av. Abdelhamid el Cadhi (gemütlich, gute Auswahl, Folklore für Reisegruppen);
- Jerbanova, Place Sidi Brahim (gutes Angebot, aber relativ teuer);

Oberer Level
- Princess d`Haroun, am Hafen (exklusiv, erlesene Fischgerichte, hohe Preise);
-

Sportgeräteverleih, Sportaktivitäten
In vielen Ferienhotels müssen Sportgeräte und bestimmte Sportaktivitäten zusätzlich bezahlt werden. Preisbeispiele (pro Stunde): Surfbrett 5 TD, Gleitschirm ca. 12 TD, Wasserski 15 TD, Segelboot ca. 10 TD.

Strände
Djerba besitzt an der Nord- und Ostküste die schönen langen feinsandigen Strände von **Sidi Mahrès** und **la Séguia**. Von diesen sind viele Abschnitte durch benachbarte Touristenhotels okkupiert.

Dagegen ist der Stadtstrand von Houmt Souk, der westlich vom Bordj el Kebir liegt, von schlechter Qualität.

Touristeninformation
Syndicat d`Initiative, Av. Habib Bourguiba, Tel. 05550157;
ONTT, Rue Ulyssee, Tel. 05550544/81 sowie am Flughafen.

Unterkunft
In der Stadt
Einfach:
- Marhala Touring Club, Rue Moncef Bey (sauber, gut geführt, Zi. gDu/WC, eigenes Restaurant);
- Arischa, im Zentrum, im Gassenlabyrinth (ehemaliger Fondouk mit Innenhof, eisenhaltiges Thermalbad, Toiletten könnten besser sein, eigenes Café-Restaurant);
- Sindabad, Place Mongi Bali, am Eingang zum Souk (Zimmer um Innenhof, spartanisch, Toiletten und Duschen mangelhaft);
- Sables d`Or, Rue Mohammed Ferjani (um zentralen Innenhof, die Wände prächtig gefliest, Zimmer hübsch eingerichtet, eDu/WC, konkurrenzlos in der einfachen Kategorie);
- sowie Essalem, Ben Abess und Laroussa.

Ab untere Mittelklasse
- Lotos, Rue de la République, Hafenviertel (Familienpension, Zi. eDu/WC und gDu/WC, sehr gepflegt, Restaurant, Bar, Blick aufs Meer, Restaurant und Swimmingpool des nicht allzu weit entfernten Dar Faiza dürfen mitbenutzt werden);
- Erriadh, Rue Mohammed Ferjani, im Zentrum, nahe Place Farhat Hached (2**, Zimmer um einen Innenhof, gut eingerichtet);
- Dar Faiza, Rue de la République, vis-à-vis vom spanischen Fort (2**, ehemalige Villa, vom farbenprächtigen Bougainvillea überwuchert, Zi. eDu/WC, alles sehr komfortabel, kleines Schwimmbad unter Palmen, Bar, Restaurant, Tennisplatz, oft ausgebucht);

sowie Haji (1*) und Nozha (1*);

Jugendherberge
Auberge de Jeunesse, Rue Moncef Bey 11, neben dem Marhala du Touring (Schlafsäle sehr spartanisch, sanitäre Anlagen mangelhaft).

An den Stränden
s. Hotelzone

Verkehr
Stadt- und Inselverkehr
Inselbusse
➢ Linien 10 und 11 (Ringbusse, ca. stündlich): Houmt Souk – Plage de Sidi Mahrès – Ras Tourgueness – Plage de la Séguia – Aghir – Midoun – Mahboubine – El May – Houmt Souk;
➢ Linie 12: Houmt Souk – Adjim/Fährhafen;
➢ Linie 13: Houmt Souk – Midoun;
➢ Linie 14: Houmt Souk – El May – Sedouikech – Guellala – Er Riadh (La Ghriba) – Houmt Souk;
➢ Linie 15: Houmt Souk – Flughafen Melitta;
➢ Linie 16: Houmt Souk – El May – Sedouikech;

Touristenbähnchen
Mehrmals täglich zwischen Houmt Souk-Zentrum (Place Mongi Bali) und den Hotels des Strandes von Sidi Mahrès (Endstation bei Hotel Meninx).

Taxi
ab Place Sidi Brahim, Tel. 05550205, und Av. Habib Bourguiba.

Aufs Festland
Bus
Verbindungen mit Zarzis (häufig, aber nur bis 17 Uhr), Ben Gardane, Medenine, Tataouine, Gabés, Sfax, Sousse, Tunis und Bizerte. Der Busbahnhof liegt ca. 200 m südlich vom Zentrum.

Fähre
Von Adjim zahlreiche Fähren zum Festlandort Djorf (Richtung Medenine, Gabès). Angaben zu den Abfahrtszeiten s. unter Djorf.

Louage
Verbindung mit Zarzis (häufig, aber nach 17 Uhr schwierig und teurer), Medenine (häufig, von dort eine Reihe von Verbindungen nach Tataouine und in den Dahar) und Gabès (selten). Die Louages fahren gegenüber vom Busbahnhof ab.

Flugzeug
International bestehen regelmäßige Flugverbindungen mit Deutschland (zahlreiche Ziele), Frankreich, Schweiz (Zürich, Genf), Österreich (Wien) und Belgien (Brüssel). In der Saison kommen zahlreiche Charterflüge hinzu. Der Flughafen liegt 8 km westlich von Houmt Souk, mit dem er durch Taxis und Linienbusse verbunden ist.

Radtouren auf Djerba
Radfahren ist neben dem Wandern die hautnaheste und umweltfreundlichste Weise zu reisen. Touren auf Djerba heißt, dörfliche Szenerie, Männer in dunkelgrauen, knöchellangen Baumwollgewändern und mit Strohhut, Frauen ganz von Weiß um- und verhüllt und ebenfalls mit Strohhut, üppige Menzels, kleine exotische Moscheen, gewaltige Ziehbrunnen, Palmen, Olivenhaine, Agaven, Weingärten und noch einiges mehr.

Die Insel Djerba besitzt ein ziemlich dichtes Straßennetz, so daß zahlreiche kurze und auch ein paar längere Ta-

Insel Djerba

gesausflüge möglich sind. Die Touren sind durchweg leicht, da die Insel fast vollständig flach ist. Von den Strecken Houmt Souk-Adjim und Houmt Souk-El Kantara abgesehen ist der Autoverkehr schwach, d.h. die Situation fürs Radeln günstig. Es sollte Flickzeug und mindestens eine Pumpe mitgenommen werden. An Proviant braucht man für die Inseltouren etwas zu Trinken und Kleinigkeiten zum Essen.

Ganz anders sieht es mit den langen Touren auf dem Festland aus. Hier braucht man wesentlich mehr an Ausrüstung und sollte auch auf den langen Strecken durch Halbwüsten und karge Berglandschaften viel Flüßigkeit und genug Nahrungsmittel dabei haben.

Während man die Ausflüge auf Djerba auch mit dem Leihfahrrad aus dem Hotel unternehmen kann, sollte man für die langen Radwanderungen auf dem Festland ein leistungsfähiges Touren- oder Sportrad von zu Hause mitbringen.

Kürzere Ausflüge
Tour 1: Houmt Souk – Hara Kebira – Hara Seghira – Synagoge La Ghriba – Houmt Souk, 13 km; einschließlich Besichtigung der Synagoge 2-3 Std.;
Tour 2: Houmt Souk – Plage Sidi Mahrès – Midoun – Cedriane – Houmt Souk, 41 km; mit Bummel im Zentrum von Midoun, 3-4 Std., könnte durch Strandaufenthalt an der Plage Sidi Mahrès verlängert werden;
Tour 3: Houmt Souk – Midoun – Mahboubine – El May – Houmt Souk, 37,5 km; mit Bummel in Midoun und Kaffeepausen in Midoun, Mahboubine und El May ca. 4 Std.;
Tour 4: Houmt Souk – Synagoge La Ghriba – Guellala – Sedouikech – El May – Houmt Souk, 40 km, mit Besichtigung der Synagoge, Einkaufsbummel in Guellala und diversen Kaffeepausen 5-6 Std.;
Tour 5: Houmt Souk – El May – Sedouikech – Bedouine – Mahboubine – Midoun – Cedriane – Houmt Souk, 45 km; mit Bummel im Zentrum von Midoun und verschiedenen Kaffeepausen ca. 4-5 Std.;

Große Inseltour
Houmt Souk – Ras Tourgueness – Aghir – El Kantara – Sedouikech – Guellala – Hara Seghira/Synagoge La Ghriba – Houmt Souk, 75 km; ganztägiges Programm.

Mehrtägige Radwanderungen auf dem Festland
Die folgenden Routen verlangen, wenn man sich etwas Zeit für Besichtigungen läßt, 1 bis 3 Wochen, kommen also nur für Leute mit etwas Zeit in Frage. Vom Profil (teilweise Gebirge, Daharbergland) her und den klimatischen Bedingungen (Steppe oder Halbwüste) stellen sich viel höhere Anforderungen als auf den kurzen und leichten Djerbarouten. Auf Grund des Charakters dieses Buches verzichte ich hier auf detaillierte Routenbeschreibung, möchte das aber gern, sofern dazu Gelegenheit besteht, in einer Spezialpublikation tun.

Houmt Souk – El Kantara – Zarzis – Medenine – Tataouine – Chenini – Guermessa – Ghoumrassen – Ksar Hadada – Medenine – Djorf – Houmt Souk, 321 km, sollte auf 5-7 Tage gelegt werden; zur Übernachtung empfehlen sich Zarzis, Medenine, Tatouine und Ksar Hadada; es sollte immer ausreichend Flüssigkeit und Proviant mitgeführt werden, da die

Orte oft recht weit auseinander liegen;

Houmt Souk – Adjim – Medenine – Metameur – Toujane – Matmata – Gabès – Mareth – Djorf – Houmt Souk, 318 km, Dauer der Tour 5-7 Tage; zur Übernachtung bieten sich an Medenine, Matmata und Gabès; es sollte immer reichlich Wasser und Proviant mitgeführt werden;

Houmt Souk – Djorf – Gabès – Kebili – Douz – Kebili – Tozeur – Metlaoui – Gafsa – Gabès – Djorf – Houmt Souk, 786 km; angesichts der zahlreichen interessanten Ziele wird man schon drei Wochen ansetzen; auf allen Strecken ist reichlich Wasser und Proviant mitzuführen.

Ausflüge: organisiert oder mit öffentlichen Verkehrsmitteln
Auf der Insel Djerba
Es werden Inselrundfahrten angeboten, die Houmt Souk, Midoun und Guellala einschließen. Weitere Routen könnten den Verlauf nehmen, den wir für Radtouren vorschlagen.

Pauschaltouristen, die in den Hotelzonen zu Hause sind, besuchen während ihres Aufenthalts auf Djerba in der Regel Houmt Souk zwei- bis dreimal in Form von Kurzausflügen, wobei sie die Touren mit dem Bus oder Taxi unternehmen. Ein weiteres populäres Nahziel ist bei ihnen Midoun, das ebenfalls mit öffentlichen Verkehrsmitteln von der Hotelzone und auch von Houmt Souk gut zu erreichen ist.

Zu den populären Touren im Inselbereich gehören ferner Bootsausflüge zur Ile des Flamands/Flamingoinsel (Abfahrt vom Hafen, täglich).

Aufs Festland
Tagestouren
Römerstadt Gightis, Ksour von Medenine und Metameur;
Oase Zarzis, Ben Gardane;
Medenine und Wochenmarkt von Tataouine sowie Chenini;

Zwei- und Dreitagestouren
Medenine, Tataouine und Ksar-Rundfahrt durch das Dahar- Gebirge;
Gabès und die Höhlen- und Bergsiedlungen im Raum Alt-Matmata;

Vier- und Fünftagestouren
Gabès, Nefzaoua-Oasen Kebili und Douz (einschließlich Ausflug in die Wüste), Durchquerung des Chott el Djerid, Djerid-Oasen Tozeur, Nefta, Bergoasen Chbika, Tamerza und Midès sowie Gafsa;
Saharatour über Ksar Ghilane nach Douz (Geländewagen) kombiniert mit den Nefzaoua-Oasen und Alt-Matmata.

Preisbeispiele
Tagesausflug im geländegängigen Fahrzeug nach Gabès/Matmata oder Tataouine/Chenini; 30-40 TD;
2-Tages-Wüstentour mit geländegängigem Fahrzeug nach Ksar Ghilane; 80-100 TD;
2-Tagesfahrt mit dem Bus nach Tozeur/Nefta; 90-100 TD.

Die Hotelzone

Djerbas Hauptstrand ist **La Plage de Sidi Mahrès**, die die gesamte Nordostküste umfaßt. Hier sind in einer „Zone Touristique" von knapp 10 km Länge zahlreiche große Hotels (mehr als ein Dutzend, weitere sind im Bau) konzentriert. Dazu zählt u.a. die riesige Anlage des Dar Djerba – vier Hotels und eine

Reihe von Bungalows – die ganz allein bereits eine Kapazität von 2.600 Betten aufweist. Dieser mit Petro-Dollars erbaute Komplex ist mit allen Fazilitäten des modernen Bade- und Freizeitbetriebes ausgestattet. Ca. 1,5 km südöstlich vom Dar Djerba steht ein 54 m hoher Leuchtturm. Es folgt dann zwischen Hotel Yati und Tanit eine schmale Landzunge, an deren Spitze das Hotel Tanit angesiedelt ist. Westlich von der Landzunge zieht sich die **Sidi Garous-Lagune** hin, ein ruhiges Gewässer, an dem viele Wasservögel zu Hause sind.

Südlich von der Lagune beginnt, als zweite „Zone Touristique" von Djerba, der **Strand von Séguia**, der den mittleren Abschnitt der Ostküste einnimmt. Er endet in Aghir. Dieser Küstenabschnitt ist noch nicht so stark von Anlagen des Pauschaltourismus verbaut, aber es besteht auch hier eine rege Bautätigkeit. Dieser Bereich der Ostküste hat auch landschaftlich einen etwas anderen Charakter: die Palmen stehen hier nahe am Meer, was dem Strand einen Touch von Exotik verleiht.

Standard und Preise
Die meisten Hotels liegen direkt am Strand, soweit dies nicht der Fall ist, ist der Strand doch recht nahe.

Die Hotels ab der 4****-Klasse sind klimatisiert, so daß ihnen weder sommerliche Hitze noch winterliche Kühle etwas anhaben können.

Praktisch alle Hotels verfügen über zumindest ein Restaurant und eine Bar. Fast genauso selbstverständlich sind Swimmingpools, Tennisplätze und ein reichhaltiges Wassersportangebot, wobei teilweise für das Sportgerät Gebühren zu zahlen sind.

Viele Hotels suchen ihre Gäste durch Animationsprogramme zu aktivieren.

Die Hotels der Touristikzonen sind auf den Pauschaltourismus ausgerichtet. In der Hochsaison sind sie oft ausgebucht, so daß es dann für Individualtouristen nicht möglich ist, hier unterzukommen. Aber in der Vor- und Nachsaison kann man durchaus auch ohne Reiseveranstalter für ein paar Tage ein Zimmer bekommen. Allerdings zahlt man hier als Individualtourist einen viel höhren Zimmerpreis als die Pauschaltouristen. Die Touristeninformation in Houmt Souk bietet eine Hotelliste mit detaillierten Preisangaben.

Preise für DZ 1996 in TD:

	HS	MS	AZ
2**:	50-91	36-60	24-32
3***:	90-118	76-82	36-56
4****:	127-154	76-108	44-64
5*****:	134-170	94-116	63-72

HS = Hauptsaison, MS = mittlere Saison, AZ = andere Zeit.

Hotels an der Plage Sidi Mahrès

9 km von Houmt Souk
Ulysse; 4****, Tel.: 657422, 250 Betten, erstes Luxushotel der Insel, 1989 renoviert, vollklimatisiert, Swimmingpool, Büfett und Menü, à la carte-Restaurant, Sauna, Diskothek, Folklore, zwei Tennisplätze, Surfen, Segeln, Windsurfen, Tretboote, Reiten, Minigolf, Fahrradverleih;

Dar Ali; gegenüber vom Ulysse, 2**, Tel.: 657671, 30 Betten, kleines Familienhotel, 700 m vom Strand entfernt, kleiner Pool;

11 km von Houmt Souk
Al Jazira; 2**, Tel.: 657300, 77 Zimmer, 99 Bungalows, ältestes Strandhotel

Die Hotelzone

der Insel (erbaut 1962), Hotel und Bungalows, Thermalpool, Bar, zwei Tennisplätze, Windsurfen, Segeln, Tretboote, Reiten, Fahrradverleih; daneben Centre d'animation mit Pizzeria, à la carte-Restaurant, Supermarkt, Zeitungskiosk und klimatisierter Diskothek;

12 km von Houmt Souk
Strand; 1*, kleine Anlage, 120 Betten, Thermalpool, 500 m entfernt Centre d'animation mit à la carte-Restaurant

13 km von Houmt Souk
Clubhotel Medina; 2**, Tel.: 657233, Bungalows, 330 Betten, Büfett und Menü, Maurisches Café, Pool, Diskothek, Folklore, Animation, 10 Tennisplätze, Minigolf, Tischtennis, Windsurfen, Fahrradverleih;
Les Sirènes; 3***, Tel.: 657226, 240 Betten, Thermalpool, Sauna, Bar, Maurisches Café, Diskothek, Folklore, zwei Tennisplätze, Surfen, Segeln, Tretboote, Reiten, Volleyball, Fahrradverleih;

14 km von Houmt Souk
Abou Nawas; 4****, Tel.: 657022, dreistöckig, 450 Betten, große Anlage, Pool, Kinderpool, à la carte-Restaurant, mehrere Bars und Snackbars, Sauna, Diskothek, Animationsprogramm, vier Tennisplätze, Windsurfen, Minigolf, Tretboote, Motorrad- und Fahrradverleih in der Nähe;
Palm Beach; 4****, Tel.: 657350, 562 Betten, vollklimatisiert, heizbarer Pool, Kinderpool, à la carte-Restaurant, mehrere Bars und Snackbars, Sauna, Diskothek, Animationsprogramme, vier Tennisplätze, Windsurfen, Segeln, Tischtennis, Billard;
Djerba Jasmina; 3***, Tel.: 657740, 300 Betten, Grillrestaurant, Swimmingpool;
Le Petit Palais; 3***, Tel.: 658234, 140 Betten, 100 m vom Strand entfernt, überschaubar und gemütlich, Restaurant, Snackbar, Swimmingpool mit Kinderbecken, Animationsprogramm, Tennisplatz;

15-17 km von Houmt Souk
Quatre Saisons; 3***, Tel.: 658580, 720 Betten, dreigeschossig, Zimmer klimatisiert, Restaurant, mehrere Bars, Swimmingpool, Strandbar, Strand 100 m entfernt, vier Tennisplätze, Boccia, Tretboote, Wasserski, Windsurfen, Fitnessraum mit Hammam;
Club Pénélope; 2**, Tel.: 657055, mehrere Gebäude, ca. 200 m vom Strand entfernt, dazwischen Straße, 528 Betten, Pool mit Kinderbecken, Kindergarten, Diskothek, Animationsprogramm, Tennisplatz, Tischtennis, Volleyball, Basketball, Fahrradverleih;
Dar Midoun; 4****, Tel.: 658168, 546 Betten, direkt am langen Sandstrand, Zimmer klimatisiert, TV mit Satellitenempfang, Restaurant, à la carte-Restaurant, Bar, Maurisches Café, Swimmingpool mit Kinderbecken, Snackbar am Strand, Diskothek, Animationsprogramm, 5 Tennisplätze, Segeln, Windsurfen, Wasserski, Fitnessraum mit Sauna und Massage;
Royal Garden; 5*****, Tel.: 658777, 600 Betten, nagelneu, absoluter Luxus, in weitläufiger Gartenanlage, direkt am Meer, klimatisierte Zimmer mit Satellitenfernsehen, mehrere Restaurants, Swimmingpool mit Kinderbek-

ken, Tennisplätze, Squash, Fitnesscenter mit Sauna, Whirlpool, Hammam, alle Wassersportarten;

Hasdrubal; 5*****, Tel.: 657650, 450 Betten, eines der besten Hotels der Insel Djerba, großer Swimmingpool, Hallenbad, Sauna, vier Tennisplätze; alle Wassersportarten;

Djerba Beach; 3***, Tel.: 657200, 366 Betten, zweistöckig, Zimmer klimatisiert, Restaurant, Snackbar am Strand, Pool, Hallenbad, zwei Tennisplätze, Tischtennis, Minigolf, Fitnessraum, Hammam, Windsurfen, Verleih von Fahrrädern, kleines Animationsprogramm, Satellitenfernsehen;

Club Cedriane; 3***, Tel.: 658555, 140 Betten, schräg gegenüber von Hotel Djerba Beach, zum Sandstrand 250 m (über Straße), Anlage im maurischen Stil, Restaurant, Bar, Maurisches Café, Swimmingpool, Kinderbecken, Spielplatz, Kinderclub, Animationsprogramm, zwei Tennisplätze, Tischfußball, Billard, Reiten, Windsurfen und Fallschirmsegeln.

Robinson Club; neben Hasdrubal, deutsches Clubhotel, 600 Betten, beheizter Pool, zwei Restaurants, Sauna, Wassersport;

Meninx; 2**, Tel.: 657051, Clubhotel, 414 Betten, Pool, Thermalbad, Diskothek, vier Tennisplätze, Tischtennis, Wassersport;

El Hana Djerba Palace; 4****, Tel.: 658600, 506 Betten, 200 m vom Sandstrand entfernt, Zimmer klimatisiert, mehrere Restaurants, Maurisches Café, Swimmingpool mit Kinderbecken, Hallenbad, drei Tennisplätze, Minigolf, Windsurfen;

19 km bis 21 km von Houmt Souk

Dar Jerba; 2** bis 4***, Tel.: 657191, 2600 Betten, riesige Anlage, vier Komplexe: Hotel Zahra (2**, Zi. eDu/WC), Hotel Narjess und Yasmine (3**, im Juli/August klimatisiert) sowie Hotel Dahlia (4****, Kühlschrank, Satelliten-TV, im Juli/August klimatisiert), Einkaufsstraße mit Boutiquen, Postamt, Friseur etc., Massenbetrieb, drei Pools, Thermalpool, mehrere Restaurants, Cafés und Bars, Pizzeria, Diskothek, Satellitenfernsehen, 8 Tennisplätze, alle Wassersportarten, Volleyball, Boccia, Minigolf, Tischtennis, Reiten, Auto-, Mofa- und Fahrradverleih;

Mamba Club Marina Beach; 4****, direkt am Meer, 600 Betten, zwei Restaurants, davon eines à la carte-Restaurant, Swimmingpool mit Kinderbecken, Hallenbad, Kinderclub und Spielplatz, Diskothek, Animationsprogramm, sechs Tennisplätze, Bogenschießen, Minigolf, Boccia, Reiten, Hammam, Fitnessraum, Tretboote, Windsurfen, Segeln und Wasserski;

Rym Beach; Tel.: 657614, neben Aquarius, 3***, 450 Betten, Pool, Restaurant, verschiedene Wassersportarten;

21-23 km von Houmt Souk

Yati; 2**, Tel.: 658430, 166 Betten, einfach, ruhig; benachbart Nekkermanns ausgedehnter Komplex Club Aldiana (alle denkbaren Urlaubsaktivitäten im Angebot).

Tanit; 2**, Tel.: 657132, Bungalows, 632 Betten, Pool, Pizzeria, Kindergarten, Diskothek, vier Tennisplätze, Minigolf, Tischtennis, Bogenschießen, Segeln, Windsurfen, Reiten;

Hotels an der Séguia Plage

La Fidèle; Anlage des Club Mediterranée, 940 Betten, acht Tennisplätze, Segeln, Windsurfen, Schnorcheln, Bogenschießen, Tischtennis, Aerobic, Baseball, Fußball;

Djerba Menzel; 4****, Tel.: 657070, Bungalows, 368 Betten, sehr gepflegt, zum Entspannen, beheizbarer Pool mit Kinderbecken, Büfett und Menü, à la carte-Restaurant, Bar, Maurisches Café, Diskothek, zwei Tennisplätze, Windsurfen, Boccia, Tischtennis;

La Douce; Anlage des Club Mediterranée, Hotelkomplex und Bungalows, besser ausgestattet als La Fidèle, 995 Betten, zwei Pools, 20 Tennisplätze, Wassersport aller Art, Bogenschießen, Tischtennis, Volleyball, Fußball;

Sidi Slim; 2**, Tel.: 657021, 280 Zimmer, einfache Bungalowanlage, zwei Speisesäle, à la carte-Restaurant, Pizzeria, Café, Bar, kleiner Thermalpool, Swimmingpool mit Sonnenterrasse und Kinderbecken, Diskothek, Animationsprogramm, Folklore, drei Tennisplätze, Tischtennis, Windsurfen, Tretboote, Reiten, Fahrradverleih, Fußball, Basketball;

Palmariva; 3***, 600 Betten, französisches Clubhotel, Inselarchitektur, direkt am Strand aus Fels und und Sandbuchten, Pool, Kinderbecken, Büfett und Menü, à la carte-Restaurant, Fischrestaurant, mehrere Bars, Maurisches Café, Hammam, Kinderspielplatz, Diskothek, Animationsprogramm, 8 Tennisplätze, Squash, Basketball, Bogenschießen, Minigolf, Tischtennis, Wasserski, Massage, Fallschirmsegeln, Reiten, Volleyball, Fußball, Fitnessraum, Verleih von Fahrrädern;

Centre Jeunesse Aghir; Typ Jugendherberge, 4-Bett-Zimmer und 2-Bett-Hütten, Campingmöglichkeit.

Zu diesen Hotels kamen seit 1994 hinzu:
Cesar Palace, 5*****, Tel.: 658600; Plaza, 4****, Tel.: 657756; Yadis, 4****, Tel.: 658235; Abou Nawas Golf, 4****; Djerba Holiday, 4****, Tel.: 659181; Mehari Beach, 3***, Tel.: 658238; Djerba Orient, 3***, Tel.: 657440, Marina Beach, 3***, Tel.: 658401, Ksar Djerba, 3***, Tel.: 658141, Haroun, 3***, Tel.: 658561; Néréides, 3***, Tel.: 658551; Osiris, 3***, Tel.: 659104; Best Hotel, 3***, Tel.: 658922, Palma Djerba, 2**, Tel.: 657890; Télémaque, 2**, Tel.: 658736; Aladin, 2**, Tel.: 658180; sowie Bougainvilliers, Iliade, Sina und Rais.

Die anderen Orte von A bis Z

Adjim

Von diesem kleinen Hafenort, 21 km südwestlich von Midoun, fahren die Autofähren zum südtunesischen Festland hinüber. Mit der starken Zunahme des **Tourismus** und dem damit verbundenen Ausflugsverkehr sowie überhaupt dem erheblichen Wachstum der Handels- und Verkehrsströme zwischen Djerba und dem Festland hat der Fährverkehr – und auch der Umschlag von Frachten – stark zugenommen.

All das hat dazu geführt, daß Adjim Houmt Souk als Haupthafen der Insel Djerba abgelöst hat.

Ansonsten ist Adjim noch ein wichtiger Standort für die **Fischerei** und Schwammtaucherei, wobei letztere in jüngster Zeit deutlich zurückgegangen ist.

Schließlich erscheint noch erwähnenswert, daß Adjim den dichtesten **Palmenhain** der Insel (insgesamt 30 ha) besitzt.

Insel Djerba

Brennofen einer Töpferei

Cafés
Café du Bac, Blick aufs Meer, das Café, wo bei etwas Wartezeit auf die Fähre, noch eine Teepause eingelegt wird. Café de l`Oasis, im Palmenhain, von einem großen Garten umgeben, ein idyllischer Flecken mit Blick auf den Ort.

Verkehr
Fähren nach Djorf, am Festland, s. unter Djorf.

Aghir und Bordj Kastil

29 km südöstlich von Houmt Souk, kein Dorf im üblichen Sinne, sondern vielmehr ein Jugend- und Freizeitzentrum. Es liegt am Nordrand einer Landzunge, die weit ins Meer hineinragt und an deren Spitze das kastenförmige Fort Bordj Kastil steht. Dieses wurde 1285 unter Roger de Loria, Admiral von Aragon und Sizilien, angelegt und im 15. Jh. ausgebaut.

Cedriane

Dorf 13 km südöstlich von Houmt Souk, westlich von der Straße Houmt Souk-Midoun, im fruchtbaren Gartengürtel der Insel. Dieser Ort liegt außerhalb der Trampelpfade der Inselrundfahrten.

El Kantara

25 km südlich von Houmt Souk, am Anfang eines zum Festland hinüberführenden Dammes gelegen, nicht mehr als eine kleine Häusergruppe mit Polizeistation.

Über den insgesamt 6,5 km langen Damm führt heute eine breite Asphaltstraße, parallel dazu verläuft eine Pipeline, die Wasser vom Festland nach Djerba bringt.

Der Damm hat eine lange Geschichte. Er bestand schon in römischer Zeit und ging sogar möglicherweise auf einen punischen Vorgängerbau zurück. Dieses Bauwerk blieb bis 1561 weitgehend in Takt; damals ließ ihn der osmanisch-türkische Korsarenführer Dragut durchbrechen, um seine Flotte aus einer spanischen Seeblockade zu befreien. Erst zwischen 1951 und 1953 wurde der mittlerweile mehrfach durchbrochene Damm wieder hergestellt. Um 1973 erfolgte ein weiterer Ausbau. In der Mitte wurde eine kleine Brücke angelegt, die es Fischerbooten gestattet, zwischen dem Meer und dem Golf Bou Grara zu verkehren.

El May (ca. 5.000 Ew.)

8 km südlich von Houmt Souk, ein weiteres recht hübsches Dorf. Hier steht die exotischste Ibaditen-Moschee der ganzen Insel, die **Umm et Turkia** aus dem 16. Jh., deren schräge Stützpfeiler, kleine Ecktürme und kleiner Minarettaufsatz etwas von einer schwarzafrikanischen Lehmmoschee an sich haben.

In El May sind beide islamische Strömungen vertreten, wobei die Malekiten deutlich im Übergewicht sind.

Verkehr
El May befindet sich an der Straße Houmt Souk-Zarzis, daher häufige Busverbindung mit Houmt Souk und dem Festland.

Guellala

18 km südlich von Houmt Souk, sehr stark von Touristen besucht. Dies ist darauf zurückzuführen, daß es hier zahlreiche Töpfereien gibt. Der gesamte Ort ist von diesem **Handwerk** geprägt. Das Zentrum ist voller Keramikläden. Ihre Krüge, Teller, Tongefäße etc. hängen an den Außenwänden und bevölkern die Bürgersteige. In mehreren

Geschäften wird auch das Töpfern auf Drehscheibe demonstriert. Die Brennöfen liegen zumeist in den Seitengassen. Der Ton kommt von den umliegenden Hügeln.

In Guellala ist fast die gesamte **Bevölkerung** ibaditisch.

Östlich von Guellala liegt ein See, der im Herbst und Winter Ziel vieler Zugvögel aus dem fernen Norden ist.

Töpferei auf Djerba
In Guellala gab es einmal 400 Töpfereien, davon sind heute nur noch etwa 30 in Betrieb. Wenn nicht durch die Touristen/Touristinnen eine neue Nachfrage ausginge, wären auch diese geschlossen worden. Die hier hauptsächlich hergestellten Wasser- und Vorratsbehälter aus Ton, die auch überall in Südtunesien verbreitet waren, waren nicht mehr gefragt, von den billigeren und bruchsicheneren Plastikprodukten und z.T. auch der modernen Wasserleitung verdrängt worden.

Den an den schlichten Töpfen und Krügen wenig interessierten Touristen muß man allerdings vor allem glasierte **Keramik** anbieten. Um diese Gegenstände herzustellen sind jedoch wegen der Glasur kostspielige elektrische Brennöfen erforderlich, die sich nur wenige Töpfer leisten können. Der Ton stammt aus den Hügeln zwischen Guellala und Sedouikech. Er wird aus bis zu 80 m Tiefe heraufgeholt. Die Arbeit ist keineswegs ungefährlich. Bei Regenfällen ereignen sich immer wieder Stolleneinbrüche.

In jüngerer Zeit war auf Grund der Erbteilung und von Verkäufen das Eigentum an den Gruben erheblich gesplittet. Teile befanden sich auch im Besitze von Nichttöpfern, die ihr Eigentum zu hohen Pachten nutzten. Aus letzteren Gründen kaufte die Töpfergenossenschaft 1967 einen ganzen Stollen für ihre Mitgliedschaft.

Café
Im Zentrum, im Bereich der Läden der Töpfereien.

Verkehr
Busverbindung mit Houmt Souk; die meisten Besucher/Besucherinnen kommen allerdings mit Ausflugsbussen, Taxis oder per Fahrrad.

Hara Seghira/Er Riad, ca. 3.000 Ew.
Dieses Dorf, ca. 7 km südlich von Houmt Souk, dessen Name kleines Ghetto heißt, war bis vor wenigen Jahrzehnten ausschließlich von Juden bewohnt. Daneben gab es noch eine weitere jüdisch dominierte Siedlung, **Hara Kebira**, an der Peripherie von Houmt Souk.

In beiden sind noch etwa 500 Juden verblieben, von denen viele ebenfalls Abwanderungspläne haben sollen.

1 km südlich von Hara Seghira befindet sich die **Synagoge La Ghriba**, das bedeutendste jüdische Heiligtum Nordafrikas, das auch von sehr vielen Touristen/Touristinnen besucht wird.

Anmerkungen zur Geschichte der Juden auf Djerba
Erste jüdische Siedler sollen sich bereits 586 v.Chr. – nach der Zerstörung Jerusalems durch die Truppen des babylonischen Herrschers Nebukadnezar – auf Djerba niedergelassen haben. Das ist allerdings nicht zweifelsfrei belegt.

Nachgewiesen ist aber, daß nach der Zerstörung Jerusalems durch die Römer jüdische Flüchtlinge in größerer Zahl auf der Insel siedelten.

Im 16./17. Jh. erhöhte sich die Zahl der djerbischen Juden erheblich durch **Einwanderung** verfolgter Juden aus Andalusien/Spanien. Zu Beginn unseres Jahrhunderts soll der Anteil der Juden an der Gesamtbevölkerung Djerbas bei knapp einem Zehntel gelegen haben. Für 1946 wird ihre Zahl mit 4.296 angegeben. In der Djerba-Literatur herrscht die Meinung vor, daß das Verhältnis der Juden zur islamischen Mehrheit ohne schwere Konflikte war.

Die djerbischen Juden lebten nach ältestem jüdischen Brauchtum. Sie unterhielten kaum Beziehungen zu den Juden auf dem Festland und waren nicht an französischer Bildung und Modernisierung interessiert, verdienten sich ihren Lebensunterhalt durch handwerkliche Tätigkeit, wobei sie besonders als Silberschmiede bekannt waren. Damit befanden sie sich im Gegensatz zu den Juden des Festlandes, die sich vorwiegend als Händler betätigten.

Auch unter Djerbas Juden kam es nach 1948, der Gründung des Staates Israel, und verstärkt nach 1967, dem Zeitpunkt der schweren militärischen Niederlage Ägyptens und Syriens gegen Israel, zur Massenauwanderung. Zurückgeblieben ist eine Minderheit.

La Ghriba: das Heiligtum der Juden
Sakrales Zentrum des Judentums von Djerba ist die **Synagoge La Ghriba** („die Wundertätige"), ca. 1 km südlich von Hara Seghira. Um die Vergangenheit dieses Bauwerks ranken sich verschiedene wundersame Gründungsmythen. Fakt ist zumindest, daß die erst um 1920 erbaute heutige Synagoge auf sehr alten Fundamenten angelegt wurde.

Von außen wirkt die La Ghriba ausgesprochen bescheiden, so daß man etwas überrascht ist, wenn man dann ihre prächtige Innenausstattung sieht: die kunstvoll bearbeitete Täfelung und die schönen Leuchter etwa. Natürlich befinden sich in der Synagoge auch alte Thorarollen und verschiedene kultische Gegenstände.

Neben der La Ghriba steht eine große Pilgerherberge, hier wohnen noch mehrere ältere Rabbiner, die die Synagoge betreuen und Gottesdienste abhalten.

Am 33. Tag nach dem jüdischen Osterfest ist die Synagoge La Ghriba Ort eines großen Festes, zu dem traditionellerweise zahlreiche Pilger aus verschiedensten Regionen Nordafrikas, Frankreich und Israel erwartet werden. Die Feiern, die zwei Tage dauern, sind mit einer Prozession durch das benachbarte Dorf verbunden.

Die Synagoge kann auch von Touristen besucht werden. Beim Betreten sind die Schuhe auszuziehen, ferner wird erwartet, daß der Kopf bedeckt ist – und nach der Besichtigung eine Spende geleistet wird.

Mahboubine
Dorf 4 km westlich von Midoun und 16 km südöstlich von Houmt Souk, wegen der schönen Kuppelmoschee **El Katib** aus dem Jahre 1903 Ziel von Ausflügen.

Der Architekt soll von Istanbuls berühmter Blauer Moschee inspiriert worden sein. Zwar zielt die Architektur der El Katib Moschee zweifellos Richtung Zentralkuppel, aber sie hat nicht die gewaltige Dimension osmanischer Moscheen und vieles an ihr hat auch ausgesprochen djerbischen Charakter (z.B. die schneeweiße Farbe).

Die **Bevölkerung** ist gemischt islamisch, wobei die Malekiten sich in der Mehrheit befinden.

In der Umgebung von Mahboubine befinden sich die schönsten Gärten und Menzel der ganzen Insel.

Melitta

Dorf in der Umgebung des Flughafens, 6 km westlich von Houmt Souk, Zentrum djerbischer Wollweberei. Vom **Tourismus** hat man hier hauptsächlich die negativen Seiten: Lärm vom benachbarten internationalen Flughafen, Abgase und Lärm der zahlreichen Flughafen-Zubringerbusse.

Meninx

Hier, etwa 500 m nördlich von El Kantara, lag in punischer Zeit die Hauptstadt der Insel Djerba. Unter den Römern wurde dieser Ort weiter ausgebaut.

Heute trifft man nur auf einige wenige Gebäudereste wie Trümmer von Säulen, Säulensockeln, Friesteilen und Kapitellen, mit denen nur einige wenige Spezialisten/Spezialistinnen etwas anfangen können.

Midoun

ca. 7.000 Ew., 17 km südöstlich von Houmt Souk, Hauptort des Obst- und Gemüseanbaugebietes im Zentrum der Insel, ein ausgesprochen hübsches Städtchen.

Die ansehliche Medina, das alte Ortszentrum, ist vor nicht allzu langer Zeit renoviert worden. Sie wird sehr stark von den UrlauberInnen der nahegelegenen Touristenzonen frequentiert, das kommt auch deutlich im Warenangebot und der gastronomischen Infrastruktur zum Ausdruck.

Midoun war und ist neben Arkou ein Hauptwohngebiet der Gougou, der Nachkommen schwarzer Sklaven. Es wird fast ausschließlich von Malekiten bewohnt.

Café, Restaurant
Café de l`Arbre, Café im Schatten eines riesigen Baumes, im Zentrum, in der Fußgängerzone der Souks, unter Einheimischen und Fremden gleichermaßen beliebt. Restaurant Kastil, Rue Mars Touffah 21 (tradionelle tunesische Küche).

Markt
Wochenmarkt ist Freitag und Sonntag.

Unterkunft
Hotel El Jawhara (einfach, DZ 16 TD).

Verkehr
Regelmäßiger Busverkehr mit Houmt Souk und der Hotelzone an der Ostküste.

Ras (Kap) Tourgueness

20 km südöstlich von Houmt Souk, 54 m hoher Leuchtturm, an dem die Küstenstraße vorbeigeht. Von hier führt eine schmale Straße auf die enge Landzunge, die die schmale Lagune **Sebkha de Sidi Garous** vom Meer trennt, die sich Fischer und Wasservögel teilen.

Sedouikech

4.000 Ew., 16 km südlich von Houmt Souk, recht großes Dorf, in dem ebenfalls **Töpferei** betrieben wird, allerdings in bescheidenem Umfang. Ferner ist hier **Weberei** verbreitet.

Für den Besuch der Ortschaft ist insbesondere der Dienstag wegen des Wochenmarktes prädestiniert. Dort werden u.a. die Flechtarbeiten der umliegenden Menzel angeboten. Die Bevölkerung von Sedouikech gehört in ihrer großen Mehrheit dem ibaditischen **Islam** an.

Verkehr
Sedouikech liegt an der Straße Houmt Souk-Zarzis, entsprechend bestehen gute Busverbindungen nach Houmt Souk und zum Festland.

Westküste

Dieser Küstenabschnitt wird nicht vom Tourismus berührt, an ihm führt lediglich eine Piste entlang, die von **Adjim** bis Bordj Djilidj reicht. Auch hier gibt es eine Reihe von Stränden (flach, häufig etwas felsig, menschenleer), die aber nicht von der Qualität der Strände an der Nordost- und Ostküste sind.

Ein schöner Flecken ist die **Plage Sidi Djemour**, 14 km nördlich von Adjim, mit der Moschee eines Heiligen gleichen Namens, die in einem Eukalyptushain liegt.

Ein anderer markanter Punkt auf dieser Piste ist **Bordj Djillidj**, am nördlichen Ende der Piste, die osmanische Festung aus dem 18. Jh., neben der noch ein Leuchtturm steht. Unterhalb davon existiert ein kleiner Fischerhafen. In Küstennähe sind verschiedene Vorrichtungen für den Fischfang zu sehen (Palmzweige, Tonkrüge).

Südtunesien im Überblick

Tunesiens Süden reicht vom Südrand der **Zentraltunesischen Steppe** und des **Sahel** von **Sfax** bis zum Dreiländereck Algerien/Tunesien/Libyen. Diese Region ist etwa 80.000 qkm groß, das ist ungefähr die Hälfte der gesamten Fläche des Landes.

Dieser Teil Tunesiens ist sehr dünn besiedelt (ca. 14 Ew./qkm). Hier leben nur 15 % der Gesamtbevölkerung (ca. 1,2 Mio. von 8,5 Mio.). In Südtunesien gibt es keine einzige Großstadt, wichtigste Städte sind **Gabès** (95.000 Ew.), **Gafsa** (65.000 Ew.), **Tozeur** (35.000 Ew.), **Medenine** (20.000 Ew.) und **Nefta** (20.000 Ew.).

Ein Teil der **Bevölkerung** ist berberisch, das sind z.B. jene Menschen, die in den Jahrhunderten der arabisch-islamischen Invasionen aus der Djeffara-Ebene in die Berge des **Dahar** flohen.

Wenn sie auch mittlerweile die arabische Sprache angenommen haben, so haben sie doch viele kulturellen Gewohnheiten bis in die Gegenwart bewahrt.

Südtunesien ist ein extrem trockenes Gebiet: etwa die Hälfte der Region ist **Wüstensteppe**, der Rest Vollwüste. Andererseits ist diese Region jedoch topographisch und landschaftlich durchaus vielfältig, so daß mehrere eigenständiger Naturräume unterschieden werden können.

Naturräume

Im Norden besteht Südtunesien aus dem kargen, bis 1.200 m hohen **Bergland von Gafsa**, das so etwas wie die letzte Klimascheide vom mediterranen Norden zum saharischen Süden bildet. Daran schließt sich eine ausgedehnte Wüstensteppe an, die bis zur Senke der großen Salzseen **Chott el Djerid** und **Chott el Fedjaj** reicht. Am Nord- und Südrand dieser Salz-Sand-Landschaft liegen Tunesiens größte Oasen, die Gruppe der **Bled el Djerid** im Norden (Tozeur, Nefta) und die **Nefzaoua-Oasen** im Südosten (**Kebili, Douz**).

Südlich der Salzseen beginnt die Vollwüste, Tunesiens Anteil an der **Grand Erg Oriental**: ein riesiges Meer von Sanddünen, das endlos scheint.

Sonderzonen, die nicht in diese Nord-Süd-Abfolge der Landschaften passen, sind der Küstenstreifen von Gabès bis zur tunesisch-libyschen Grenze, eine Wüstensteppe, sowie das bizarre Stufen- oder Bergland südlich von Gabès.

Für die gesamte Region sind extrem geringe **Niederschläge** typisch. Im Norden und an der Küste sind das 200 mm pro Jahr, was zumindest für eine schüttere Steppenvegetation genügt (Dornsträucher, Akazien etc.). In dieser Region findet man – von den Oasen abgesehen – lediglich etwas nomadisierende **Viehwirtschaft**.

Südlich der Salzseen beträgt der Niederschlag sogar nur 60-100 mm pro Jahr; hier findet man nur noch jene Pflanzen, die auch mit extremster Trockenheit irgendwie zu Rande kommen. Auch in dieser Zone existieren verschiedene Oasen, in denen man dank des Rückgriffs auf vorhandene Grundwasserreserven fruchtbare Palmenhaine und Gemüsegärten hervorzaubern

Naturräume

Zentrum von Tozeur

kann. Ein anderes Charakteristikum dieser Region der Wüstensteppen und **Vollwüsten** sind die extremen Temperaturunterschiede – jahreszeitlich und auch tageszeitlich.

Im Sommer kann die Quecksilbersäule des Thermometers auf über 50°C klettern. An verschiedenen Orten beträgt der Unterschied zwischen der sommerlichen Tageshitze und der winterlichen Nachtkälte mehr als 60°C.

Wirtschaftlicher Wandel

Seit der Kolonialzeit – und nach 1956 stark beschleunigt – hat sich Südtunesien in wirtschaftlicher Hinsicht dramatisch verändert.

Der **Phosphatbergbau** westlich von Gafsa, die **Ölförderung** von **El Borma** und die Schaffung von Industrien im Raum Gabès haben ein größeres Angebot von Arbeitsplätzen außerhalb der **Landwirtschaft** gebracht.

In der letzten Zeit ist mit dem Enstehen des Massentourismus im nahen Djerba und in den Oasen **Tozeur** und Douz ein weiterer großer Bereich nichtagrarer Beschäftigungen hinzugekommen. Gleichzeitig wurden die Städte modernisiert und durch leistungsfähige Straßen miteinander verbunden. Dagegen blieb der Zustand der Nebenstraßen mäßig bis schlecht.

Hatten bis dato die Landflüchtlinge Tunis, den Sahel, Libyen und Westeuropa zum Ziel, so besteht jetzt auch eine starke **Wanderungsbewegung** in die südtunesischen Wachstumspole Gabès und Medenine sowie nach Djerba.

Der Wandel und die Modernisierung der südtunesischen Wirtschaft war allerdings bei weitem nicht in der Lage, alle, die das flache Land verlassen haben, zu beschäftigen.

Auch im agrarischen Bereich selbst hat sich sehr viel geändert. Z.B. sind fast alle Nomaden und Halbnomaden seßhaft geworden.

Auch die Wasserwirtschaft der Oasenlandwirtschaft ist technologisch erheblich modernisiert worden, was freilich den fossilen Wasserreserven mittelfristig nicht gut bekommen wird.

Trotz vieler Neuerungen und staatlicher Subventionen leben in den Dörfer, den Kleinstädten und den **Oasen** viele Menschen unter großer Armut, dies betrifft besonders stark Kleinpächter, Tagelöhner und Ex-Nomaden.

Oasen, Wüstenromantik, pittoreske Höhlendörfer

Südtunesien ist in den letzten Jahren in erheblichem Maße in den **Tourismus** einbezogen worden. Zarzis ist ein viel besuchtes Seebad. Durch die Wüste streifen – auf Teerstraßen oder Pisten – zahllose Jeepsafaris auf der Suche nach spektakulären Wüstenlandschaften, hohen Sanddünen, üppigen Palmenhainen, Oasenstädtchen mit exotischer Architektur. Dieser geschäftige Saharatourismus richtet sich auf Douz, Tozeur, Nefta und **Ksar Ghilane**, wo heute ein Übernachtungsgewerbe existiert, das den wohlhabenden Touristen aus den Norden allerlei Komfort bietet – sich dabei aber nicht hinreichend um die ökologischen Erfordernisse kümmert.

Nicht minder zahlreich sind Touren in das bizzare Daharbergland mit seinen originellen Höhlendörfern und **Speicherburgen**.

Die südtunesische Küstenebene: von Gabès über Medenine bis Ben Gardane

Der Küstenstreifen von Gabès bis Ben Gardane besteht aus der unmittelbar am Meer gelegenen Littoralzone und der Djeffara- Ebene im Hinterland. Diese Region war schon sehr früh arabisiert. Die **Bevölkerung** bestand sowohl aus arabischen als auch aus arabisierten Halbnomaden.

Der Küstenstreifen unterschied sich damit deutlich von den Bergregionen im Hinterland, in denen das **Berbertum** erhalten blieb. Diese Gebiete sind auch heute nur teilweise arabisiert.

In der Küstenregion haben mehrere Städte – insbesondere Gabès – in jüngerer Zeit einen erheblichen wirtschaftlichen Aufschwung erfahren, sie üben eine starke Anziehungskraft auf das Hinterland aus, das sich zusehends entleert.

Gabès

Ca. 95.000 Ew., Hafenstadt, wichtiger Industriestandort, reichlich umweltbelastet, insgesamt eine Fast-Großstadt mit überwiegend modernem Outfit ohne die Bädeker-Sehenswürdigkeiten. Die Stadt, die an der weiten Bucht des Golfs von Gabès liegt, ist von einer ausgedehnten Oase umgeben, in der u.a. das unter Touristen als Ausflugsziel populäre Dorf Chenini liegt.

Geschichte

Die Stadt ist möglicherweise punischen Ursprungs. In der römischen Zeit existierte hier eine Siedlung namens Tacapae, in der wichtige Karawanenrouten aufeinandertrafen.

In der folgenden christlichen Ära befand sich ein Bischofssitz in Gabès. Im 11. Jh. wurde die Stadt und ihr Umland durch die Beni Hilal schwer verwüstet. Es dauerte längere Zeit bis sich Gabès wieder einigermaßen erholt hatte, dann erfolgte der Wiederaufstieg zum Handelszentrum mit Anschluß an Karawanenrouten aus Innerafrika.

In den Jahren unter dem französischen Protektorat verlor die Stadt deutlich an Bedeutung gegenüber Sousse und Sfax. Im Zweiten Weltkrieg war Gabès heftig umkämpft. Am 19.11.1942 (deutsche Luftwaffe) und 29.3.1943 (alliierte Luftwaffe) war es Ziel heftiger Bombenattacken, die zu schweren Zerstörungen führten.

In den 60er und 70er Jahren hatte Gabès den Charakter eines regionalen Zentrums für die wirtschaftlich sehr schwach entwickelten Gebiete der nördlichen **Djeffara**, des **Berglandes von Matmata** und der **Nefzaoua** (teilweise). Der kleine Hafen war vorwiegend Standort von **Fischerei**.

Ab 1972 kam es dann durch den Aufbau großer Industrien (Chemiekomplex ICM für Phosphataufbereitung und Schwefelsäureherstellung, Wärmekraftwerk Ghannouche; größte tunesische Erdölraffinerie mit Pipeline von El Borma seit 1978; neuer Hafen mit Verladeanlagen für **Phosphat**) zu einem tiefgreifenden Strukturwandel und dem Aufstieg von Gabès zu einer Stadt von überregionaler Bedeutung.

Die südtunesische Küstenebene: von Gabès über Medenine bis Ben Gardane

1 Moschee Sidi Driss, Campingplatz
2 Droschkenplatz für Chenini
3 Busbahnhof
4 Post
5 Große Moschee
6 Alte Souks
7 ONAT-Artisanat
8 Bahnhof

Gabès

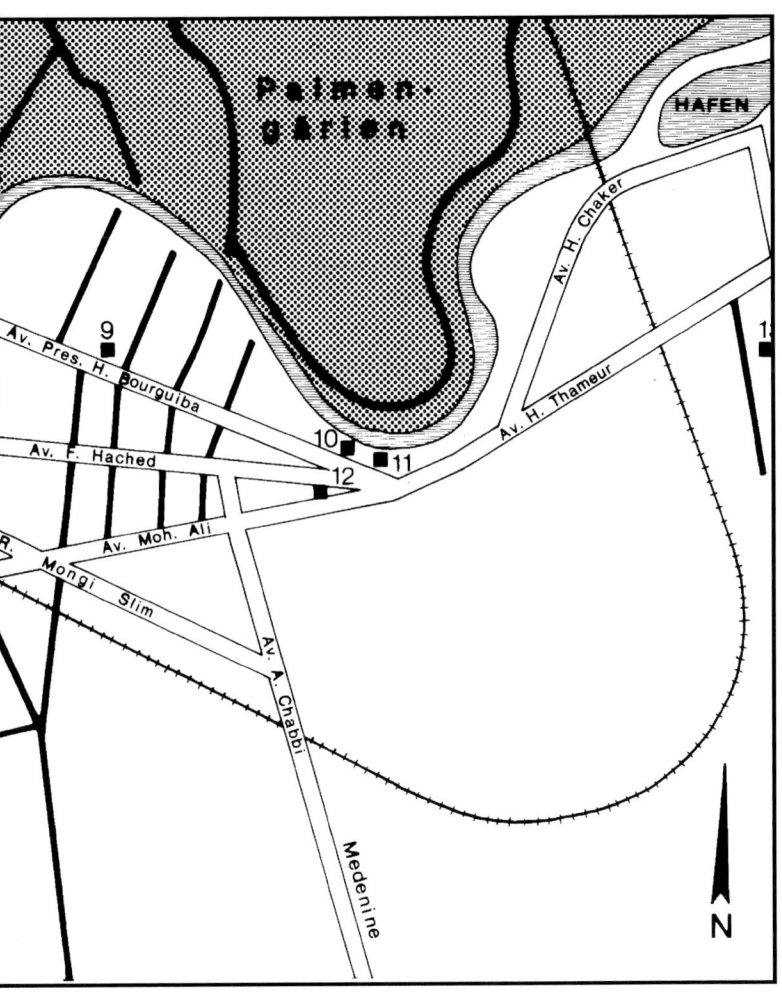

9 Hotel Regina
10 Hotel Atlantic
11 Touristeninformation
12 Hotel Nejib
13 Hotel Oasis
14 Hotel Chems

Die südtunesische Küstenebene: von Gabès über Medenine bis Ben Gardane

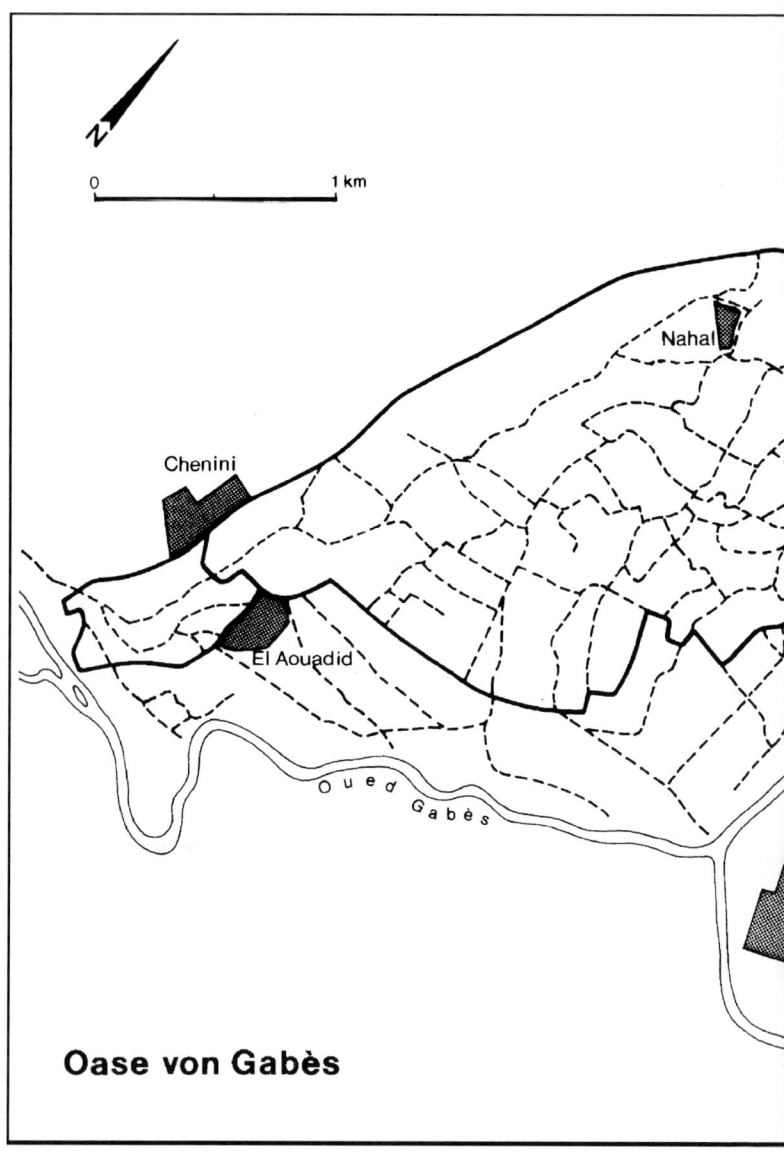

Oase von Gabès

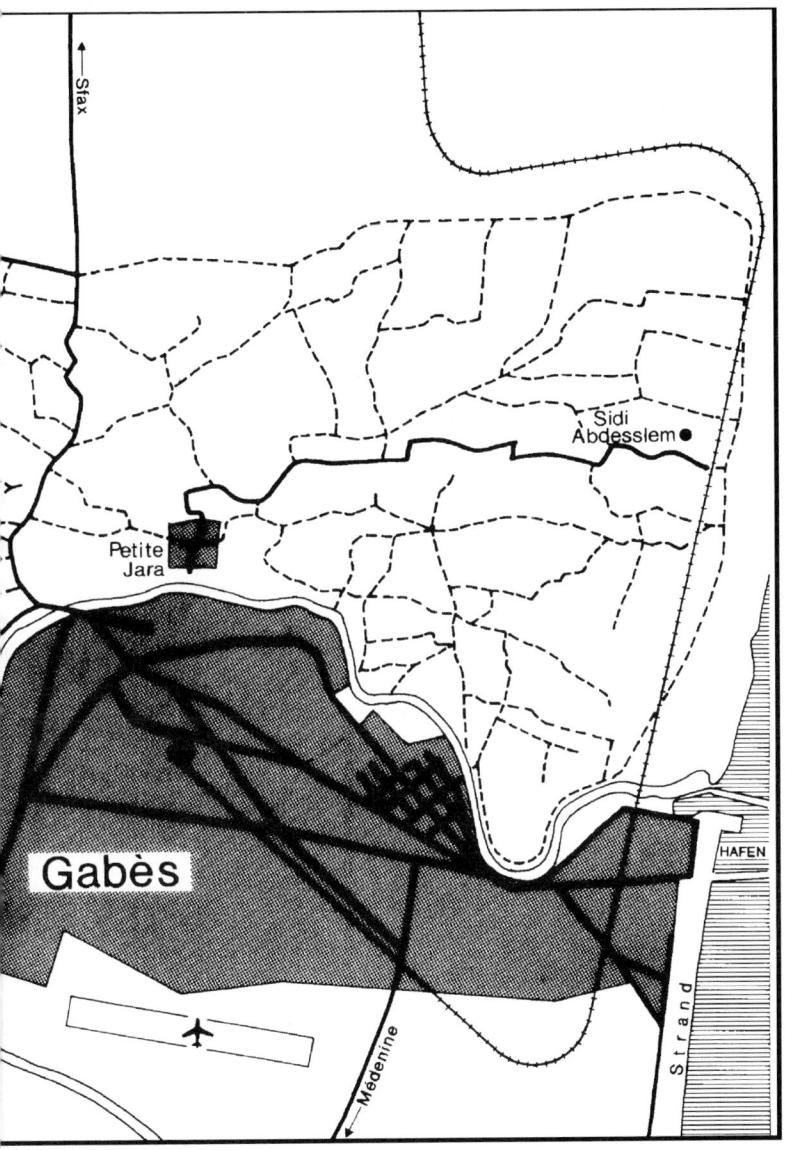

Für die nähere Zukunft bestehen ehrgeizige Pläne für den Ausbau der Chemieindustrie, der Raffinerie und des Hafens. Gabès hat viel Terrain gegenüber Sfax aufgeholt und wird letzterem zusehends den Rang als Wirtschaftsmetropole des Südens streitig machen.

Stadtgeographie
Das moderne Stadtzentrum (Innenstadt) von Gabès liegt zu beiden Seiten der Av. Farhat Hached, die sich von der Ausfallstraße nach Sfax im Westen bis zum Meer und Hafen im Osten hinzieht. Sie mündet dort in die Place de la Libération (Hotel Nejib), zu der die Strandzone benachbart ist. Wichtigste Geschäftsstraße von Gabès ist jedoch die Av. Habib Bourguiba, die beim Verkehrskreisel am westlichen Ortseingang in nordöstlicher Richtung von der Av. Ferhat Hached abzweigt. Sie macht zunächst einen großen Bogen nach Norden, wendet sich dann aber nach Südosten und mündet schließlich ebenfalls in die Place de la Libération ein. In ihrem ersten Abschnitt, im Westen, führt sie am Südrand des Altstadtviertels Grande Jara vorbei und erreicht nach etwa 400 m die Große Moschee (jüngst restauriert), in deren Umgebung die alten **Souks** von Gabès konzentriert sind. Gegenüber von der Moschee befindet sich ein großer schöner Platz, den zahlreiche Souvenirläden säumen. Die Altstadt zieht sich bis zum Oued Gabès hin. Im Ostteil hat die Av. Habib Bourguiba ein ganz anderes Aussehen, hier wirkt sie ausgesprochen modern, in diesem Bereich sind die Geschäfte, Cafés und Restaurants mit mehr Chic gelegen, in denen die Angehörigen der lokalen Mittel- und Oberschicht verkehren.

Von der Place de la Libération geht in nordöstlicher Richtung die Av. Habib Thameur ab, die zum Casino (Bar, Restaurant) am Meer führt. Nördlich vom Casino liegt der kleine Fischerhafen, an den der moderne Industriehafen anschließt; südlich vom Casino beginnt der mehrere Kilometer lange feine Sandstrand. Hier befinden sich auch in direkter Nachbarschaft zum Casino die Hotels der gehobenen Kategorie Oasis und Chems.

Sehenswert
Hauptsehenswürdigkeit von Gabès ist der **Grabbau von Sidi Boulbaba**, der sich an der Straße nach Matmata befindet (ca. 200 m hinter der Abzeigung nach Medenine), ein Komplex von ganz unterschiedlichen Sakralbauten.

Sidi Boulbaba, der Barbier des Propheten Mohammed, verbrachte seine alten Tage in Gabès. Seine letzte Ruhestätte, ein mit Kacheln und Kufibändern verzierter Bau befindet sich in der Nähe der Ausfallstraße nach Matmata. Rechts nebenan steht eine bescheidene Medersa aus dem Jahre 1692, in der heute ein recht interessantes Volkskundemuseum untergebracht ist, das Weberei, Hochzeitskleidung und Elemente der traditionellen Küche präsentiert. Zum Gebäudekomplex gehört ferner eine neue Moschee.

Die Oase von Gabès
Im Norden und Westen ist Gabès von einer 2.000 ha großen Oase umgeben. In ihrem östlichen Teil führt sie ca. 6 km am Meer entlang. Sie geht dort schließlich in die Palmenhaine von Aouinet und Oudref über.

Die Oase von Gabès, über die 9 Dörfer und eine Reihe von Sommerhäuser verstreut sind, besitzt ca. 500.000 Dattelpalmen (davon allein 300.000 im Bereich von **Chenini**). Wegen der durch die Nähe zum Meer bedingten relativ hohen Luftfeuchtigkeit sind die Erträge jedoch ziemlich gering und die **Datteln** von minderer Qualität.

So verwundert es nicht, daß in dieser Oase der Gartenbau (Gemüse, Tabak, Henna, Indigo, Pfeffer, Trauben, Kürbisse, Melonen, Bananen) und andere Fruchtbaumkulturen (Oliven, Zitrusfrüchte, Aprikosen, Pfirsiche, Granatäpfel z.B.) wirtschaftlich weitaus wichtiger sind als die Dattelpalme. Diese Zone bildet geographisch den Kern der Oase, während die Palmen vor allem den peripheren Raum einnehmen. Im Umland wird ferner Getreide angebaut und etwas **Viehwirtschaft** betrieben.

Die Oase erhält ihr Wasser durch den **Oued Gabès**, der 10 km westlich von Gabès entspringt, sowie von zahlreichen artesischen Quellen.

Der Besuch der Oase
Die Oase besitzt ein recht dichtes Wegenetz. Entsprechend bestehen vielfältige Möglichkeiten für Spaziergänge. Davon machen jedoch nur ganz wenige Touristen/Touristinnen Gebrauch. Die Standardroute durch diese von zahllosen Reisegruppen besuchte Oase führt zu dem 5 km westlich von Gabès gelegenen Dorf Chenini, ein recht sehenswerter Ort, in dem allerdings der Massentourismus schon deutliche Spuren hinterlassen hat. In der Regel wird dieser Ausflug mit Pferdekutschen, auch **Calèche** genannt, unternommen; sie fahren von einer speziellen Droschkenstation am Westrand von Gabès (gegenüber vom Busbahnhof) ab.

Vielbevölkerter Treffpunkt ist der wenige hundert Meter von Chenini entfernte **Barrage Romain**, ein paar Steinblöcke eines Stauwerkes und Wasserverteilers aus römischer Zeit, an dessen Stelle auch längst ein modernes Betonstaubecken getreten ist. In der unmittelbaren Nachbarschaft befindet sich ferner ein kleiner Zoo. Natürlich findet man in diesem Bereich auch zahlreiche Verkaufsstände. Außer den üblichen Produkten werden hier auch Datteln, Palmwein und **Henna** angeboten.

Ein anderer populärer Treffpunkt im Umfeld von Chenini ist das Hotel Chela Club, das so richtig malerisch mitten in einem Palmhain angelegt ist. Hier übernachten viele Reisegruppen, Einheimische sehen in ihm ein begehrtes Ausflugslokal.

Gabès Info

Adressen
Die Post, Banken und ein moderner Einkaufskomplex befinden sich in der Umgebung von Hotel Regina, im östlichen Teil der Av. Habib Bourguiba.

Cafés, Konditorei
Einfache Cafés findet man vor allem im Umfeld des Marktes. Die beste Konditorei der Stadt ist im Gabés Center, Ecke Av. Habib Bourguiba/Rue du 9 Avril (großer moderner Einkaufskomplex, auch Café im Innenhof).

Restaurants
Einfache Lokale findet man zur Genüge im Bereich des Marktes und der Rue Ali Djemel. Z.B. Restaurant Boukachchoukha, Rue Ali Djemel, gegenüber von Hotel Ben Nejima (auch Frühstück, kein Alkohol, So geschlossen).

Die Restaurants der mittleren Kategorie sind um die Place de la Libération, am östlichen Ende der Av. Habib Bourguiba konzentriert. So: Restaurant de l`Oasis, neben Hotel Nejib (französische und tunesische Küche, großes Angebot, auch Bier und Wein, mittlere Preise); Restaurant El Mazar (große Auswahl an Fleisch- und Fischgerichten, Preise mittel bis gehoben); Pino Pizzeria (allerlei Pizzen, preiswert) sowie die Restaurants von Hotel Atlanic und Tacapes.

Schwimmbad
Hotel Chela, in der Oasis.

Strand
Im Osten der Stadt, bei den Hotels Oasis und Chems erstreckt sich ein langer Sandstrand. Bei meinem Besuch im März 96 war er recht schmutzig; vielleicht wird er ja in der Saison besser präsentiert. Außerdem ist er auch durch den benachbarten Hafen und Einleitungen der **Industrie** reichlich belastet.

Supermärkte
Magasin Général, Rue Mongi Slim und Av. Bechir Jaziri.

Touristeninformation
Place de la Libération, gegenüber von Hotel Nejib, geöffnet Mo-Sa 8-12 und 15-18 Uhr.

Unterkunft
Einfach:
M`Rabet, Rue Ali Zouaoui (ruhig, sauber, Zimmer geräumig, Bar und Restaurant); de la Poste, Av. Habib Bourguiba 116 (Restaurant im Innenhof); Ben Nejima, Rue Ali Djemel 66 (Zimmer sauber, aber Lärm an der Straßenseite, eigenes Restaurant); Medina, Rue Djilani (etwas Straßenlärm);

Jugendherberge
Rue de l`Oasis, Stadtteil Petit Jara (schmuddelig, Zelten möglich);

Etwas besser:
Atlantic (1*, HS DZ 23 TD), Av. Habib Bourguiba;

Mittel:
Chela Club, in der Oase Chenini, unter Palmen (Bungalows, stark durch Reisegruppen frequentiert, Restaurant, Bar, Schwimmbad); Chems (2**), am Strand; Nejib (2**), Place de la Libération (gepflegte Zimmer, klimatisiert, im obersten Stockwerk Pizzeria und Bar mit Blick über die Oase, nicht weit vom Meer entfernt); Tacapes (2**), Av. Habib Bourguiba;

Obere Kategorie:
Oasis (3***), am Strand.

Verkehr
Bahn: tgl. zwei Züge nach Sfax/Sousse/Tunis;
Bus: Fernverbindung mit Tozeur, Gafsa, Tataouine, Medenine, Sousse, Tunis; zahlreiche Regionalbusverbindungen, so nach Matmata (alt und neu).
Louage: Sammeltaxis nach Sfax, Tozeur, Gafsa, Douz, Kebili, Medenine und Houmt Souk/Djerba.

Ausflüge
- Berberdörfer im mittleren **Dahar-Gebirge** (Chenini, Douirat etc.) und die alten **Ksour** in der Umgebung von Tataouine;
- Berberdörfer im nördlichen Dahar-Gebirge mit ihrer **Höhlenarchitektur** (Matmata, Tamezret, Beni Zelten etc.);

- Nefzaoua-Oasen Kebili und Douz;
- Chott el Djerid und die Djerid-Oasen Tozeur und Nefta;
- Gafsa und die Bergoasen Midès, Tamerza und Chbika;
- Ksar Ghilane und andere Ziele in der Sahara (mit dem Geländewagen).

El Hamma du Gabès
Ca. 5.000 Ew., ca. 34 km westlich von Gabès, an der Straße nach Kebili, ist die Hauptoase der Arad-Ebene. Sie besteht aus einer ganzen Reihe von Dörfern: El Ksar (Hauptort), Debdaba, Sembat, Bechima und Bou Attouche.

El Hamma du Gabès verfügt über sechs **Thermalquellen**, die bis 47°C heiß und schwefelhaltig sind, bei einer existiert sogar noch die römische Fassung. Überhaupt ist für Baden und Hygiene gut gesorgt, stehen doch auch zwei Hammams zur Verfügung: eines für Männer und auch eines für Frauen.

Großer wöchentlicher Treffpunkt ist der Mittwochsmarkt in El Ksar.

Auf dem lokalen Festkalender stehen obenan: ein Festival im März sowie die jüdische Wallfahrt zum **Grab von Rabbi Sidi Youssef** am 22./23. Dezember.

Metouia und Oudref
Etwa 15 km nordwestlich von Gabès – ebenfalls Oasendörfer. Beide sind sogar regional recht weit bekannt, was darauf zurückzuführen ist, daß hier die **Weberei** von Decken (Fabrik in Oudref), Satteldecken und Zelttüchern sehr leistungsfähig ist.

Mareth 4.000 Ew.
Dieses Städtchen, ca. 30 km südöstlich von Gabès und ca. 5 km vom Meer entfernt, war während des Zweiten Weltkrieges aus strategischen Gründen Schauplatz erbitterter Kämpfe. Hier hatten die Franzosen 1938 ein System von Bunkern, Drahtverhauen und Gräben angelegt, um eventuellen Expansionswünschen der italienischen Kolonialherren Libyens ins französische Protektorat Tunesien Einhalt bieten zu können. 1943 richtete sich hier die nazideutsche Nordafrikaarmee ein, um nach ihrem Abzug aus Libyen die 8. britische Armee aufzuhalten, was aber scheiterte, da es den Briten alsbald gelang, die Mareth-Linie im Westen zu umgehen. Reste der Anlage sind noch erhalten.

Ansonsten ist Mareth heute Standort einer Ölbaum-Musterplantage und Sammelstelle für Halfagras.

3 km südlich von Mareth zweigt linkerhand die Straße nach Houmt Souk/Djerba ab. Von hier sind es 44 km bis Djorf, wo die Fähren nach Adjim/Djerba abfahren.

Djorf und Gigthis
Djorf ist im wesentlichen ein kleiner Fähr- und Fischerhafen, dazu kommen lediglich einige wenige Häuser, eine Tankstelle sowie ein kleines Café/Restaurant.

Die Autofähre nach Adjim/Djerba hat folgende Abfahrtszeiten:

4.30-6.30 Uhr	stündlich
6.30-21.30 Uhr	halbstündlich
21.30-23.30 Uhr	zweistündlich

Dauer der Überfahrt 10-15 Minuten, Beförderung von Personen kostenlos.

20 km südlich von Djorf – über die Straße nach Medenine erreichbar – befindet sich bei **Bou Grara** (Dorf und

Fischerhafen) die antike **Ruinenstadt Gigthis**.

Geschichte
Der Bereich von Gigthis war vermutlich schon sehr früh besiedelt. Man nimmt an, daß bereits im 6. Jh. v.Chr. phönizische Seefahrer in der gut geschützten Bucht von Bou Grara einen Ankerplatz hatten. Als gesichert kann dagegen gelten, daß sich unter den Karthagern hier ein wichtiger Handelshafen entwickelte. 202 v.Chr. kam Gigthis unter numidische Herrschaft, 46 v.Chr. wurde es römisch. Unter letzteren wurde der Ort, der an der bedeutenden Handelsroute von Karthago nach Leptis Magna (Libyen) lag, im 2. und 3. Jh. erheblich ausgebaut (prächtige Tempel, Thermen, Villen). In dieser Zeit wurde auch die karge Wüstensteppe durch die Kultivierung mit Datteln und Oliven agrarisch erschlossen. Mit dem Ende der römischen Ära begann der Abstieg der wohlhabenden Handelsstadt. Nach der Vandaleninvasion im Jahre 430 setzte ein regelrechter Verfall ein. Im 6. Jh. errichteten die Byzantiner hier noch einmal eine Festung. Das endgültige Aus kam im Zusammenhang mit der arabischen Invasion, als auch der von Verlandung bedrohte Hafen zerstört wurde.

1906 wurde erstmals in Gigthis gegraben. Bislang hat man sich vorwiegend auf das Zentrum konzentriert. Die Ausbeute ist – verglichen mit den bedeutenden nordtunesischen Römerstädten Dougga, Maktar und Sbeitla – relativ gering, Überraschungen sind aber durchaus noch möglich.

Besichtigung
Wer glanzvolle antike Repräsentivbauten sehen möchte, sollte nicht nach Gigthis fahren. Angesichts der bescheidenen Resultate der Grabungen braucht man auch nicht wenig Phantasie, um sich ein Bild von der Szenerie eines wohlhabenden römischen Provinzhafens zu machen.

Am besten erhalten ist das Forum aus der Hadrianszeit, das mit großen Platten ausgelegt ist. An der Westseite kann man die Treppenstufen des Kapitolstempels hinaufsteigen, wo aber ansonsten nur noch Säulenstümpfe herumliegen. Darüberhinaus findet man noch an der Nordseite des Forums Reste verschiedener Tempel.

Vom Forum führt nach Osten, am Dionysos-Tempel vorbei, ein Pflasterweg zum einstigen Hafen, der auf Grund starker Verlandung heute mehrere hundert Meter vom Meer entfernt ist. Nach Süden schließen an das Forum Thermen und der Markt an. Noch ein Stück weiter südlich stößt man schließlich auf das Villenviertel der antiken Stadt, das an einem Hang angelegt ist, der damals noch direkt am Meer lag.

Ansonsten gibt es noch in Gigthis: Thermen (am Zufahrtsweg), Merkurtempel (südwestlich, etwas außerhalb), byzantinisches Fort (überwachsene Reste, ca. 200 m nördlich vom Forum, auf einer flachen Erhebung).

Strand
Vom Wärterhäuschen führt eine schmale Piste zu einem Palmstrand hinunter (500 m).

Medenine

Ca. 20.000 Ew., 76 km südöstlich von Gabès und 69 km südlich von Houmt Souk/Djerba mitten in der **Djeffara-Ebene** Provinzhauptstadt und wirtschaftliches Zentrum des flächenmäßig sehr ausgedehnten äußersten Südens des Landes wenig Industrie. Medenine wird von den zahlreichen Djerba-Touristen auf ihrem Wege zu den Matmatadörfern und in die Bergdörfer des mittleren und südlichen Dahar passiert, für den Ort selbst besteht nicht allzuviel Interesse.

Geschichte

Medenine war im 17. und 18. Jh. Knotenpunkt wichtiger Karawanenwege und Sitz des Caids der arabisierten Ouerghemma-Berber. Unter den Franzosen fungierte es als Garnison und Verwaltungszentrum.

Anfang der 60er Jahre wurde das Erscheinungsbild der Stadt durch den Abriß der ausgedehnten **Ghorfas** und die Anlage einer modernen Stadt vollkommen verändert. Bis dahin stand in Medenine der größte Ghorfakomplex Tunesiens, der aus 35 Ksour mit mehr als 8.000 teilweise sechsstöckigen Ghorfas bestand. Heute wäre das eine hochkarätige Touristenattraktion.

Aber immerhin sind ja noch drei **Ksour** verblieben, zwei in den ausgedehnten Marktbereich integriert und einer an der Rue des Palmiers, der als Schauobjekt für die Touris fungiert. Eindrucksvolle große Kolonien von Ksour findet man allerdings nur anderorts.

Stadtgeographie

Die Stadt ist recht ausgedehnt. Hauptstraße ist die Av. Habib Bourguiba. Das Geschäftsleben konzentriert sich im Basarbereich zwischen Markthalle, Markt, Busbahnhof und Obst- und Gemüsemarkt. Das ist die Gegend für einen abwechslungsreichen Medeninebummel.

Restaurants

Keine große Auswahl; untere Mittelklasse ist das Restaurant de la Liberté neben Hotel Ibis, zur etwas anspruchsvolleren Kategorie zählt das Speiselokal von Hotel Ibis.

Unterkunft

Die Übernachtungsmöglichkeiten sind sehr begrenzt, was mit der Nähe zu Djerba und Zarzis zusammenhängt.

Einfach:

Sahara, südlich vom Zentrum, an der Straße nach Tataouine (Preis im Vergleich zur Leistung zu hoch); Ennasim; el Hana; des Palmiers, an der Straße nach Djorf;

Jugendherberge

Maison des Jeunes, an der Straße nach Djorf (Neubau, Schlafsäle sauber);

Mittel:

Agip (**), nördlich vom Zentrum, an der Straße nach Gabès.
Hotel Ibis, 2**, gegenüber vom Denkmal, südlich vom Zentrum (mit Café/Konditorei und Restaurant).

Verkehr

Bus: Fernbusse nach Sfax/Sousse/Tunis (mehrmals täglich); zahlreiche Regionalbusse, Ziele sind u.a. Gabès, Djorf/Houmt Souk, Tataouine, Zarzis und Ben Gardane.

Louages: nach Houmt Souk, Gabès, Tunis, Zarzis, Tataouine und in verschiedene Dörfer des Dahar.

Camion-Taxis nach Metameur.

Wochenmarkt

Samstags und sonntags, im Zentrum, ganz einheimisch, vom Fremdenverkehr nicht beachtet.

Umgebung von Medenine

Metameur

Ca. 3.000 Ew., 6 km westlich von Medenine, eine lohnenswerte Adresse für Ghorfa-Architektur. Der auf einem Hügel in der Umgebung der Moschee stehende **Ksar Metameur** ist 600 Jahre alt. Ein Teil dieser um einen Innenhof angelegten Ghorfas ist heute zu einem originellen Hotel umfunktioniert, andererseits sind aber auch viele Ghorfas in einem sehr schlechten Zustand und hätten dringend eine Renovierung nötig.

In der nahegelegenen Moschee befindet sich das **Grab von Sidi Ahmed Ben Adjel**, der zu den Gründern von Metameur zählte.

Übernachtung
In einem Flügel des Ksar Metameur (einfach, sauber, Duschen, Aufenthaltsräume, pro Person HP 10 TD).

Verkehr
Täglich drei Busse nach Medenine auch Camion-Taxis. Auf der Straße/Piste nach Toujane, 33 km, im Bergland von Matmata, besteht kein Busverkehr.

Zarzis

11.000 Ew., 62 km nordöstlich von Medinine und 51 km südöstlich von Houmt Souk/Djerba, Südtunesiens zweiter internationaler Badeort.

Dieses Städtchen im Hintergrund eines mehrere Kilometer langen Sandstrandes, ist von einer erst in der **Kolonialzeit** angelegten Oase umgeben, die aus ca. 110.000 **Dattelpalmen** und 700.000 **Ölbäumen** besteht.

Das Zentrum ist relativ klein und bescheiden und kann sich mit Houmt Souk überhaupt nicht messen.

Etwa 1 km südlich vom Zentrum liegt ein moderner Hafen, der der **Fischerei** (Garnelen, Zackenbarsche) und Schwammtaucherei dient, der zweiten Säule der lokalen **Ökonomie**. In Zukunft soll hier eine florierende freie Produktionszone entstehen, die infrastrukturellen Voraussetzungen sind aufgebaut. Gegenwärtig wird um Investitionen internationaler Konzerne geworben.

Der Badebetrieb von Zarzis ist auf die Nordküste konzentriert, wo ein breiter Sandstrand existiert, den **Palmenhaine** säumen. Dieser „Zone Touristique" genannte Bereich beginnt hinter dem kleinen Kap bei Ksar Zaouia (3 km vom Zentrum) und endet in Hassi Djerbi (15 km vom Zentrum), wobei zwischen km 4 und 6 km eine Konzentration besteht. Hier sind die Urlauber/Urlauberinnen zu Hause. Die Badezone ist mit dem Zentrum durch Stadtbusse, ein Bummelbähnchen, Pferdedroschken und Taxis verbunden.

Stadtgeographie
Das Zentrum wird von der Place de la Jeunesse gebildet. Von dort gehen sternförmig alle wichtigen Straßen ab:
➢ die Rue Hedi Chaker, über die Place de 7 Novembre mit der Großen Moschee, von wo es zum neuen Hafen weitergeht;
➢ die Av. Farhat Hached in Richtung Medenine;
➢ die Av. Mohammed V in Richtung Hotelzone und Djerba

Die Silhouette des Zentrums wird bestimmt von dem wuchtigen Minarett der Großen Moschee aus dem Jahre 1878 und dem neuzeitlichen Antennenturm der Post.

Nach Norden geht Zarzis in eine ausgedehnte Badezone über, die insge-

Umgebung von Medenine

samt ca. 15 km lang ist, aber zwischen 4 und 6 km eine besondere Konzentration von Hotels aufweist.

Einkaufen
- Grand Magasin, Supermarkt, in der Av. Farhat Hached;
- ONAT-Artisanat, Verkaufsraum, daneben;
- Markthalle, relativ klein, nahe Postamt.

Restaurants
Im Ortszentrum existieren verschiedene vorwiegend von den Einheimischen besuchte Lokale wie das Restaurant Tunisien (sauber, billig, verschiedene Standardgerichte, z.B. Couscous), gegenüber von ONAT-Artisanat, und Restaurant de Zarzis, beide Av. Farhat Hached. Unter Einheimischen ist als Ausgehlokal Restaurant Nozha an der Uferstraße (Stadtstrand) populär.

Die ausländischen Touristen, die im Bereich Hotel Zephir bis Hotel Zita wohnen, essen im allgemeinen entweder in ihren Hotels oder in den Restaurants Le Pirat, auf der Höhe von Hotel Zarzis, 4 km vom Zentrum, an der Hauptstraße (tunesische Spezialitäten und internationale Küche, auch Wein und Bier) oder im Restaurant Pacha, ca. 200 m weiter nördlich (gute Küche, große Auswahl, Bier/Wein, höhere Preise als Le Pirat, geräumig). In diesem Bereich gibt es ferner einige sehr einfache Lokale.

Unterkunft
Einfach:
Afif, L'Olivier, Ziane und de la Station, alle im Zentrum sowie Amira, 4 km vom Ortszentrum, am Touristenstrand (Stellplatz für Wohnmobile mit Stromanschluß; à la carte- Restaurant).

Mittel:
Zephir, 4 km (3***, 652 Betten, Menü, Cafeteria, Thermalpool, 28°C, kleines Schwimmbecken, Tennisplätze, Tischtennis, Minisurfen – schöne Anlage, großer Garten, allerdings in die Jahre gekommen und der Renovierung bedürftig, im zugeordneten Strandabschnitt Algen);
Zarzis, 5 km (3***, 600 Betten, Menü, Pizzeria, Thermalpool 28°C, Tennisplätze, Windsurfen, deutsche Zeitungen und Illustrierten, Swimmingpool);
Zita, ca. 6 km (2**, 1236 Betten, Ferienanlage in einem großen Garten, Büfett und Menü, mehrere Bars, Thermalpool, Diskothek, Tennisplätze, Tischtennis, Minigolf, Segeln, Windsurfen);

Obere Mittelklasse:
Oamarit, 13 km (3***, 750 Betten, einsame Lage, ausgedehntes Bungalowhotel, Büfett und Menü, à la carte-Restaurant, Pizzeria, zwei Bars, Café, Pool, Tennisplätze, Wasserski, Segeln, Windsurfen, Reiten, Mietfahrräder;
Club Sangho, 11 km (3***, 722 Betten, 2-stöckiger Hotelkomplex am Hang sowie Bungalows, maurische Architektur, weitläufig, üppiger Garten, Pool, Büfett, à la carte- Restaurant, Pizzeria, zwei Bars, Maurisches Café, Bank, Diskothek, fünf Tennisplätze, Tischtennis, Volleyball, Bogenschießen, Reiten, Segeln, Windsurfen, Minigolf, Animationsprogramm).

Verkehr
Bus: nach Houmt Souk/Djerba (Haltestelle im Bereich von Hotel Zephir), Ben Gardane/Libyen, Medenine/Gabès/Tu-

nis. Der Bbhf befindet sich in der Nähe zum Hafen, ca. 1 km vom Zentrum.

Louage: Es gibt auch eine Reihe von Louageverbindungen (alle Orte im Umkreis und natürlich Houmt Souk/Djerba), letztere fahren vom Außenhof des Busbahnhofes ab.

Der Ölbaum

Zarzis ist das größte Olivenanbaugebiet des tunesischen Südens. Die Oase und ihre Agrikultur sind noch sehr jungen Datums, sie gehen auf die Franzosen zurück, denen es dank ergiebiger artesischer Quellen gelang, dieses als total unfruchtbar angesehene Gebiet der Djeffara-Ebene in Gärten und weite Oliven- und Palmenhaine zu verwandeln.

Diese knorrigen und wettergegerbten Bäume, deren Krone häufig durch Schnitt in runder oder zylindrischer Form gehalten wird, können ein Alter von über 500 Jahren erreichen.

Die Zeit der Blüte liegt im April. Die Blüten sind klein, weißlich und in lockerer Traube angeordnet. Die Früchte des Ölbaumes, die **Oliven**, reifen im Spätherbst.

Die reifen Früchte sind schwarz, grüne Oliven sind die Früchte im noch unreifen Zustand. Aus den reifen Früchten wird durch Kaltpressung hochwertiges Speiseöl gewonnen.

Jdaria

ca. 17 km südlich von Zarzis zweigt eine Teerstraße zum Meer ab, wo – ca. 4 km entfernt – auf einer engen Landzunge der kleine Fischerort Jdaria liegt – rechts die Lagune Birhet el Bibane, links das offene Meer, fast paradiesische Einsamkeit.

Ben Gardane (auch Ben Guerdane)

ca. 2.500 Ew., 47 km südlich von Zarzis und 77 km südöstlich von Medinine liegt eine weitere Ölbaumoase. Zentrum dieses fruchtbaren Fleckens im äußersten Osten der **Djeffara-Ebene** ist Ben Gardane, eine Kleinstadt, die einmal ein wichtiger Treff für Nomaden war und danach von den Franzosen ab 1882 als Marktort für Olivenwirtschaft genutzt wurde.

Die libysche Grenze ist nur 33 km entfernt. Die Wochenmärkte am Freitag und Samstag werden auch von zahlreichen Kunden aus dem Nachbarland besucht. Ort der Handlung ist die Place de L`Independance, im Stadtzentrum, die von Arkaden eingerahmt ist.

In der Umgebung von Ben Gardane gibt es auch verschiedene weitgehend einsame Sandstrände.

Unterkunft

Die Hotels gehören alle den Kategorien einfach und sehr einfach an, so:

Einfach
El Duns, Straße nach Medenine, nahe der Abfahrtstelle der Louages (im Paterre traditionelles Café mit schönen Keramikfliesen).

Verkehr

Busse nach Medenine, Tataouine, Zarzis, Houmt Souk/Djerba und Tunis; Kleinbusse nach Ras Ajdir an der tunesisch-libyschen Grenze.

Louages nach Medenine (häufig), Zarzis, Tunis und Tripolis/Libyen.

Weiterreise nach Libyen

Wer viel Zeit hat, könnte den Aufenthalt in Zarzis oder Djerba mit einem Ausflug nach Libyen verbinden. Tripolis, die libysche Hauptstadt, ist nur 237 km von

Zarzis entfernt. Es ist ein Visum erforderlich, das man bei den libyschen Botschaften in Deutschland, Österreich und der Schweiz erhält.

Deutschland
Beethovenallee 12a, 53173 Bonn,
Tel. 0228/820090, Telex 885738;

Österreich
Dornbacher Str. 27, 1170 Wien,
Tel. 0222/4536110; Telex 116267;

Schweiz
Tafelweg 2, 3006 Bern, Tel. 031/433076.

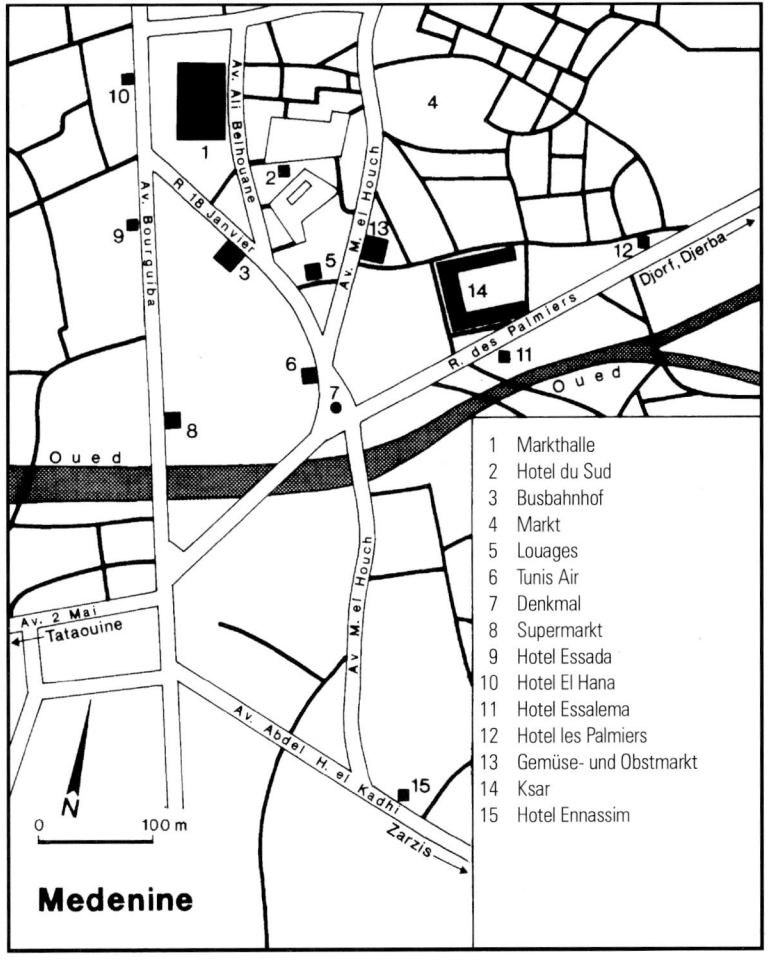

Dahargebirge

Wenige Kilometer südlich von Gabès und der Djeffara-Ebene beginnt ein durchschnittlich 20-40 km breiter Mittelgebirgszug, der bis in den tiefen Süden Tunesiens reicht und sich in Libyen fortsetzt. Dieses sehr karge Bergland aus schroffen, kahlen Tafelbergen ist vielerorts zwischen 600 und 700 m (größte Höhe 713 m, zahlreiche Erhebungen zwischen 600 und 700 m) hoch. Es wird von Berbern bewohnt, die heute zwar Arabisch sprechen, aber andererseits auch viele Elemente der überlieferten Lebensweise und **Kultur** bewahrt haben, etwa in der **Kleidung**, Hausarchitektur und Wohnkultur. Diese bizarre Bergwelt mit ihren pittoresken Dörfern und ihrer eigenartigen Kultur wird seit einigen Jahren immer mehr von touristischer Neugier vereinnahmt.

Angepaßte Agrarökonomie: Djessour

Bei 100 mm Jahresniederschlag fällt es in einem Bergland natürlich sehr schwer, Landwirtschaft zu betreiben. Daß es dennoch möglich ist, beweisen zahlreiche terrassenmäßig in Mulden zwischen steilen Hängen mittels Aufschüttung angelegte Felder, Djessour genannt. Diese sind zur Talseite hin von Steinmauern oder Erdwällen mit zentralem Überlauf dammartig abgesichert.

Diese Konstruktion verhindert einerseits, daß der wertvolle Boden weggespült wird und sorgt andererseit für den Stau des Regenwassers. Nach den winterlichen Regenschauern verwandeln sich die terrassierten Felder für Stunden oder Tage in kleine Seen.

In jüngerer Zeit wurde von staatlicher Seite (einschließlich Unterstützung durch das Welternährungsprogramm) einiges getan, um diese angepaßte Agrarökonomie im **Matmata-Bergland** auszubauen; so wurden über 20.000 Djessour neu angelegt.

In der Regel stehen auf diesen Feldern Granatapfel-, Feigen-, Mandel- und **Ölbäume** sowie manchmal auch Palmen. Gelegentlich werden auch Getreide oder Futterpflanzen angebaut, aber das ist vergleichsweise selten.

Archaische Architektur

Im 7. Jh. anläßlich der arabisch-islamischen Invasion und noch stärker im 11. Jh. während des Einfalls der Beni Hilal flohen die Berber aus ihrer angestammten Heimat in der Djeffara-Ebene teils auf die Insel **Djerba**, teils in die Daharberge.

Soweit sie in das Gebirge gingen, ließen sie sich in sehr unzugänglichen Felsgebieten nieder, gruben Erd- oder Felshöhlen, errichteten festungsähnliche Wohn- und Speicherkomplexe und bauten Fluchtburgen über steile Felsgipfel. Das waren natürlich sehr beschwerliche Lebensverhältnisse in großer Armut. Dies ist auch heute nicht viel besser, nicht umsonst haben in jüngerer Zeit viele Menschen diese Armenhäuser Richtung Stadt verlassen. Von denen, die geblieben sind, hängen viele von den Geldüberweisungen und Ersparnissen jener Familienmitglieder ab, die auswärts arbeiten. Idyllisch, pittoresk sind diese berberischen Bergdörfer nur für Touristen/Touristinnen aus dem wohlhabenden Westen.

Höhlendörfer

Zwischen verschiedenen Daharregionen bestehen allerlei Unterschiede in der Architektur.

Im nördlichen Dahar, im Umland von Matmata, wurden senkrecht tiefe, nach oben offene Trichter (runde Wohnschächte von 10 m Tiefe und 8-15 m Breite) in den Lehmboden gegraben, um die herum in mehreren „Geschossen" **Wohnhöhlen** angelegt wurden. Der Schachtgrund war und ist zentraler Treffpunkt für die Großfamilie, die im Wohnschacht zu Hause ist.

Radial sind rings um die Schachtwand Wohnkomplexe für die einzelnen Familien in den Lehm getrieben. Diese bestehen aus Wohn- und Schlafräumen; wenn die Familien größer wurden, wurden zusätzliche Zimmer gegraben.

Außerdem gibt es Etagen, in denen jeweils Speicher (ganz unten), Läger (Etage darüber) und Räume mit anderer Funktion zusammenliegen.

Vom Schachtgrund gelangt man über herabhängende Seile und kleine Steigmulden in der Wand in die Wohnungen und Läger. Für diese Architektur waren im Gegensatz zu den Felshöhlen des mittleren Dahars mit Gewißheit keine Sicherheitserwägungen maßgeblich, denn in diesen Wohnschächten war man doch schutzlos Angriffen von oben ausgeliefert. Es wäre ja auch ein leichtes gewesen, die Höhlenbewohner einfach auszuhungern.

Für die Anlage dieser Dörfer sprach stattdessen vielmehr, daß sie in der sommerlichen Hitze viel Kühle bieten und daß man der winterlichen Kälte weniger stark ausgeliefert ist als über Tage.

Seit einiger Zeit ist es die Strategie der tunesischen Regierung, die **Bevölkerung** aus den archaischen Wohnhöhlen herauszulocken und in neu angelegten modernen oberirdischen Dörfern mit Steinhäusern anzusiedeln. Viele sind diesem Ansinnen gefolgt und haben sich in den neuen Orten niedergelassen. Insgesamt ist dieser Prozeß in einzelnen Höhlendörfern unterschiedlich weit fortgeschritten. In einigen Orten gibt es fast keine Höhlenbewohner mehr (Alt-Matmata, Beni Zelten), in anderen sind noch recht viele Trichter bewohnt (Beni Aissa, Beni Metir).

Langfristig wird sich die moderne Siedlungsweise vollständig durchsetzen. Und schon des **Tourismus** wegen – werden andererseits aber auch ein paar Höhlendörfer restauriert als Museumsdörfer erhalten bleiben.

Dagegen sind im mittleren Dahar die Wohnhöhlen horizontal in die Hänge hineingeschlagen. Feste Kalkschichten wurden als Boden und Decken belassen, während das weiche Tonmaterial ausgehoben ist.

Diese Wohnhöhlen besitzen außerdem Vorbauten im Freien (Ställe, Zusatzbauten). In der Regel wird die Wohnung durch eine Mauer nach außen abgeschirmt.

Die Wohnhöhlendörfer sind in Form von Bändern um die Berge angelegt. In der Vertikalen können mehrere Bänder terrassenförmig übereinanderliegen.

Dörfer von diesem Typus sind **Chenini**, **Douirat**, **Guermessa** und **Ghomrassen**.

Dahargebirge

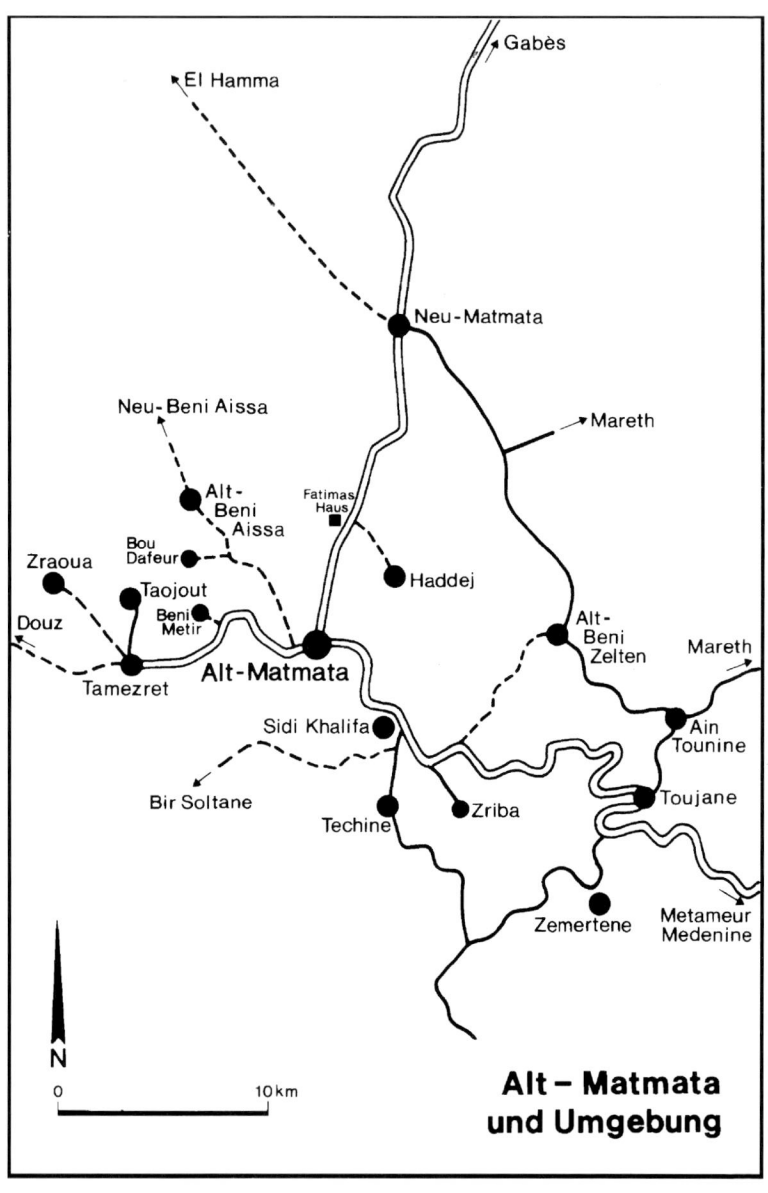

Ksour und Ghorfas

Eine andere Variante berberischer Rückzugsarchitektur in Teilgebieten des **Dahar** und in Bereichen am Rande der **Djeffara-Ebene** sind festungsähnliche Wohn- und Speicherkomplexe, die ebenfalls an steilen Hängen und auf Bergplateaus angelegt wurden.

Sie werden oft von einer Burg/Kalaa beherrscht, um die sie sich gruppieren. Als Besucher beginnt man sich auf den ersten Blick sehr für die Speicherbauten zu interessieren, tonnengewölbte Räume (ca. 10 m tief, 3 m breit, 2 m hoch), **Ghorfas** genannt (arab. Ghorfa = Raum), die oft mehrstöckig (bis zu 6 Stockwerke) sich wiederholen und die mit benachbarten Ghorfas große wabenförmige Kolonien bilden, die **Ksar** (Mehrzahl **Ksour**) heißen.

Zum **Ksar**/Ksour gehörte im allgemeinen mindestens ein Innenhof, in dem ein Brunnen stand. Dieser von Ghorfakomplexen umgebene Platz diente als Handelsplatz und Kommunikationszentrum. Bei Gefahr suchte man hier auch Zuflucht.

Ksour findet man auch alleinstehend außerhalb von befestigten Dörfern und auch in der Ebene. Sie sind dann in der Regel von einer hohen Mauer umgeben. Diese Bauten können sehr groß und hoch sein und um mehrere Innenhöfe gruppiert sein. Sie dienten in der Regel als Vorratsspeicher für ganze Sippen, die einen großen Teil des Jahres als Nomaden fern vom Ksar verbrachten. Während der Zeit der Abwesenheit blieben Wächter, Alte und Kranke zurück.

Als die Nomaden in jüngerer Zeit seßhaft wurden, überließen sie zahlreiche Ghorfas und Ksour dem Verfall. Ferner mußten viele der Modernisierung von Dörfern und Städtchen weichen. Das markanteste Beispiel ist Medenine, wo in großer Zahl Ghorfa-Komplexe der Spitzhacke zum Opfer fielen.

Teilweise haben sie auch heute andere Aufgaben, dienen z.B. als Stall- oder sogar als Hotel für Touristen/Touristinnen auf der Suche nach Exotik (so in **Ksar Hadada**, **Metameur**, **Ksar El Hallouf**).

Andererseits findet man aber auch noch eine ganze Reihe von Ksour, die noch ihre tradierte Funktion erfüllen und Teil des Dorflebens geblieben sind. Dann sind sie im allgemeinen gut erhalten (oder mittlerweile restauriert).

Nördlicher Dahar

Bergland von Matmata

Alt-Matmata (Matmata)

Ca. 3.000 Ew., 43 km südlich von Gabès ist das bekannteste Ex-Höhlendorf des nördlichen Dahar, es wurde schon früh in das Programm der Touren aufgenommen und ist heute „sehr" stark besucht.

Dagegen hält sich der Tourismus in den Nachbardörfern, die ja dieselbe **Architektur** bieten, noch immer in Grenzen.

Darüberhinaus kann von Alt-Matmata berichtet werden, daß es Halfagrassammelstelle ist und daß verschiedene Handwerke eine Rolle (**Wolldecken**, **Textilien**) spielen.

Ortsgeographie und Besichtigung
Alt-Matmata setzt sich aus einem oberirdischen, modernen und einem traditionellen Teil unter der Oberfläche, der aus tiefen Trichtern besteht, von denen aus der Zugang zu den Wohnhöhlen erfolgt, zusammen.

Im oberirdischen Teil, der vor wenigen Jahrzehnten noch lediglich aus ein paar verstreuten **Marabouts** bestand, gibt es mittlerweile auch andere Bauten. Hier befinden sich außer einem Marktplatz mit Cafés auch der Busbahnhof, die Post und andere öffentliche Einrichtungen.

Das Interesse der Touristen/Touristinnen richtet sich natürlich auf den unterirdischen Teil, das Matmata der Trichter und Wohnhöhlen.

Von letzteren wird heute allerdings nur noch der kleinere Teil bewohnt, einige sind auch zu Hotels umfunktioniert, viele aber dem Verfall preisgegeben. Es besteht die Möglichkeit, einen Teil der noch bewohnten Höhlen zu besichtigen. Dafür bieten sich zahlreiche Guides an. Die Wohnungsinsassen erwarten von den Besuchern ein Trinkgeld oder den Kauf von handwerklichen Produkten.

Museum
Es gibt in Alt-Matmata ein kleines Museum für traditionelle Berberkultur.

Restaurants
Außer den Speiselokalen der Hotels gibt es noch das Café-Restaurant Ouled Azaiez Chez Abdou im Zentrum des oberirdischen Teils, das auf einheimische Bedürfnisse ausgerichtet ist und eine recht gute Auswahl bietet sowie das Café/Restaurant Rim, an der Straße nach Neu-Matmata.

Unterkunft
1996 existierten in Matmata drei einfache Höhlenhotels und mehrere moderne Mittelklassehotels. Alle Hotels besitzen Restaurants, sie veranstalten Folklore und organisieren Ausritte mit dem Dromedar sowie Ausflüge mit dem Geländewagen.

Einfach, Wohnhöhlen (pro Kopf 5-6 TD)
Les Berbères (ca. 10 Zimmer, um Innenhöfe; Bäder und Toiletten gemeinsam genutzt);
Sidi Driss (weit verästeltes System, um mehrere Innenhöfe gelegen, Zimmer sauber, sanitäre Anlagen auf dem Gang, Duschen mit Warmwasser);
Marhala du Touring Club (Wohnhöhle, Herberge mit dem schönsten Ambiente, Gemeinschaftstoiletten, auch Restaurant, Zimmer sind in der Saison vorzubestellen).

Mittel:
Les Troglodytes (3***, Swimmingpool), an der Straße nach Tamezret;
Matmata (2**, stattliches Haus, Zimmer mit eigenen Duschen und Toiletten, klimatisiertes Restaurant, Swimmingpool mit Solarium).

Verkehr
Bus: häufige Verbindung mit Gabès (via Matmata Nouvelle); ferner Busse nach Tamezret (2x tgl.) und Techine (2x tgl.). Von Matmata Nouvelle auch Busse nach Beni Zelten und Ain Tounine.

Louages: nach Gabès, häufiger von Matmata Nouvelle, 15 km nördlich von Alt-Matmata.

Touren
In der Umgebung von Alt-Matmata gibt es eine Reihe von Dörfern, in denen man ebenfalls teilweise noch in Wohnhöhlen lebt. Es gibt aber auch andere Dörfer. Letztere liegen manchmal sehr pittoresk in wild-schöner Bergszenerie.

Diese Orte waren bis vor wenigen Jahren nur über schwierige Pisten erreichbar, mittlerweile sind sie durch schmale Teersträßchen recht gut mit Alt-Matmata verbunden. Der Rundfahrt-Tourismus hat sie noch fast überhaupt nicht in die auf Matmata, Fatima's Haus und Haddej konzentrierten Programme einbezogen.

Wer Lust und Zeit hat, wird sich das eine oder andere Dorf mal ansehen. Darüberhinausgehend sind zwei Touren, die ich hier nur anführe, ohne sie im Detail vorzustellen.

Route 1, östliches Matmata-Bergland:

Alt-Matmata – Techine – Toujane – Ain Tounine – Beni Zelten – Neu-Matmata – Alt- Matmata, ca. 85 km
Streckenzustand: meist Teerstraße, aber auch Piste; Sights: abwechslungsreich, bizarre Berglandschaft; Höhlendörfer, alte Ölmühlen; Versorgungsmöglichkeiten: sehr bescheiden; Unterkunft: keine; Tourismus: wenig.

Route 2, westliches Matmata-Bergland:

Alt-Matmata – Beni Aissa – Beni Metir – Tamezret – Taoujout – Tamezret – Alt-Matmata, ca. 30 km
Streckenzustand: Hauptstraße Asphalt; Sights: schöne Berglandschaft, Wohnhöhlen, Dorfarchitektur; Versorgungsmöglichkeit: bescheiden; Unterkunft: keine; Tourismus: nicht allzu viel.

Radtouren
Route 1: Alt-Matmata – Techine und zurück, 26 km, durchweg gute Teerstraße;
Route 2: Alt-Matmata – Tamezret (mit Abstecher nach Taoujout), 30 km, durchweg Teerstraße.

Dörfer in der Umgebung von Alt-Matmata

Nördlich

Nouvelle Matmata
Ca. 3.000 Ew., Anfang der 60er Jahre wurde im Rahmen der Entwicklungspolitik 28 km südlich von Gabés und 15 km nördlich von Alt-Matmata, an der Straße Matmata-Gabès von den Behörden ein modernes Dorf angelegt, in das man die **Bevölkerung** aus dem Raum Matmata umzusiedeln suchte. Diesem „Angebot" ist freilich nur ein Teil der Bevölkerung gefolgt; das hing z.T. auch damit zusammen, daß die Kleinfamilienhäuser nicht den Bedürfnissen von großen Familienverbänden entsprachen.

Nouvelle Matmata, wie die vom Staat initiierte Siedlung heißt, ist heute ein Ort mit einer relativ gut ausgebauten Infrastruktur (Läden, Schulen, Post, Sportplatz, Gemeindehaus etc.), für den sich auf „Exotik" erpichte Touristen und Touristinnen sicher nicht erwärmen können.

Haddej
(ca 5.000 Ew.), 8 km nördlich von Alt-Matmata, 3 km südöstlich von Fatima's Haus, ebenfalls ein **Höhlendorf**, früher deutlich größer als Matmata und damals Verwaltungssitz für die Region. Die **Wohnhöhlen** sind über ein ausgedehntes Gelände verstreut. Es ist ratsam, einen einheimischen Guide zu engagieren, das spart viel Suche und macht es auch möglich, daß man ohne Trauben von Kindern durchs Gelände kommt.

Durch starke Regenfälle wurden 1969 viele Höhlen zerstört oder beschädigt, darunter auch die mehrstöckige Höhlenresidenz des Dorfober-

Dahargebirge

hauptes. Dennoch gibt es noch einiges zu sehen. Zum Programm der Guides gehört eine unterirdische Ölmühle, die von einem **Dromedar** in Gang gehalten wird, und die „Heiratshöhle", in der früher die Hochzeitszeremonien abgehalten wurden.

Viele Menschen haben den Ort in den letzten Jahren verlassen und sind in die Städte oder zumindest nach Neu-Matmata gegangen. Geblieben sind noch etwa 5.000 Menschen.

Haus der Fatima
Im Weiler Tijma, an der Straße Alt-Matmata-Gabès, ca. 5 km nördlich von Alt-Matmata, „Vorzeigewohnhöhle", die im Programm aller Rundfahrten ihren Platz hat, also sehr frequentiert ist. Hier ist eine sehr geschäftstüchtige Familie am Werk, die alles präsentiert (inklusive Privatsphäre und fotogener Familienmitglieder) und dafür einiges Geld verlangt.

Im „Haus der offenen Tür" bekommt man u.a. zu sehen: Wohnraum, Küche, Schlafhöhle, traditionelle Möbel, Webstuhl, Berberfrau beim Mahlen des Couscous.

In der Nachbarschaft liegen weitere Wohnhöhlenkomplexe, für deren Besichtigung Kinder werben.

Westlich:

Beni Metir
6 km westlich von Matmata, ca. 500 m von der Straße Alt-Matmata-Tamezret entfernt. Auch dieser Ort ist teilweise unter der Oberfläche.

Unterhalb der fünfkuppeligen Moschee, über die man den in der Erde versteckten Wohnort wahrnimmt, befinden sich in Felsgrotten zwei traditionelle **Ölmühlen**, die noch genutzt werden.

Tamezret
11 km westlich von Alt-Matmata, auf einer Asphaltstraße erreichbar, malerisch gelegenes Dorf, das mit dem Hügel auf dem es angelegt ist, verwachsen zu sein scheint. Enge, verwinkelte Gassen und Treppen führen steil bergan. Über dem Dorf erhebt sich die Moschee, zu der das Café Berbère benachbart ist. Von dessen Dach hat man einen feinen Rundblick über das Dorf und die karge Berglandschaft im Umfeld. Nur ein hoher moderner Mast der Telekommunikation stört das kompakte Bild der überlieferten Architektur.

Ansonsten scheint mir der kleine weiße Kuppelbau mit dem Grab des Lokalheiligen Sidi Haj Yusuf, mitten im Dorf, erwähnenswert.

In Tamezret endet der Teerbelag, die Route nach Douz geht in Piste über.

Taoujout
3,5 km nördlich von Tamezret, über eine sehr schmale Teerstraße zu erreichen, ein kleines Dorf massig auf einem Hügel sitzend. Das Gemisch aus Natursteinhäusern und in den Fels gehauenen Wohnungen gibt dem bettelarmen Ort etwas „Exotisches": Ohne Einkommentransfers von außerhalb kann man hier absolut nicht leben.

Zraoua
Nur hartgesottene Globetrotter oder Individualreisende, die mit aller Gewalt aus den Touristenflecken herausdrängen, finden ganz vereinzelt den Weg nach Zraoua – die Vertreter/Vertreterinnen des harten **Tourismus** mit dem geländegängigen Wagen, die Anhänger/Anhängerinnen des sanften Touris-

mus zu Fuß. Zraoua, ein verlassenes Dorf, 7,5 km nördlich von Tamezret, ist nur über eine Piste zu erreichen. Was diesen Ort interessant macht, ist, daß man hier mal so richtig in der Architektur herumriechen kann – von außen und von innen – ohne, daß die Einheimischen in ihrer Lebenssphäre und Integrität gestört würden. Es gibt genug zu sehen: Gassen, Gänge, Torbögen, Innenhöfe, Wohnhäuser, **Moscheen**, **Marabouts**, einiges allerdings schon im Verfall begriffen – fast überall die Dekken eingestürzt. Ein Schild weist in Tamezret auf Zraoua hin. Nur am Ortsausgang gibt es etwas Orientierungsprobleme, danach ist die Route immer gut auszumachen.

Südlich:

Techine
13 km südlich, Dorf auf einer welligen Hochfläche gelegen. Ein Teil der Bevölkerung lebt noch in den Schachthöhlen, andere haben längst Steinhäuser bezogen. Die unterirdischen Ölmühlen sind durch eine über Tage arbeitende „moderne" Mühle ersetzt worden, in der zwar immer noch ein Esel mit dem Mühlstein seine Runden dreht, in der aber eine italienische Spindelpresse an die Stelle der traditionellen Palmholzpresse getreten ist.

Zriba
Man kann den Ausflug noch mit dem Besuch von Zriba, ca. 3,5 km westlich von Techine verbinden. Dieser Ort ist noch stärker in der Vergangenheit der Höhlenarchitektur zu Hause als Techine.

Südöstlich:

Toujane
Dieses Dorf, 28 km südöstlich von Alt-Matmata, ist wohl die eindrucksvollste Siedlung im nördlichen Dahar. Die Natursteinhäuser dieses Ortes sind an Steilhängen zu beiden Seiten einer Schlucht errichtet, dies sorgt für einen „Touch von Verwegenheit". Das Panorama erfährt noch eine kleine Steigerung durch die Ruinen von zwei Bergfesten hoch über dem Ort. Wer die Anstrengung auf sich nimmt, ganz da hinauf zu kraxeln, kann sich an der prächtigen Aussicht satt sehen. Toujane ist für Webarbeiten und Honig bekannt. Für etwas Gemütlichkeit sorgt ein kleines Café. Ansonsten gibt es im Ort noch mehrere Läden.

Der mittlere Dahar: Zwischen Beni Kheddache und Tataouine

Beni Kheddache
34 km südwestlich von Medenine und 53 km nordwestlich von Tataouine, ein kleiner Markt- und Verwaltungsort, ist selbst nicht sonderlich interessant (viele neue Häuser, die alten Ghorfas sind abgerissen), jedoch ist die umliegende Gebirgszenerie schön und bietet auch verschiedene sehenswerte Dörfer, so Ksar El Hallouf, 12 km nordwestlich (alter Ksar), Djoumaa, 7 km östlich (schöne Lage) und Krechachfa, 12 km südöstlich (schöner Rundblick).

Kein Hotel, kleines Restaurant an der Zufahrtsstraße, Wochenmarkt am Donnerstag (am zentralen Platz), Bus- und Louageverbindung mit Medenine.

Ksar El Hallouf
12 km nordwestlich von Beni Kheddache und 46 km südwestlich von Me-

Ksar Hadada

denine, ein hübscher Ort inmitten von Palmen und Gärten und von einer bizarren Bergwelt umgeben. Oberhalb vom Dorf, zu Fuß in 10 Minuten Aufstieg zu erreichen, liegt ein Ksar (aus dem 13. Jh.) in den Maßen 100 x 40 m, eine überaus gepflegte Anlage, bestehend aus zweigeschossigen **Ghorfas**. Später fungierte das Gebäude im Innenhof als Verwaltungsbau und Gefängnis. Heute, im Touristenzeitalter, erfüllt ein Teil der Anlage als Hotel romantisch-exotische Bedürfnisse.

Unterkunft
Relais Ksar El Hallouf, ein Teil des Ksars (ein paar Schlafkammern, Aufenthalts- und Speiseraum, als Gäste wenige Individualtouristen, aber keine Gruppen, Übernachtung pro Kopf 8 TD, Abendessen möglich).

Ksar Hadada
5 km südlich von Ghoumrassen und 30 km nordwestlich von Tataouine, Dorf auf einem Plateau, dessen Silhouette von einer neuen, viel zu groß geratenen Moschee bestimmt wird. Auf den ersten Blick kaum sichtbar ist dagegen der ausgedehnte Ghorfakomplex, die eigentliche Sehenswürdigkeit. Ein Teil dieser ausgedehnten Anlage, die von einer Mauer umgeben ist, ist restauriert und fungiert als Hotel, Gäste sind fast ausschließlich Reisegruppen. Die anderen Teile des Komplexes, der vorwiegend aus zweigeschossigen Ghorfas besteht, bedürften dringend der Sanierung.

Restaurant
Im Ghorfakomplex

Unterkunft
Hotel Ksar Hadada, in Ghorfas (originell, einfach, Duschen und Toiletten vorhanden, Speise- und Aufenthaltsräume, Besitzer Hotel La Gazelle, Tataouine).

Verkehr
Teerstraße nach Ghomrassen/Tataouine, einmal am Tag Busverbindung mit Tataouine.

Ghoumrassen
Ca. 5.000 Ew., 24 km nordwestlich von Foum Tatahouine, ein sehr langgezogener Ort in einem abschnittsweise sehr engen Tal, das von kahlen Felswänden umgeben ist.

Entlang der endlosen Hauptstraße, dem modernen Ghoumrassen, konzentrieren sich Läden, Restaurants, Cafés, Banken, Tankstellen etc.

Das Interesse der Reisegruppen gilt freilich nicht diesem Stadtteil mit den zahlreichen stattlichen Wohnhäusern, sondern vielmehr dem alten Ghoumrassen, das in den von der Erosion geformten Felsen hoch über der modernen Talsiedlung zu Hause war. Hier findet man noch eine Reihe übereinander angelegter Wohnhöhlen mit allerlei Vorbauten und ummauerten Höfen, die aber mittlerweile größtenteils verlassen sind. Einige werden aber zumindest als Ställe oder Lagerräume genutzt.

Ansonsten kann sich die Neugier auf den **Marabout des Sidi Arfa** (plus reizvollem Rundblick) und die Ruinen des ehemals mächtigen **Ksour** richten.

Ortsgeschichte
Ghoumrassen war schon lange vor dem Einfall der Beni Hilal (13. Jh.) von den Hamdoun-Berbern besiedelt, ist also keine Rückzugsgründung.

In Ghoumrassen wurde im 16. Jh. durch den Heiligen Sidi Moussa Ben

Abdallah die Ouerghamma-Konföderation gegründet, in der sich verschiedene Gruppierungen der Hamdoun zusammenfanden. Es war 100 Jahre Zentrum dieser Organisation. Diese Epoche fand ein jähes Ende durch den Massenexodus von Stammesmitgliedern unter einem libyschen Marabout, der zur Gründung von Medenine und der Verlagerung des Ouerghamma-Zentrums führte.

Cafés, Restaurants
An der Hauptstraße.

Unterkunft
Ghorfa Hotel in Ksar Hadada, 5 Km südlich.

Verkehr
Louage- und Busverbindung mit Medenine.

Guermessa
Ca. 2.000 Ew., 36 km westlich von Tataouine, Dorf in faszinierender Lage am Fuße zweier steilaufragender Hügel, die durch einen Grat miteinander verbunden sind, der durch eine weißglänzende Moschee bestimmt wird. Die **Wohnhöhlen** sind wie in Chenini angelegt. Auch in Guermessa sind die Bauten terrassenförmig in mehreren Bändern übereinander angeordnet.

Fast alle Familien haben den Umzug nach Neu-Guermessa tief unten im Tal mitgemacht. Beide Ortsteile sind übrigens durch einen Weg miteinander verbunden.

Wer sich in Ruhe den Ort ansehen möchte, sollte das tun, wenn die Kinder in der Schule sind, also am Morgen.

Wenngleich sich die Burganlage auf dem höheren Hügel, in der eine Ksar-Ruine aus dem 13. Jh. steht, in einem sehr schlechten Zustand befindet, ist der Aufstieg wegen der Aussicht durchaus lohnenswert.

Chenini
Ca. 2.000 Ew., 18 km westlich von Tataouine, eilt seit einiger Zeit der Ruf des „malerischsten Daharbergdorfes" voraus, innerhalb der letzten 20 Jahre ist es vom Geheimtip zum vielbesuchten Ausflugsziel „aufgestiegen".

Chenini liegt wie Guermessa unter einem zweigipfeligen Berg, auf dem linken thront ein massiver **Ksar** (900 Jahre alt, verlassen, größtenteils verfallen), auf dem rechten ist ein Aussichtspunkt angelegt, in dem tiefer gelegenen Verbindungsstück steht eine weiß getünchte Moschee.

Besichtigung
Vom Parkplatz am Fuße des Dorfes führen Wege ins Dorf und Wege/Pfade zur Moschee und auf die beiden Gipfel. Es ist mehr als ratsam, einen Führer zu nehmen, da man nur so sich die bettelnden Kinder vom Halse halten kann und zum anderen einer halbwegs informativen und alle baulichen Aspekte einbeziehenden Besichtigung (Ölmühle, traditionelles Berberhaus, Ksar) sicher ist.

Cheninis Häuser bestehen aus einem Wohnbereich, der sich im Berg befindet, und verschiedenen Vorbauten (Ställe, Lagerräume, Hofeinfassungen), die im Freien stehen. Bei dem Rundgang sieht man immer wieder Symbole magisch-religiöser Provenienz im Decken- und Wandputz wie den Fisch, der gegen den bösen Blick helfen soll, oder die Hand der Fatima, das verbreitete Glückssymbol. Man findet diese Motive auch im **Schmuck**, in den Tätowierungen von Cheninis Frauen und ferner als Motive auf den Teppichen, Tüchern und Umhängen.

Dorfökonomie
Die Dorfwirtschaft befindet sich in Chenini heute größtenteils in der Hand der Frauen, denn sehr viele Männer im besten Alter arbeiten außerhalb und kommen nur einmal im Jahr für wenige Urlaubswochen nach Hause.

Die lokale Ökonomie basiert auf **Landwirtschaft (Datteln, Oliven,** Feigen) mit sehr begrenzten Möglichkeiten, etwas Viehzucht, der Teppichweberei und etwas Geld aus dem **Tourismus**. Die meisten Familien sind jedoch sehr stark darauf angewiesen, daß die Männer größere Beträge auswärts hinzuverdienen.

Wie vielerorts im Dahar wurde auch für Chenini eine moderne Siedlung angelegt, diese hatte aber nur wenig Anziehungskraft; nur 200 Menschen sind dorthin abgewandert, während die meisten im alten Chenini verblieben.

Café-Restaurant
Relais de Chenini

Verkehr
Chenini ist durch eine gut ausgebaute Teerstraße mit Tataouine verbunden. Wer auf direktem Wege nach Douirat will, hat lediglich eine Piste zur Verfügung.

Moschee Jemaa Kedima, Grabstätten der sieben Riesen
Vom Parkplatz Chenini ca. 500 m Richtung Tataouine, dann rechterhand auf einem Weg weiter, am **Marabout des Beni Barka** vorbei, erreicht man nach insgesamt ca. 2 km eine Bergsenke. Hier, oberhalb von Nouvelle Chenini befand sich die erste Ortschaft von Chenini. Die in den Berghang getriebenen Höhlen wurden später aufgegeben und viel weiter nach oben verlegt. Geblieben ist die Moschee, deren Saal als Höhle in den Berg hineinreicht. In ihren unterirdischen Gewölben befinden sich verschiedene Gräber von Heiligen.

Um die Moschee und am Berghang liegt ein Friedhof, zu dem auch die durch ihre Größe auffallenden „Grabstätten der sieben Riesen" gehören, in denen frommen Legenden zu Folge sieben Christen liegen sollen. Wie dem auch immer sei, die Legende liefert doch zumindest den Stoff für ein populäres Wallfahrtsziel.

Ouled Debbab
Ca. 9,5 km südwestlich von Tataouine, ein Ort mit einem gewaltigen Ksar, dessen Ghorfaanlage – Seitenlänge 300 m, überwiegend zweistöckig – das größte Bauwerk dieser Art in ganz Südtunesien ist. Bis in die 80er Jahre fungierte ein Teil der Anlage als Hotel. Der gesamte Komplex ist in einem schlechten Zustand und hätte eine Renovierung verdient.

Der Ksar liegt oberhalb der Ortschaft, vom Südende des Dorfes führt eine schmale Straße hinauf.

Douirat
22 km südwestlich von Tataouine, wie Chenini über mehrere Bergkuppen angelegt, die durch einen Höhenweg miteinander verbunden sind.

Ortsgeschichte
Douirat wurde vor etwa 500 Jahren durch einen marokkanischen Heiligen namens Ghazi Ben Douaieb gegründet. Es entwickelte sich bald zu einem wohlhabenden Etappenort auf dem Karawanenweg von Gabès nach Ghada-

mes (Libyen). Im 19. Jh. lebten in seinen Felswohnungen und den 20 Weilern im Umfeld etwa 5.000 Menschen. 1888 war der Ort zunächst der Sitz der französischen Kolonialadministration, bevor Tataouine gegründet wurde.

Heute sind nur noch ganz wenige Wohnhöhlen belegt, die Menschen sind in das neue Douirat im Tal umgezogen oder in die Städte (vor allem Tunis) oder gar nach Libyen oder Westeuropa abgewandert.

Besichtigung
Über allem erhebt sich ein festungsähnlicher Ksar (auch „Château" genannt), der allerdings seit geraumer Zeit zerfallen ist. Er war einmal von einer 10 m hohen Mauer umgeben.

Unterhalb vom „Château" steht eine weiß getünchte Moschee, die aus je einem älteren und einem jüngeren Bauteil besteht. Ihr Minarett darf sogar bestiegen werden.

Im Umkreis der Moschee befinden sich mehrere vor nicht allzu langer Zeit für Filmaufnahmen restaurierte Häuser; ihre Türen und Dachbalken sind aus Palm- bzw. Ölbaumholz, im Putz des Gewölbes sind alte berberische Symbole zu sehen. Jetzt erfüllen diese Häuser die Funktion eines Freilichtmuseums für berberische **Architektur**.

In dem Felskessel hinter dem Chateau-Berg sind die meisten Wohnhöhlen verlassen. Die Bauweise ist hier wie in Chenini. Von den ehemals 7 Ölmühlen fand ich noch 1 in Betrieb.

Man macht die Besichtigung am besten unter Führung eines einheimischen Guides: zum einen kann das recht informativ sein, zum anderen ist das Ruinengelände arg unübersichtlich und auch nicht voll und ganz ungefährlich.

Verkehr
Alt-Douirat ist 1,5 km von Neu-Douirat entfernt, von wo sowohl nach Chenini (Piste, teilweise faszinierende Landschaft) und Tataouine Verbindungen bestehen.

Tataouine
7.000 Ew., 49 km südlich von Medenine, in einem Durchbruchstal des Oued Tataouine gelegen, ist eine moderne Kleinstadt ohne für den Fremdenverkehr relevante Sehenswürdigkeiten.

Dank der guten Ausstattung mit Hotels, Restaurants, Cafés, Banken, Läden, Markt und Supermarkt eignet es sich gut als Standort oder Ausgangspunkt für Ausflüge in die Dörfer des mittleren und südlichen Dahar (Djebel Abiod) sowie Tunesiens südliche **Sahara**.

Der Marktplatz im Zentrum, der montags und donnerstags voller Stände ist, ist recht interessant. Ferner bereitet es Freude, jenen Hügel zu besteigen, der die Stadt im Süden überragt, einfach des herrlichen Ausblicks wegen.

Stadtgeschichte
Tataouine (auch **Foum Tataouine** genannt) ist erst 1912 als Garnison der französischen Fremdenlegion entstanden, um die Stämme des Umlandes unter Kontrolle zu halten. Ferner befand sich hier eine Strafkolonie (Zwangsarbeit in Steinbrüchen).

Später entwickelte sich die ehemalige Strafkolonie zum wichtigsten Marktort südlich von Medenine. Die **Weberei** und die Herstellung von Sätteln sind Hauptzweige des **Handwerks**. In jüngerer Zeit ist der Ort an den Rändern durch die Ansiedlung von Halbnomaden gewachsen.

Der mittlere Dahar: Zwischen Beni Kheddache und Tataouine

Chenini

Tataouine Info

Feste
➤ Festival des Ksour Saharien: Folklore plus
➤ Handwerksausstellung; Ende April.

Markt
Montags und donnerstags vielbesuchter Wochenmarkt; Ort der Handlung: zentraler Marktplatz und umliegende Straßen und Plätze.

Touristengruppen sind gut vertreten, manche noch im Outfit gerade beendeter Saharatouren.

Restaurants
Restaurant von Hotel Medina, Zentrum (sauber, einheimische Küche, niedriger Preis);
Speiselokal von Hotel de la Gazelle (Essen preiswert und reichlich, Gazellen-Spezialitäten mittlere Kategorie, viele Touris).
Spezialität von Tataouine: „Cones des Gazelles"/Gazellenhörnchen, ein Gebäck mit Honig-, Nuß- und Mandelfüllung.
Restaurant von Hotel Sangho, 3 Km Richtung Chenini

Unterkunft
Einfach:
Ennour, Av. Habib Bourguiba 1, ein Stück vom Zentrum entfernt, am Ortseingang (Zimmer nicht sonderlich sauber, warm Duschen möglich, wenn der Boiler in Form ist, auch Café); Medina, im Zentrum; Belmeharem, im Zentrum.

Mittel:
La Gazelle, Av. Hedi Chaker, ein Stück vom Zentrum entfernt, 2**,(mit Restaurant, gleicher Besitzer auch Hotel Ksar Hadada); Sangha, an der Straße nach Chenini (nagelneu; 3***, Treffpunkt zahlreicher Reisegruppen).

Verkehr
Bus:
Medenine (mehrmals täglich), Ghomrassen (tgl. einmal weiter bis Ksar Hadada), Gabès (3x tgl.), Sfax, Sousse, Tunis, Remada, Houmt Souk (über Medenine) und Zarzis.

Louage:
Medenine (häufig), Gabès, Ghoumrassen und Remada. Taxi: zu den Dörfern in der Umgebung; Camion-Taxis in der Rue L Mars 1954.

Umgebung
In den Bergländern westlich/nordwestlich (mittlerer Dahar) und südöstlich (südlicher Dahar/Djebel Abiod) von Tataouine befinden sich zahlreiche z.T. malerisch gelegene Dörfer, in denen teilweise noch traditionelle Höhlenarchitektur (mittlerer Dahar) und Speicherbauten/Ksar (mittlerer Dahar, Dj. Abiod) existieren. Eine andere Attraktion dieser Regionen ist die bizarr wirkende Gebirgslandschaft.

Seit ein paar Jahren besteht ein wachsender Massentourismus in das mittlere **Dahar-Bergland** (vor allem Chenini und Douirat), während der **Djebel Abiod** noch abseits geblieben ist und lediglich von ganz wenigen Reisegruppen und ein paar Individualtouristen besucht wird.

Rundfahrten
Westliche Tour: Tataouine – Chenini – Douirat – Ksar Ouled Debbab – Tataouine, 63 km; Straßenzustand: Teerstraße, auch für Radtouren geeignet; Sights: abwechslungsreich, interessante Gebirgslandschaft, pit-

toreske Bergdörfer, Wohnhöhlen; Versorgung: Cafés, Lokale in Chenini und Douirat; Unterkunft: keine; Tourismus: reichlich, die Ziele der Reisegesellschaften.

Südöstliche Tour: Tataouine – Ksar Tounkett – Beni Barka – Maztouria-Ksour – Ksar Zahra – Ksour Djelidat, je nach Abstechern zwischen 60 und 75 km; Straßenzustand: Teerstraße, auch für Radtouren geeignet; Sights: Berglandschaft, Dorfarchitektur, Ksour; Versorgung: bescheiden, verschiedene Cafés; Unterkunft: keine; Tourismus: kaum, noch ein wenig Geheimtip unter Individualtouristen.

Nördliche Tour: Tataouine – Guermessa – Ghoumrassen – Ksar Hadada – Beni Khedache – Medenine, je nach Abstecher 50 bis 80 km; Straßenzustand: Teerstraße, auch für Radtouren geeignet; Routenverlauf: Gebirgslandschaft, alte Ksour in verschiedenen Orten; Versorgung: verschiedene Läden und Cafés; Unterkunft: Ksar Hadada; Tourismus: reichlich, aber nicht so stark wie in Chenini.

Südöstlicher Dahar: Djebel Abiod

Südöstlich von Tataouine erstreckt sich als seitlicher Ausläufer des Dahar der Djebel Abiod, die weißen Berge: eine Region mit steilen Berggipfeln und Plateaus, zahlreichen Speicherburgen und **Ksour** und allerlei Dörfern in Traditionsarchitektur. Hier sind die Ouderna, einer der großen Berberstämme Südtunesiens, zu Hause. Der Tourismus berührt diese Region noch wenig. Dank des recht gut ausgebauten Straßennetzes ist dies ein Feld für schöne Radtouren.

Radtouren
Route 1: Tataouine – Maztouria – Ouled Soltane und zurück, ca. 44 Km, durchweg Teerstraße
Route 2: Tataouine – Ksar Zahre und zurück, ca. 42 Km.

Ksour Djelidat

Ca. 10 km südöstlich von Tataouine und 11 km nordwestlich von **Ksar Zahra**, drei nahe beieinandergelegene Ksour.

Die ersten beiden befinden sich im Bereich der Abzweigung nach Beni Mhira. Der westliche, ein zweistöckiger **Ksar**, ist der kleinere, er dient als Stall, Lager und auch z.T. als Wohnraum. Der östliche, der größere (dreistöckig), ist dagegen gegenwärtig ohne Funktion; man stößt in diesem arg heruntergekommen Komplex auf verschiedene Putzverzierungen. Diese beiden Anlagen sind in ein Dorf eigebettet, in dem außer Wohnhäusern auch ein paar Läden existieren.

Die dritte Anlage – **Ksar Beni Bilal** genannt – befindet sich schließlich etwa 200 m südlich von dieser Szenerie an der Straße nach Ksar Zahra; ihre Ghorfas sind vierstöckig.

Ksar Tounkett

Ca. 10 km südöstlich von Tataouine, hoch oben auf einem Berggipfel. Die bis 5 Stockwerke zählenden Ghorfas sind um einen runden Hof errichtet. Im Fels unterhalb vom Ksar befinden sich Höhlen. Der Zugang erfolgt von der Ostseite aus.

Beni Barka

Ca. 5 km südöstlich von Tataouine, neu angelegtes Dorf unter einem Fels von der Art eines Tafelberges, auf dem ein Ksar (14. Jh.) für ein eindrucksvolles Panorama sorgt. Wenn man schließlich

Dahargebirge

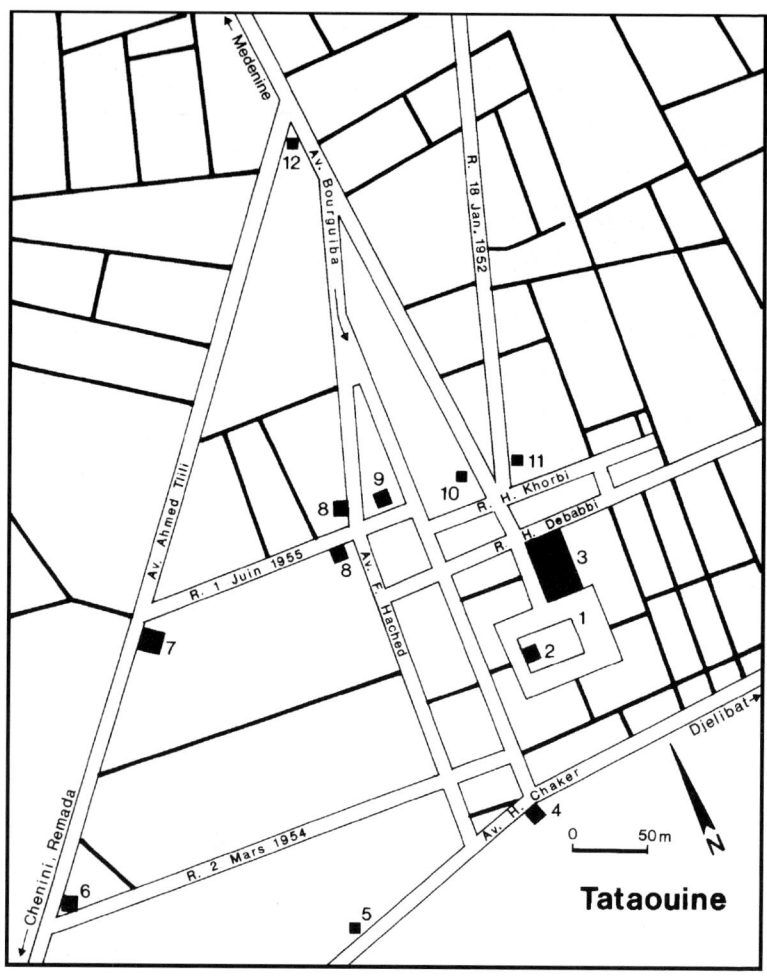

1 Marktplatz/Wochenmarkt
2 Supermarkt
3 Markthalle
4 Post
5 Hotel Gazelle
6 Tankstelle
7 Busbahnhof
8 Louages
9 Uhrturm
10 La Medina
11 Hotel Belmeharem
12 Hotel Ennour

Südöstlicher Dahar: Djebel Abiod

Wochenmarkt in Tataouine

Dahargebirge

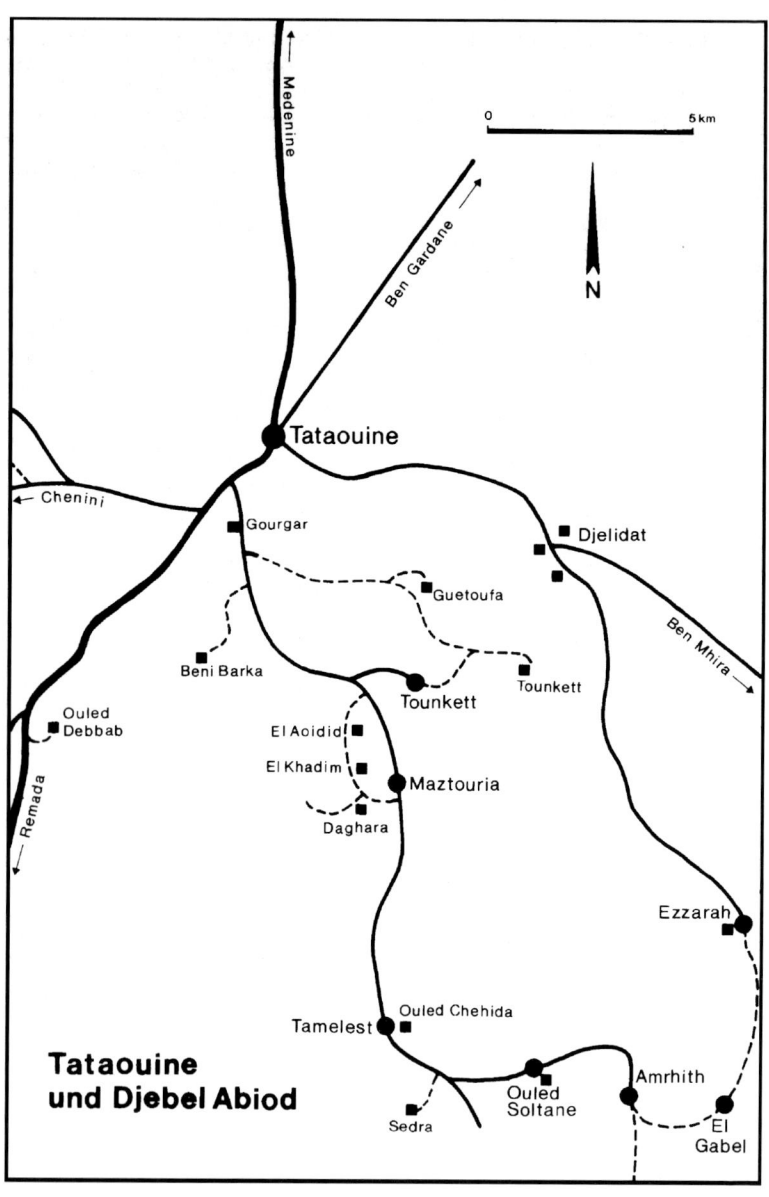

vor der Speicherburg steht, muß man etwas enttäuscht zur Kenntnis nehmen, daß nur noch Ruinen existieren. Etwas versöhnlich stimmt freilich andererseits die Aussicht auf die schöne Berglandschaft in der Umgebung. Vom Dorf führt ein Weg-Pfad zum Ksar hinauf, für den Aufstieg sind zu Fuß ca. 15 Minuten erforderlich.

Ksar Zahra

Ca. 21 km südöstlich von Tataouine, Dorf mit einem Ksar, der gekonnt restauriert ist. Die Anlage, die voll in Dorfleben und – ökonomie einbezogen ist, besteht aus zwei Höfen, die von 3- bis 4-stöckigen Ghorfas umgeben sind.

Maztouria-Ksour: El Aoidid, El Khadim, Daghagra

Knapp 8 km südlich von Tataouine und ca. 200 m südlich von der Abzweigung nach Ksar Tounkett zweigt nach rechts eine insgesamt ca. 5,5 km lange Straße ab, in deren Umfeld sich in kurzem Abstand mehrere Ksour aneinanderreihen.

Der erste Ksar, der etwa 200 m abseits liegt, wird nach etwa 1,7 km erreicht und gewöhnlich passiert.

Nach einem weiteren Kilometer folgt der nächste, der Ksar El Aoidid, eine z.T. 3-stöckige Anlage, in deren Ghorfas die Steinwannen und Nischen zur getrennten Lagerung verschiedenartiger Vorräte gut erhalten sind. Im Putz fallen reliefartige Ornamente auf. Verschiedene Türbögen und Gewölbe sind mit allerlei Mustern (z.B. Hand- und Fußabdrücken) ausgestaltet.

Von hier ist es nicht weit zur nächsten Anlage, dem Ksar El Khadim, dessen massige Umfassungsmauer ihm den Charakter einer Festung gibt. Seinem überwölbten Eingangstor wurde bei der Restaurierung ein nicht im Original enthaltener Stützpfeiler beigegeben. Dieser Bau wurde 1091 anläßlich des Einfalls der Beni Hilal vom Berberstamm der Zeneten errichtet. Im Innern täte eine Renovierung ebenfalls not. Es macht aber Spaß, sich die vielen Ornamente in den Gewölben anzusehen (Moschee-Motive, geometrische Muster etc.).

1 km südlich vom Ksar Khadim trifft man schließlich auf den Ksar Daghagra, den letzten in der Reihe der Maztouria-Ksour. Wie im Ksar El Aoidid sind hier die Ghorfas bis zu drei Stockwerke hoch. Sie haben noch teilweise ihre alten Palmholztüren, hinter denen große Tonkrüge stehen. Auch hier sind in den Räumen Wannen, Becken und Nischen angelegt. Im Innenhof fällt ein turmartiger Bau aus neuerer Zeit auf, der noch als Stall dient.

Von hier ist es nur noch ca. 1 km bis zur Einmündung in die Hauptstraße am südlichen Ortsende von Maztouria.

Ksar Sedra

Ca. 20 km südlich von Tataouine, auf einem steilen Felskegel angelegt. Ganz oben, auf dem Gipfel steht die dem Verfall preisgegebene Fluchtburg, von der ein faszinierender Rundblick möglich ist.

Unterhalb des Ksar sind zahlreiche Höhlen in den Fels getrieben, zwischen denen ein verwirrende Vielfalt von Gängen besteht.

Der Ksar ist von der Straße Tamelest-Ouled Soltane zu sehen. Sie gehen querfeldein und sind nach ca. 20 Minuten auf dem Gipfel.

Ouled Soltane

Ca. 23 km südlich von Tataouine ein Dorf, in dem der Ksar gerade restauriert wird. Der Speicherkomplex ist groß, er besitzt zwei Innenhöfe (der erste aus dem 15., der zweite aus dem 19. Jh.), die Ghorfas sind z.T. viergeschossig.

Dieser sehr eindrucksvolle Komplex wird in Zukunft viele Touristen anziehen.

Die Sahara

Leben in der Wüste

Im Südwesten und Süden hat Tunesien Anteil an der Sahara, der größten Wüste der Welt – ein riesiges Gebiet (7-8 Mio. qkm), das ein Viertel der gesamten Fläche Afrikas bedeckt. Die Sahara ist ca. 6.000 km breit (vom Atlantik bis zum Roten Meer) und 3.000 km tief (vom Mittelmeer bis Zentralafrika). Sie besteht vorwiegend aus 200-600 m hohen Ebenen. In ihrem Zentrum befinden sich aber auch zwei Hochgebirge, der **Ahaggar** und der **Tibesti** (zusammen 340.000 qkm, höchster Gipfel 3.415 m).

Das Erscheinungsbild der Wüste ist sehr unterschiedlich, je nachdem, ob wir es mit Sandgebieten, Kies-, Geröll- und Blockschuttebenen oder nackter Felswüste zu tun haben.

Die Wüste ist keineswegs vollständig pflanzen- und tierlos. Ferner bestehen biologisch zwischen den verschiedenen Arten von Wüste erhebliche Unterschiede.

Relativ üppige **Pflanzenwelt** existiert im Umfeld von Wasserstellen, den berühmten **Oasen**; hier gedeihen **Palmen**, Akazien, Tamarisken, **Oleanderbüsche**, Schilfpflanzen und Gräser. Hier besteht auch eine ausreichende Basis für den Menschen und eine Reihe von Tieren.

Aber auch in den großen Sanddünen findet man etwas schütteren Pflanzenwuchs und einige Tiere. Vollständig leblos sind nur ganz wenige Gebiete wie das **Tademait**, das „**Plateau des Satans**", in der algerischen Wüste.

Wüstenpflanzen stehen generell vor dem Problem, mit starker Sonneneinstrahlung und geringer Wasserzufuhr fertigzuwerden. Darauf reagieren sie zum einen mit ausgefeilten Techniken, um an Wasser zu gelangen und zum anderen mit raffinierter Oberflächgstaltung, die die Verdunstung möglichst gering hält. Z.B. werden besonders kleine und harte Blätter ausgebildet und diese möglich senkrecht zur Sonne gerichtet. Viele Pflanzen stellen in den Zeiten extremer Dürre ihren Stoffwechsel sogar fast vollständig ein. Auch ist das Phänomen verbreitet, daß Samen jahrelang im Sand liegen und bei Regen im Schnellverfahren Keim, Blüte und Reife durchführen.

Zur Pflanzenwelt der Wüste gehören beispielsweise Sommerwurz (hyazinthenförmig, ohne Blätter), Schirmakazie, Ginsterbusch, Sodomsapfelbaum, Spritzgurke.

Die bekanntesten Spezies der Wüstentierwelt sind Gazelle, Springmaus, Wüstenfuchs/Fenek (Unterschied zu unserem Fuchs: hellgelbe Farbe, lange Ohren; nachtaktiv), Skorpion (tagsüber unter Steinen, nachts aktiv), Hornviper (tagsüber knapp unter der Sandoberfläche, aber die Augen frei für die Wahrnehmung von Beute; Spur: voneinander abgesetzte, parallele Linien; nachtaktiv, gefährlich), Eidechsen (z.B. die sog. Sandfische), Käfer, Spinnen, Ameisen, Schmetterlinge u.v.a.

Dromedar: das Transporttier der Wüste

Ursprünglich war das Pferd das Reit- und Lasttier der Wüstenkarawanen, alte Felszeichnungen belegen das. Vor etwa 4.000 Jahren wurde es vom **Kamel**, genauer dem einhöckrigen Dro-

Die Sahara

medar, das aus dem Nahen Osten gekommen sein soll, verdrängt.

Letzteres erwies sich als weitaus besser geeignet:

- es paßt seine Körper- und Bluttemperatur relativ gut an extreme Temperatur an, ohne einen Abfall der Leistungsfähigkeit;
- es hat vergleichsweise bescheidene Ansprüche an Nahrung und Flüssigkeit;
- es kann eine große Menge an Flüssigkeit (ca. 120 Liter) aufnehmen und relativ gut im Körper speichern (gleichmäßig über das gesamte Gewebe verteilt), so daß es eine recht lange Zeit (im Sommer ca. 3 Tage, im Winter ca. 1 Woche) ohne Flüssigkeitsaufnahme auskommen kann;
- es geht sehr sparsam mit der Flüssigkeit um, so schwitzt es nur wenig und sondert kaum Urin ab;
- der eine Höcker dieses „Kamels", (daher sein Name Dromedar), vermag für schwere Zeiten bis zu 30 Pfund Fett zu speichern.
- lange Wimpern schützen die Augen vor eindringendem Sand;
- seine breiten Plattfüße kommen recht gut mit weichem Sandboden (Dünen, Sandwüste) zurecht.

Lange Wüstentouren (etwa mehrwöchig) macht man am besten im Winter, wenn die Dromedare sehr lange mit ihren Flüssigkeitsreserven auskommen und man nicht unter der großen Hitze zu leiden hat.

Kamelkarawanen können pro Tag im allgemeinen etwa 40 km zurücklegen, ein gutes Reitkamel bringt es sogar auf 80-90 km.

Das Dromedar ist auch für die Versorgung mit Fleisch und Milch sowie Wolle und Leder von Nutzen. Aus dem Kamelhaar werden Tücher und Decken gewebt, aus dem gegerbten Kamelleder werden Taschen, Säcke und Sandalen hergestellt.

Schließlich ist da noch der Kamelmist, den man als Brennstoff verwendet oder mit dem man die jungen Palmen düngt. Im Touristikzeitalter kommen auch europäische Touristen/Touristinnen in den Genuß von Ausritten auf dem Kamel.

Um das Kamel zu besteigen, ist es erforderlich, daß sich das Tier hinsetzt. Das tut es aber nur, wenn es mit dem am Kopf festgemachten Strick unter viel Zureden langsam nach unten gezogen wird. Man sollte dabei und auch bei anderer Gelegenheit dem Kopf niemals zu nahe kommen, die Tiere können sehr bissig sein.

Kamelsättel sind in der Regel ziemlich hart, deshalb sind für längere Ausritte Kissen und Decken erforderlich.

Kamele dürfen nicht mit harten Schuhen geritten werden. Wenn sich das Tier erhebt, heißt es aufgepaßt. Erst werden die Hinterbeine aufgerichtet, da kann man nach vorne fliegen, dann werden die Vorderbeine aufgerichtet, da wird man nach hinten geschleudert.

Beim Ritt wird man nach rechts und links geschaukelt, das hängt damit zusammen, daß die Tiere im Paßgang gehen, d.h. es werden jeweils die Beine einer Seite bewegt.

Die Dromedare werden per Fußdruck gegen eine bestimmte Halsseite und durch den Zügel gelenkt. Für Beschleunigung sorgen Zischen und Schnalzen. Dromedare gelten als reichlich stur und eigensinnig – und als intelligent.

Wasser in der Wüste

Für die Wüste ist charakteristisch, daß nirgendwo auch nur annähernd so viel Regen fällt, daß damit ein Dorf und seine Ökonomie versorgt werden könnte. Das Regenwasser, in **Zisternen** aufgefangen, hat nur eine ergänzende Funktion.

Grundwasser

Der Wasserbedarf menschlicher **Siedlungen** in der Wüste kann nur aus dem Grundwasser gedeckt werden. Anders formuliert heißt das, daß es nur dort Leben (**Oasen**) gibt, wo in ausreichendem Maße Grundwasser zur Verfügung steht. Es gibt jenes Grundwasser, das vor Tausenden von Jahren einmal in regenreicheren Epochen gebildet wurde, in bestimmten Regionen der Sahara tief unter der Oberfläche in bestimmten Schichten. Soweit es sich um „Seen" handelt, die zu anderen wasserhaltigen Becken eine Querverbindung besitzen, kann die Ausbeutung für einige Zeit ohne Minderung des Grundwasserspiegels betrieben werden. Bei isolierten und relativ kleinen Grundwasserreserven existieren hingegen nicht nur die Möglichkeit, daß der Wasserspiegel signifikant sinkt, sondern sogar die Gefahr, daß sie bald erschöpft sind, wenn erhebliche Mengen Wasser entnommen werden.

Brunnen

Lediglich an wenigen Stellen drängen **Quellen** durch eigenen Druck an die Oberfläche. In der Regel müssen dagegen Brunnen angelegt werden, die mitunter sehr tief sein müssen und bei steigender Ausbeutung immer tiefer werden. In den großen tunesischen Oasen findet man heute nun auch in größerer Zahl elektrische Pumpen, die natürlich das Heraufholen des Wassers gewaltig erleichtern.

Desertifikation: die Wüste wächst

In manchen Gebieten der Erde ist in jüngerer Zeit zu beobachten, daß die Wüste ständig wächst.

Auch in Südtunesien ist sie auf dem Vormarsch. Als Ursachen sind hauptsächlich anzusehen die starke Bevölkerungszunahme (zwischen 1966 und 1980 um 43,3 %), der steigende Bewirtschaftungsdruck auf den Naturraum und die Seßhaftmachung der Nomaden in den der Wüste benachbarten Gebieten.

Schwerwiegende Schädigung der **Vegetation** erfolgte und erfolgt durch:
➤ weitere Ausweitung des Ackerbaus in der Wüstensteppe und an den Rändern von Oasen;
➤ Überweidung der Halbwüste/Steppe durch zu große Kamel-, Ziegen- und Schafherden;
➤ Nutzung der Steppenvegetation als Brennmaterial durch halbseßhafte oder seßhaft gewordene Nomaden.

Im Gefolge dieser von den Menschen hervorgerufenen Schädigungen werden Kräfte in der Natur ausgelöst und forciert, die in Richtung Desertifikation wirken, wie

➤ die **Bodenerosion** durch Wind und Wasser;
➤ die Abtragung der oberen, fruchtbaren Bodenschicht;
➤ die Verkrustung der Bodenoberfläche.

Die Verwüstung ist ein allmählicher Prozeß: zuerst werden lediglich kleine Flecken erfaßt und es dauert eine ganze Weile, bis schließlich ein größeres

Gebiet flächendeckend zur Wüste wird.

Versandung und dem Wachstum der Wüste kann nur dann Einhalt geboten werden, wenn der Vielfalt der Ursachen ein Bündel von Maßnahmen entgegengesetzt wird.

Im Umfeld der Oasen geschieht dies durch die Errichtung und Bepflanzung künstlicher **Dünen**.

„Die Technik des Dünenbaus ist ausgeklügelt. Eine Düne sollte 200-300 m vom zu schützenden Ort angelegt werden und quer zur dominierenden Windrichtung stehen. Für den Bau sind verschiedene Arbeitsschritte notwendig. Mit Hilfe von Schaufeln wird ein 80 cm hoher Sandwall aufgeschüttet – ein tabia. In diesen wird eine von den Arbeitern angefertigte 70-90 cm hohe Palisade aus Palmblättern gesteckt und befestigt. Sie wird regelmäßig erhöht, um als Hindernis den Wind abzubremsen. Dahinter bilden sich kleine Luftwirbel, der mitgetragene Sand fällt zu Boden – die Düne beginnt zu wachsen. Hat die Düne eine Höhe von ca. 15 m erreicht, beginnen die Arbeiter mit der Anpflanzung von jungen Eukalyptus-, Tamarisken- und Akazienbäumen, die jeden Tag bewässert werden. Bewußt bevorzugt der Staat für den Bau der Düne die arbeitsintensiven Maßnahmen. Damit können dringend benötigte Arbeitsplätze geschaffen werden.

Außerhalb der bewässerten Oasen und in den **Steppen** muß

➤ die Einführung einer Weiderotation;
➤ die Angleichung des Tierbestandes an die Tragfähigkeit des Naturraumes;
➤ eine Einschränkung des Ackerbaus sowie
➤ eine Sensibilisierung der seßhaften und nomadisierenden **Bevölkerung**

erfolgen. Gelingt es der Regierung nicht, diese Maßnahmen als Ganzes durchzuführen, so kann dem Vordringen der Wüste nur schwer Einhalt geboten werden."
(M. Jäggi, 1990).

Wüstenwege

Der Karawanenhandel stirbt

Nach der Entdeckung des Dromedars war die Wüste nicht mehr undurchdringlich. Im Laufe der Zeit entwickelte sich ein Netz von Routen, auf dem Kamelkarawanen – mehr oder weniger groß – Güter und Menschen über z.T. riesige Entfernungen von Süd nach Nord und Ost nach West transportierten.

Südtunesien war über viele Jahrhunderte wichtiges Transitgebiete und Handelsplatz von **Karawanen**, die schwarze Sklaven, Elfenbein und Gold von südlich der Sahara zum Mittelmeer brachten. Diese Zeit ging in Tunesien im wesentlichen durch das Verbot des Sklavenhandels im Jahre 1846 zu Ende.

Seither haben sich nicht nur die Güterströme in ihrer Zusammensetzung und geographischen Struktur gewandelt, sondern auch die Verkehrssysteme und Verkehrsmittel vollständig geändert.

Moderne Verkehrswege: Teerstraßen, Pisten

Heute wird die Wüste Tunesiens von verschiedenen Teerstraßen und zahlreichen Pisten durchzogen, auf denen Autos verkehren. Über sie wird nicht nur Handel abgewickelt, sie dienen darüberhinaus zahllosen geländegängigen Jeeps der Touristikunternehmen und strategischen Interessen der Militärs.

Abseits der Hauptverkehrswege hat man es dabei fast durchweg mit Pisten zu tun. Viele dieser Wege gleichen an der Oberfläche einem „Wellblech" und sind wegen ihrer Rinnen und des endlosen Geschaukels gefürchtet. Auf anderen kann tiefer Sand das Fahren zu einem anstrengenden Unternehmen machen. Wer sich als Individualtourist mit geländegängigem Wagen auf Wüstentour begibt, muß sich zusätzlich ausrüsten und unterwegs fahrerisch mit allerlei Problemen fertig werden. Touristen, die so etwas vorhaben, sollten sich in der entsprechenden Ratgeberliteratur kundig machen. Ich möchte hier nicht auf Details eingehen. Dieses Buch ist in erster Linie für Djerba-UrlauberInnen und deren gängige Ausflüge konzipiert. Ferner halten wir es auch aus ökonomischen und ökologischen Gründen für vernünftig, daß die Touristen in Gruppen ihre Wüstentouren mit einheimischen Veranstaltern unternehmen und daß möglichst keine unterbesetzten Autos von Individualtouristen durch die Wüste geschaukelt werden. Ferner möchten wir entschieden davor warnen, mit Leihwagen Wüstentouren zu unternehmen, nicht nur weil sie ungeeignet sind, sondern auch weil im nicht so unwahrscheinlichen Schadensfalle hohe Kosten zu erwarten sind.

Zwischen Tataouine, Remada und Bordj el Khadra

387 km insgesamt. Die Teilstrecke von Tataouine nach Remada, 80 km, ist nicht interessant und wird nur von wenigen Individualtouristen gefahren. Sie führt hinter Ksar Ouled Debbab, 9 km, bis Remada durch menschenleeres Gebiet. Im Westen hat man über die gesamte Strecke immerzu das südliche Dahargebirge im Blick, im Osten wird man stets von einer baumlosen Ebene begleitet, in der gelegentlich Nomaden auftauchen.

Remada (5.000 Ew.) ist ein von den Franzosen gegründeter Garnisonsort mit Restaurant, Tankstelle und ein paar Läden, aber keinem Hotel. Die Region südlich ist Sperrgebiet, für das eine Sondergenehmigung erforderlich ist, die in Remada ausgestellt wird.

Ca. 11,5 km hinter Remada, bei Kambout, beginnt die Piste. Bis ca. 60 km hinter Tiaret ist die Strecke sehr eintönig. Die letzten 50 km vor Bordj el Khedra bestehen dagegen aus Sandwüste mit hohen Dünen, dies ist der einzige wirklich reizvolle Teil der Fahrt von Tataouine in den äußersten Süden Tunesiens. Das Ziel Bordj el Khadra ist Militär- und Kontrollstation.

Zwischen Dahar-Bergland und Douz

Westlich der Daharberge beginnt die riesige Sahara. In diesen Bereich führen zahlreiche Wüstensafaris. Hauptrouten sind Tatouine-Ksar Ghilane, Alt-Matmata-Ksar Ghilane und Alt-Matmata-Douz. Beliebteste Ziele sind **Ksar Ghilane** und Douz.

Zériba-Café und Bir Soltane

Das Zériba-Café an der breiten Pipelinepiste 94 km östlich von Douz, 39 km südwestlich von **Alt-Matmata** und 43 km nördlich von Ksar Ghilane, ist Rastplatz für Snacks auf dem Wege zu Zielen wie Douz, Alt-Matmata und Ksar Ghilane. Wer es so weit in die Sahara gebracht hat, besucht in der Regel auch **Bir Soltane**, je ein alter (im Kuppelbau) und ein neuer Brunnen (windradgetrieben), ca. 2,5 km westlich, auf einer Piste zu erreichen, die vom Café abzweigt. Gleich hinter Bir Soltane beginnen übrigens die Dünenfelder des östlichen Großen Erg.

Ksar Ghilane
82 km südlich von Alt-Matmata und 88 km westlich von Tataouine, Dorf, Oase, Teich und Ksar in einem, in den Tagen des südtunesischen Massentourismus Ziel zahlreicher Jeepsafaris.

Das Dorf, eine relativ neu angelegte Siedlung bestehend aus Häusern mit Tonnengewölben, wird wenig beachtet. Großer Treffpunkt ist stattdessen ein von Tamarisken umgebener Teich, von dem ein Bewässerungskanal in die Oase führt. Daneben befindet sich das nördlichste und größte von drei Oasencamps sowie eine Café-Bar.

Ca. 3 km nordwestlich vom Quellcamp liegt das ehemals französische Wüstenfort „Ksar Ghilane", von dem der Name für den gesamten Flecken stammt. Die Route zum Ksar führt über die Sandberge von Dünen, dafür stehen Dromedare zur Verfügung. Kamelritte in die Sanwüste sind überhaupt die große Aktivität aller Touristen/Touristinnen.

Ksar Ghilane ist ökologisch dem Besucheransturm nicht gewachsen. Die Palmoase wird vernachlässigt.

Unterkunft
Camp am Quellteich, größtes Camp, mit Café-Bar, Restaurant, gemauerte Tische unter Bäumen, 25 Nomadenzelte (je 8 Plätze, ÜF 4, HP 7 TD), gegen Abend Ankunft zahlreicher Safaris, Lagerfeuer, reichlich Lärm.

L`Erg Camp, am südlichen Ende des Grüngürtels, 1991 eröffnet, mit Schwimmbad (welch eine Verschwendung!), Zelte (ÜF 6, HP 9 TD), Speisesaal, Aufenthaltszelt, kein Schatten;

Camp Le Paradis, unter Palmen, Zelte, aber kein Restaurant.

Touren
Tour 1: Tataouine – Chenini – Ksar Ghilane – Bir Soltane – Douz, 222 km; Straßenzustand: nur ein kleiner Abschnitt Teerstraße, ansonsten Piste, nur für geländegängige Fahrzeuge; Sights: Berglandschaft am Anfang, Höhlenwohnungen in Chenini, ein großer Teil Wüste, auch hohe Sanddünen, Oasen, populäre Wüstensafari; Versorgung: Restaurants, Cafés in: Ksar Ghilane, Bir Soltane; Unterkunft: Ksar Ghilane; Tourismus: reichlich.

Tour 2: Tataouine – Remada – Bordj Bourguiba – Lorzet – Bir Zar – Tiaret – Bordj el Khadra und zurück, 774 km; Straßenzustand: Teerstraße nur bis Kambout (km 91), ansonsten Piste; Sights: großer Teil der Strecke reichlich monoton; nur die Dünenlandschaft auf dem letzten Abschnitt interessant; Versorgung: Läden in Remada, ansonsten Proviant erforderlich; Unterkunft: keine; Tourismus: keiner.

Tour 3: Alt-Matmata – Tamezret – Douz, 97 km; Straßenzustand: es wird asphaltiert, die Strecke soll Ende '1996 fertig sein; Sights: am Anfang Gebirgszene, berberische Dorfarchitektur in Tamezret, dann 86 km Wüste; Versorgung: Café in Tamezret; Unterkunft: keine; Tourismus: populäre Wüstentour.

Tour 4: Alt-Matmata – Bir Soltane – Ksar Ghilane – Chenini – Tataouine, 177 km; Straßenzustand: Nur ein kleines Stück am Anfang und die letzten 19 km Teerstraße, der „Rest" ist Piste, nur für geländegängige Fahrzeuge; Sights: Wüste, aber wenig Sandwüste, Dünen, Oase, bizarre Daharbergwelt, berberische Dorfarchitektur; Versorgung: Café, Restaurant in: Bir Soltane, Ksar Ghilane, Chenini; Unterkunft: Ksar Ghilane; Tourismus: beliebte Wüstentour.

Südtunesiens große Oasen

Südtunesiens große Oasen befinden sich im Umfeld des **Chott el Djerid**, dessen großen unterirdischen, fossilen Wasserreserven sie ihre Existenz verdanken.

Es handelt sich im wesentlichen um zwei große Gruppen, die **Djerid-Oasen** im Norden und die **Nefzaoua-Oasen** im Südosten des Chott.

Oasenlandwirtschaft

Oasenökonomie ist ein komplexes System, das Agrarökonomen als „Drei-Etagen-Wirtschaft" bezeichnen.

Die Oberste Etage gehört der Palme, einem der wirtschaftlichen und ökologischen Eckpfeiler. In ihrem Schatten gedeihen im zweiten Geschoß allerlei Fruchtbäume wie Feigen, Aprikosen, Granatäpfel, Pfirsiche, Bananen, Zitrusfrüchte, Mandeln, Trauben, Pistazien.

Das Parterre gehört dem Anbau von Gemüse, Viehfutter und Tabak. In den beiden unteren „Lagen" wird in einem bestimmten Zeitrhythmus die Frucht gewechselt.

Für Oasenlandwirtschaft ist typisch, daß der gesamte Boden intensiv bewirtschaftet wird, es gibt keine Brache. Oasen-Agrarwirtschaft ist nur möglich, wenn genügend **Wasser** existiert. Da fast kein Regenwasser zur Verfügung steht, hängt alles von Grundwasserreserven ab. Dieses wird über verschiedene Leitungssysteme (artesische Brunnen, oberirdische (Seguias) und unterirdische Kanäle (Foggaras) beschafft und verteilt. Es besteht ein jahrhundertealter Verteilungsmodus mit genau festgelegten Wasserrechten für die einzelnen Bauern (Zuteilung für bestimmte Zeiteinheiten). Urheber dieses System war der 1282 in Tozeur verstorbene Imam Ibn Chabbat.

In den südwesttunesischen **Oasen** besteht ständig die Gefahr der **Versalzung** der Böden. Das hängt damit zusammen, daß das Wasser relativ salzhaltig ist und daß die hohen Temperaturen eine starke Verdunstung bewirken.

„Das Salz gelangt mit dem Bewässerungswasser direkt in den Boden und steigt dann, infolge der Verdunstung, von unten nach oben in den Wurzelbereich der Pflanze oder noch weiter an die Erdoberfläche. Das Grundwasser verdunstet dort und das Salz bleibt als weiße Kruste liegen.

Salzverkrustete Böden verhindern zudem eine ausreichende Zirkulation des Bewässerungswassers im Boden. Dies beeinträchtigt die Entwicklung der Pflanzenwurzel, vermindert letztlich also auch einen guten Ernteertrag. Ein hoher Salzgehalt des Bodens ist deshalb für die meisten in den Oasen angebauten Pflanzen ungünstig. Die **Dattelpalme** ist nicht ohne Grund die Pflanze mit der höchsten Salzverträglichkeit.

Durch Verwendung möglichst salzarmen Bewässerungswassers, durch Verminderung der Verdunstungsmöglichkeiten und die Schaffung von Abflußmöglichkeiten für das einsickernde Wasser sucht man das Problem der Salzböden zu lösen." (M. Jäggi, 1990)

Die Säule der Oasenlandwirtschaft: die Dattelpalme

Wichtigste Kulturpflanze der Oasen ist die Dattelpalme (Phoenix dactylifera), nicht nur weil sie die beiden anderen Etagen schützt, sondern weil sie einen sehr wesentlichen Anteil an der Nahrungsmittel- und der Holzversorgung in der Oase hat.

Es gibt in Südtunesien ca. 3 Mio. Dattelpalmen, die Früchte unterschiedlicher Sorten und auch erheblich verschiedener Qualität liefern. Als Königin der **Datteln** gilt die Sorte Deglet en Nour (Finger des Lichts).

Datteln sind ein vitaminreiches Nahrungsmittel, Viehfutter und werden auch zu Schnaps verarbeitet. Ihre Kerne können sogar als Kaffee-Ersatz verwertet werden. Der Saft der Dattelpalmen, die Palmmilch, wird zu dem populären **Palmwein Laghmi** vergoren, der auch in der Touristikwelt beliebt ist. Das Holz der Dattelpalme wird für den Hausbau (Gerüst, Dach) und für Möbel gebraucht. Aus ihren Blättern und Fasern sind eine Reihe von Gebrauchsgegenständen.

Die Dattelpalmen brauchen viel Wasser und ein sehr trockenes **Klima**, Bedingungen also, wie man sie in den Oasen der Nefzaoua und des Djerid antrifft. Hier gedeihen die Früchte der besten Qualität. Weniger gut sind dagegen die Voraussetzungen in den meeresnahen Oasen mit ihrer relativ hohen Luftfeuchtigkeit – wie in **Gabès**.

Der Anbau von **Palmen** ist sehr zeitaufwendig und arbeitsintensiv. Die Schößlinge müssen Stück für Stück in ca. 1 m tiefe dunggefüllte Gruben eingepflanzt werden und danach sorgfältig durch regelmäßige Düngung und **Bewässerung** betreut werden. Es dauert im allgemeinen ca. 5 Jahre, bis die schließlich 20-25 m hohen Bäume Früchte tragen. Die höchsten Erträge werden nach etwa 20 Jahren erzielt. Dattelpalmen können ein Alter von 100-150 Jahren erreichen.

Die weiblichen Dattelpalmen müssen einzeln per Hand bestäubt werden, eine Arbeit, die die Monate April bis Juni ausfüllt. Erntezeit ist im Juli/August bzw. September/Oktober (Deglet en Nour); dazu werden in größerer Zahl Aushilfskräfte benötigt.

Der soziale Wandel erreicht auch die Oasen

Über viele Jahrhunderte waren **Ökonomie** und Gesellschaft der südwesttunesischen Oasen weitgehend unveränderlich. Die Bevölkerungszahl war niedrig, die **Landwirtschaft** vorwiegend auf die Bedürfnisse der Menschen in der Oase und der Nomaden im Umland abgestellt (**Subsistenzwirtschaft**). Soweit die Oasen des **Chott el Djerid** an wichtigen Karawanenwegen lagen, waren sie wie **Nefta** und **Tozeur** zu blühenden Handelsstädtchen geworden.

Die traditionelle Oasenökonomie verminderte relativ wenig der knappen Grundwasserbestände und rief auch nur geringe Umweltschäden hervor. Die Oasenbevölkerung konnte sich versorgen, der Lebensstandard war freilich im allgemeinen sehr niedrig.

Diese Situation hat sich seit dem Beginn der französischen **Kolonialherrschaft** tiefgreifend verändert.

Die Handelsströme nahmen nun andere Wege, die alten Handelsorte in der Wüste verarmten. Die neuen Zentren lagen nun an der Küste (z.B. Gabés), während das Oasengebiet zur Peripherie wurde. Für viele Menschen im Raum des Chott el Djerid hieß dies schon bald, daß es besser war, sich andernorts nach Erwerbsmöglichkeiten umzusehen; es begann die **Abwanderung** in die Küstenstädte und ins Ausland.

Dies hatte schwerwiegende Folgen für die arbeitsintensive Drei-Etagen-Ökonomie der Oasen, die auf Grund des Mangels an jungen Arbeitskräften nicht mehr aufrecht erhalten werden konnte und auf Palmhaine reduziert wurde.

Diese Tendenz setzte sich im nachkolonialen Tunesien fort, auch jetzt gingen alle Entwicklungsinvestitionen in die Küstenzentren (**Tunis**, **Sahel**, **Sfax**, **Gabès**). Erst in jüngster Zeit wird den südwesttunesischen Oasen etwas mehr Beachtung geschenkt.

Ein weiterer gewichtiger Grund für die Verarmung und Oasenflucht ist das seit Jahrzehnten starke Bevölkerungswachstum in Verbindung mit der Realteilung des Besitzes beim Erbgang. Die große Masse der Landeigentümer verfügt lediglich über einen Mini-Besitz, von dem sie nicht leben kann. Die Kleinbesitzer müssen wie die Kleinpächter und zahlreichen Landlosen einer zusätzlichen Erwerbstätigkeit außerhalb der Landwirtschaft nachgehen.

D.h. beispielsweise für den „ältesten Sohn einer siebenköpfigen Familie, tagsüber das Souvenirgeschäft des Vaters zu hüten, zweimal in der Woche als Nachtwache im kleinen Spital von Douz zu arbeiten und irgendwann dazwischen dem Vater bei der Pflege der Dattelpalmen zu helfen. Oder es kann heißen, tagsüber in der Administration im Gouvernoratshauptort, der Nachbaroase Kebili, zu arbeiten, täglich zur Arbeit zu pendeln und an den Wochenenden am Abend ein vier Kilometer von Douz entferntes Stück Land zu bewässern. Auch der Lehrer am Gymnasium von Douz geht an den schulfreien Tagen seinen Datteln nach – das Einkommen sowohl eines Staatsangestellten in Kebili als auch eines Souvenirverkäufers reicht nicht aus, um eine Großfamilie zu ernähren." (M. Jäggi 1990)

Viele Oasenbewohner sind froh, wenn sie überhaupt eine Beschäftigung finden, denn in den Oasen ist die Arbeitslosigkeit sehr hoch (Schätzung: Arbeitslosenquote irgendwo zwischen 20 und 30 %).

Wandel in den Oasen des Schott el Djerid-Gebietes heißt selbstverständlich auch, daß sich hier wie überall in Tunesien mittlerweile der moderne automobile Verkehrssektor (Pkw, Lkw, Bus, Taxi, Louage) etabliert hat, viele Waren des modernen Industriesektors Einzug gehalten haben und in fast allen Haushalten ein Fernseher vorhanden ist.

Relativ wenig berührt wurde bislang dagegen die traditionelle Reduktion der Frau auf Haus, Haushalt und Kinderaufzucht und der **Patriachalismus**. Daran haben das moderne **Schulwesen**, das auch die Mädchen durchlaufen, und der Einzug der modernen Fernsehfilme und die von oben eingeführte rechtliche **Gleichstellung der Frau** noch nichts Entscheidendes geändert. Die Oasenregion gehört wie große Teile des Landesinneren von Südtunesien zu den konservativsten Regionen des Landes.

Was bringt der Sahara-Tourismus?

Seit Mitte der 80er Jahre hat sich bei Tunesiens Offiziellen die Vorstellung durchgesetzt, daß die **Oasen** keine agrarische Zukunft haben und daß sich als einzige Chance die massive Ausdehnung des Sahara-Tourismus bietet.

Damals wurde mit umfangreichen Investitionen in den Fremdenverkehrssektor der Oasen begonnen. Angelegt wurden Hotels von luxuriösem Zuschnitt, die viel Geld kosteten und auf Touristen der mittleren und gehobenen Kategorie zielen. Die Priorität lag eindeutig auf dem Ansatz des „harten **Tourismus**": hohe Investitionen, hoher Standard inklusive verschwenderischen Verbrauchs der knappen Ressource **Wasser**. Die Alternative „sanfter Tourismus", d.h. einfache Unterkunft in lokalen Pensionen, bescheidener Verbrauch von Wasser und Anpassung an lokale Lebensgewohnheiten, die möglicherweise für viel mehr Einheimische Einkünfte abgeworfen hätte und vergleichsweise umweltschonend wäre, stand nie zur Debatte. Der Luxustourismus konkurriert mit der Oasen-Landwirtschaft um das knappe Wasser und beschleunigt durch seinen hohen Verbrauch die Erschöpfung der Grundwasserreserven.

Langfristig wird Luxustourismus in großem Stil die Palmoasen ruinieren und sich selber das Grab schaufeln.

Nomaden werden seßhaft
Der **Nomadismus** ist eine aussterbende Lebensweise. Die große Mehrheit der nomadisierenden Stämme ist in jüngerer Zeit seßhaft geworden. Im Raum **Douz** wandern z.B. von den Mhrazig noch ganze 20 Familien ganzjährig.

Die Ex-Nomaden geben heute ihre Kamelherden, Ziegen und Schafherden bezahlten Hirten mit und beschränken sich darauf, im Sommer ein paar Wochen im Familienclan mit dem Zelt in der Wüste zu verbringen. „Sie sitzen in der Administration, sind in leitender Hotelposition oder Eigentümer zahlreicher, große Erträge abwerfender Palmen. Ihre Kinder gehen in die Primarschule, ins Gymnasium in Douz oder studieren bereits in **Tunis**." (M. Jäggi, 1990)

Der Übergang zur seßhaften Lebensweise ist keineswegs damit verbunden, daß nun das gesamte nomadische Erbe verschwindet; dies geschieht sicher erst allmählich.

Für die Ex-Nomadenfrauen von Douz ist z.B. der Winter nach wie vor die Zeit des Webens. Und auch die Produkte sind dieselben geblieben: farbige **Teppiche**, Decken, Burnusumhänge, neue Zeltbahnen.

Die Nefzaoua-Oasen

Am Südostrand des **Chott el Djerid**, dem Salz-Sand-Meer, zieht sich in einem ca. 80 km langen Bogen von Bechri über Kebili und Douz nach El Faouar die Gruppe der Nefzaoua-Oasen hin. Diese Oasen werden wie die am Nordrand gelegenen Oasen des Bled el Djerid von den unter dem „**Salzmeer**" gelegenen fossilen Wasserreserven gespeist.

Dieses wird traditionellerweise von zahlreichen artesischen Brunnen aus 10 bis 40 m Tiefe an die Oberfläche befördert. In früheren Zeiten wurde das Wasser über Foggaras (in dieser Gegend Khraig genannt) von den Brunnenschächten in langen unterirdischen Kanälen bei leichtem Gefälle zu den Gärten gebracht. Um dieses System anzulegen und zu unterhalten, war sehr viel Arbeit erforderlich, die Sklaven aus Schwarzafrika aufgelastet wurde.

Als die **Sklaverei** abgeschafft wurde, begann dieser sensible Mechanismus allmählich zu verfallen. Heute besorgen Motorpumpen und oberirdisch verlegte Betonrohre und Kanäle die Wasserversorgung.

Grundwasser in Douz
Hydrologen unterscheiden fünf Grundwasserschichten:
1) oberflächennahes Grundwasser: bis 10 m Tiefe;
2) artesische Grundwasserzone: 10-40 m Tiefe;
3) Bereich „Complex Terminal": 100-400 m Tiefe;
4) Zone „Continental Intercalaire": 800-2500 m Tiefe;

Früher wurde das **Wasser** hauptsächlich aus der Schicht 2 geholt, dieser Bereich ist durch Übernutzung weitgehend erschöpft, in Douz und Kebili sind die artesischen Quellen mittlerweile versiegt.

Gegenwärtig kommt das Wasser weitgehend aus der Zone „Complex Terminal", in sie führen die staatlichen Brunnenbohrungen und auch die verbotenen **Brunnen** (gegenwärtig über 600). Das Wasser muß mit elektrischen Pumpen heraufgeholt werden. Auch die dritte Schicht ist längst übernutzt.

In naher Zukunft muß verstärkt auf die Tiefenschicht mit ihren fossilen Wasserreserven, die auf eine feuchtere Klimaperiode zurückgehen, zurückgegriffen werden. Diese Bestände sind nicht erneuerbar!

Das Wasser der Zone 4 ist etwa 70 Grad warm und muß durch ein besonderes Abkühlungsverfahren, bevor es in die **Bewässerung** geht.

Douz

Dieses Oasenstädtchen 27 km südlich von Kebili, das sich selbst „Tor zur Sahara" nennt, ist das populärste Touristenziel in der Nefzaoua. Dies gilt insbesondere für den Donnerstag, an dem ein großer Markt abgehalten wird, der zu den größten in Südtunesien zählt.

Inzwischen gibt es hier aber auch schon mehrere luxuriöse Hotels – insgesamt ist eine starke Expansion des **Tourismus** und touristischer Einrichtungen geplant. Der gehobene Tourismus, um den es in diesem Zusammenahng geht, ist in der sog. Hotelzone an der Düne von El Hofra zu Hause.

All das ist natürlich angesichts der sehr knappen Ressource Grundwasser ökologisch und auch ökonomisch nicht gerade unproblematisch.

Für die Touristen der modernen Hotels, die für ein paar Tage bleiben, sind inzwischen verschiedene Aktivitäten organisiert wie Kamelritte oder Land-Rover-Touren in die Umgebung. Ziel sind hauptsächlich die Dünen von El Hofra, ca. 2,5 km südlich, am Rande der Grand Erg Oriental.

Von den 25.000 Menschen, die in Douz und Umland leben, sind gegenwärtig etwa 1.100 im Tourismus tätig. Anfang der 90er Jahre wurden jährlich ca. 120.000 Übernachtungen gezählt und etwa 80.000 Ritte auf dem **Dromedar** registriert, dafür steht eine „Flotte" von 500 Tieren bereit.

Für die kommenden Jahre sind die Asphaltierung der Piste nach Alt-Matmata (fast fertig, soll noch 1996 freigegeben werden) und die Anlage einer Teerstraße von El Fouar nach Nefta geplant (Südumgehung des Chott el Djerid). Ferner soll Douz einen kleinen Flugplatz erhalten.

Ortsgeographie
Zentrum von Douz ist der große Marktplatz, auf dem Eukalyptusbäume und Tamarisken stehen und der von Arkaden eingerahmt ist. An Donnerstagen ist dieser Flecken von zahlreichen Händlern okkupiert, an den anderen Ta-

Die Sahara

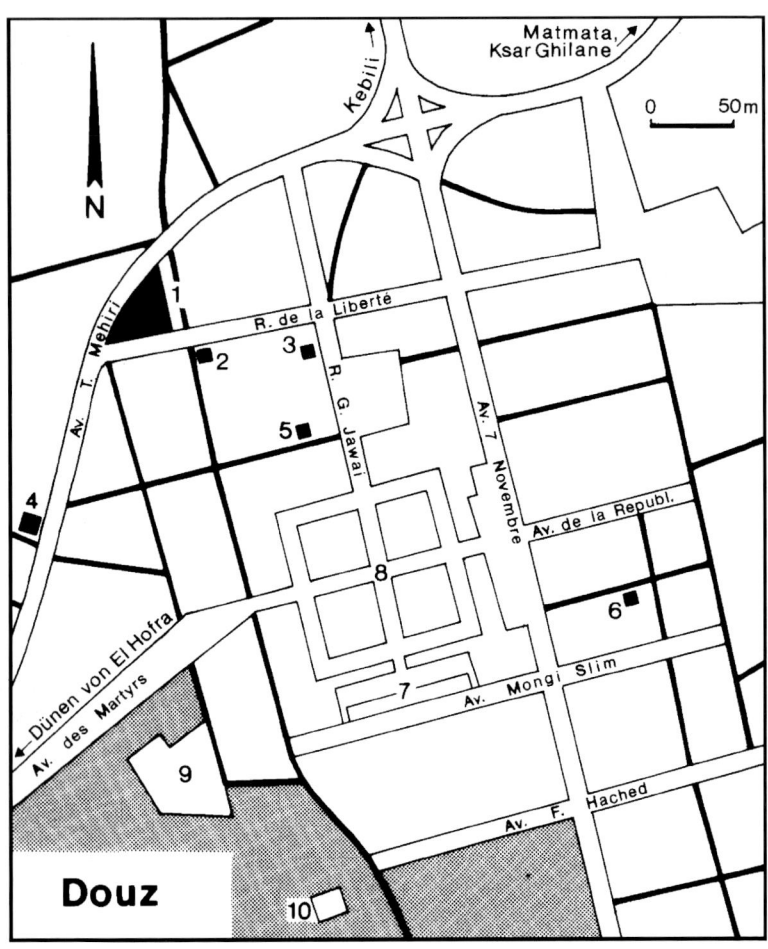

1 Louages
2 Hotel de la Tente
3 Hotel Essada
4 Post
5 Hotel 20 Mars
6 Hotel Bel Habib
7 Dattelmarkt
8 Marktplatz/Wochenmarkt
9 Tiermarkt
10 Campingplatz Desert Club

gen ist er fast leer, dann gehen hier lediglich ein paar Händler und Handwerker ihren Geschäften nach.

In seiner Umgebung befinden sich verschiedene einfache und preiswerte Hotels, die Banken, die Post, die Bus- und Louagestation.

Vom Stadtkern führt die Av. des Martyrs nach Südwesten zur Place des Martyrs, wo sich die Touristeninformation, das Kulturhaus und ein Hammam befinden. Von dort führen Straßen durch Palmenwälder zu den Hotels der gehobenen Kategorie und zum ausgedehnten Festplatz am Rand der Wüste.

Im Süden ist Douz von einer ausgedehnten Oase umgeben. Insgesamt stehen 275 ha bewässertes Land zur Verfügung. Wenn man die verschiedenen kleinen Oasen in der Umgebung hinzufügt, sind es insgesamt 1.400 ha, auf denen etwa 200.000 Palmen stehen. Um von der **Landwirtschaft** leben zu können, ist für eine fünfköpfige Familie mindestens 1 ha bewässertes Land erforderlich. Gegenwärtig liegt aber der durchschnittliche Besitz pro Familie bei knapp 0,25 ha bewässertem Land. Daraus wird deutlich, daß die meisten Oasenbauern auf zusätzliche Einkommen angewiesen sind.

Es wird in Douz reichlich gebaut, allerdings wird niemand Land aus der Oase für den Bau eines Wohnhauses verwenden, denn bewässertes Land ist für solche Zwecke viel zu kostbar. Entsprechend wird, wo möglich, zwischen bestehende Häuser gebaut oder auf Wüstenland. Mittlerweile sind etwa 1000 ha Wüstenland bebaut – die Boomingtown Douz wächst in die Wüste. Der Ort Douz und die umliegende Region ist das Stammgebiet des ehemals nomadischen Stammes der Mhrazig. Nur noch eine Minderheit geht der überlieferten nomadischen **Viehwirtschaft** nach. Der Staat versucht durch spezielle Programme auch diese letzten Gruppen einer untergehenden **Ökonomie** und Lebensweise seßhaft zu machen.

Literaturtip
Jäggi, M., Stauffer, B., Grün und integriert. Wie in Tunesien Naturlandschaften für Luxustourismus zerstört werden, Zürich 1990, Rotpunkt Verlag; sehr ausgiebige und kritische Informationen zur Tourismusexpansion in Douz.

Douz-Info

Café
Café el Wafa, gegenüber von Hotel de la Tente (sehr einheimisch).

Feste
Douz ist bekannt für verschiedene Feste, von denen das Kamelfest im Frühjahr und das **Festival National du Sahara** im Dezember ihren festen Platz im Fremdenverkehrsprogramm haben. Insbesondere letzteres, zu dem Kamelrennen, Windhundjagden auf Kaninchen, simulierte Karawanenaufbrüche und viel Folklore gehören, ist stark von Touristen besucht.

Markt und Wochenmarkt
Am Donnerstag ist Wochenmarkt, da ist sehr viel los auf dem zentralen Marktplatz und in den umliegenden Straßen, denn dies ist ein zentraler Markt für die gesamte Region, zu dem auch die Halbnomaden aus dem Umland und die Bauern aus den kleinen Oasen kommen – und viele, viele Touris. Der Markt ist allerdings traditionellerweise ein reiner Männermarkt, aber

Die Sahara

über die Touristinnen hält nun auch das andere Geschlecht teilweise Einzug.

Gehandelt wird vor allem Alltagskram: Gebrauchsgegenstände, Klamotten, Schuhe, Gewürze, Ketch up, Obst und Gemüse sowie Datteln (auf einem Spezialmarkt auf der Südseite des Marktplatzes).

Vom Hauptmarkt ist der Viehmarkt (nahe Av. des Martyrs) getrennt, der unter Palmen abgehalten wird, also noch mehr exotischen Touch ausstrahlt. Gehandelt werden vorwiegend Ziegen und Schafe, die Dromedare sind deutlich in der Minderheit. Hier wie auf dem großen Markt herrscht viel Gedränge: einheimische Männer, modern oder traditionell in braune Burnusse eingehüllt und um den Kopf den weißen Chech geschlungen, westliche Touristen und Touristinnen im Urlaubslook oder im frisch erstandenen Saharadress.

Der Wochenmarkt beginnt schon am späten Nachmittag des Mittwochs, erreicht seinen Zenit am Donnerstag morgen und endet bereits am frühen Nachmittag.

Museum Im Aufbau.

Restaurants
Es gibt in Douz allerlei Gastronomie, die Palette reicht von sehr einfach im Umfeld des Marktplatzes bis gehoben in den 3- und 4-Sterne-Hotels, dennoch ist das Saharastädtchen kein Schlemmerland.

Restaurant Les Caravanes, nahe der Louagestation (sauber, locker bemalt, recht gute Auswahl, preiswert, untere Mittelklasse).

Schwimmbäder
➢ Öffentliches Schwimmbad/Piscine Municipal, nahe Place des Martyrs;

➢ Pools der großen Hotels, gegen Eintrittsgeld auch für Nicht- Gäste.

Touristeninformation
ONTT, an der Place des Martyrs, Tel. 05470351, Mo-Do 7.30-13 und 15-17 Uhr, Fr und Sa 7.30-13.30.

Unterkunft
Sehr einfach:
Hotel de la Tente, direkt an der Louagestation (DZ 8 TD, sauber; es darf auch auf der breiten Dachterrasse geschlafen werden; der beste Platz in der Billigkategorie);
Hotel du 20 Mars, nahe Busstation (Zimmer um einen Innenhof, ruhig, eigenes Restaurant, Sauberkeit könnte besser sein);
Hotel Bel Habib, nahe Marktplatz (sauber; auch Speiselokal mit recht guter Küche; organisieren auch Ausflüge in die Wüste);
Hotel Esaada, Stadtmitte (mehr Typ Jugendherberge, aber sehr sauber);

Einfach:
Hotel Splendid, Rue du 7 November (Neubau, Zimmer sauber, sanitäre Einrichtungen auf der Etage, zwei Gemeinschaftsküchen);

Untere Mittelklasse:
Saharien, Tel. 470339 (ca. 100 Bungalows, brauchbares Restaurant), DZ 28 TD;
Roses de Sables (ebenfalls Bungalows, reichlich in die Jahre gekommen; Adresse für den Fall, das sonst nichts mehr frei ist), Tel. 495366;

Mittlere und obere Kategorie:
Caravanserail (3***), Tel. 495123, DZ 62 TD; Sahara (3***), Tel. 470864, DZ

68 TD; Tuareg (3***), Tel. 470225, DZ 60 TD;

Mehari, im Touristenviertel an der großen Düne, monumentale Ksar-Architektur (3***, komfortabel, zwei Schwimmbäder, eines davon Thermalbad, Klimaanlage und Heizung; in den Händen der Reisegruppen), Tel. 495149, DZ 70 TD.

Mouradi (4****), ganz neu, Nr. 1 in Douz

Sun Palm (3***)

Zelten

Camping Desert Club, nahe Viehmarkt, im Palmenhain (ziemlich neu, noch relativ wenig Schatten);

Geduldetes Camping bei den El Hofra Dünen;

Jugendcamp, 1,7 km außerhalb, an der Straße nach Matmata.

Verkehr

Bus: Kebili (tgl. 7x, 2 weiter nach Gabès, 2 nach Tunis, 1 nach Tozeur), Gabès, Sabria bzw. El Faouar (via Zaafrane).

Louage: Gabès, Kebili (von dort häufige Verbindung mit Gabès und Tozeur) und andere Nefzaoua-Orte.

Flugzeug: Nächster Flughafen ist Touzeur, für Douz ist in nächster Zukunft ein eigener Flughafen vorgesehen.

Umgebung/Ausflüge

Von Douz bieten Agenturen und Hotels allerlei Geländewagentouren, Kutschwagenfahrten und Ausritte auf dem Dromedar an. In der zeitlichen Spanne reicht das Angebot von mehrstündigen Kurzausflügen zu den Dünen von El Hofra bis zu mehrtägigen Exkursionen in die Sahara mit Übernachtungen in Beduinenzelten und/oder Hotelcamps. Beim mehrtägigem Dromedar-Trekking wird gewöhnlich mitten durch die Wüste von Wasserstelle zu Wasserstelle geritten. An den Abenden wird am Lagerfeuer gegrillt und nach dem Vorbild der Nomaden Brot gebacken.

Oasen südlich und westlich von Douz

Südlich von Douz gibt es eine Reihe kleiner Oasen mit Wüstendörfern, die über eine asphaltierte Straße zu erreichen sind und seit ein paar Jahren auch durch Hotels und Camps in den **Tourismus** einbezogen sind.

Dünen von El Hofra

Ca. 2,5 km von der Place des Martyrs, bei der Hotelzone, am südlichen Oasenrand von Douz, fast 30 m hohe Sandberge, Ziel zahlloser kurzer Ausritte auf dem Dromedar. Hier stehen nun auch mehrere luxuriöse Hotels, andere sind im Bau, insgesamt ist hier eine ökonomisch teuere und ökologisch fragwürdige Hotelzone im Aufbau.

Teure Hotelzone

Um ihr Programm des Ausbaus von Douz zu einem Zentrum des **Saharatourismus** zu verwirklichen, scheut die tunesische Regierung auch vor sehr hohen Kosten nicht zurück. Natürlich wurden und werden die Hotels der neuen Hotelzone mit allem Komfort ausgestattet.

Dazu gehört auch **Wasser** mit vergleichsweise geringem Salzgehalt; das Wasser, das gegenwärtig den Einheimischen zur Verfügung steht, erfüllt diese Bedingungen nicht – für die lokale **Bevölkerung** ist es aber allemal „gut". Um an entsprechendes Wasser heranzukommen, wurde für umfangreiche Bohrungen ca. 1,5 Mio. DM ausgegeben.

Die Hotelprojekte wurden seinerzeit ohne die für Großprojekte seit 1988 obligate Umweltverträglichkeitsprüfung genehmigt, was nicht verwunderlich ist, denn letztlich haben in der Fremdenverkehrspolitik doch kurzfristige wirtschaftliche Interessen Vorrang gegenüber der Umwelt.

Pro Tourist/Touristin wird ein 10 bis 15mal höherer täglicher Wasserverbrauch als selbstverständlich angesetzt, dies bedeutet, sobald die neuen Hotels alle in Betrieb sind (geplante Kapazität 3.500 Betten), ist in Douz eine Verdopplung bis Verdreifachung des Wasserverbrauchs angesagt – zweifellos läuft das auf einen Raubbau an den fossilen Wasserreserven hinaus.

Douz ist insgesamt von **Desertifikation** bedroht, die Hotelzone ist ein Bereich, in dem diese Gefahr besonders groß ist, aber auch diese Argumente vermochten dem Prestigeobjekt nichts anzuhaben.

„Die geplanten und bereits gebauten Hotels stehen exakt in der Hauptwindrichtung des aus Nordosten wehenden Windes. Die Gebäude sind schutzlos der **Versandung** preisgegeben. Winde, die Sand über weite Distanzen verfrachten, sind häufig in dieser Gegend. Zum Schutz der Hotelzone muß nun eine künstliche Düne errichtet werden, das sogenannte "Projet externe", das vom AFT in Auftrag gegeben wurde. Die Düne wird eineinhalb Kilometer lang. Vier Hektar müssen aufgeforstet werden. ...

Damit ist der Schutz vor der Versandung nicht abgeschlossen. Kernprojekt ist die Begrünung der ganzen Anlage. Entlang der neu gebauten Straße werden in der Hotelzone auf jeder Seite drei Reihen Tamarisken, Eukalyptus und Palmen gepflanzt. Für die **Bewässerung** dieses Grünparks mit einer Fläche von ebenfalls vier Hektaren müssen nach Schätzungen mindestens 200.000 l Wasser täglich berechnet werden. Wasser, das nicht für Kulturpalmen, sondern unter anderem für Zierpalmen verwendet wird. Wasser, mit dem 1.000 Kulturpalmen bewässert werden könnten." (M. Jäggi, 1990)

Zaafrane

12,5 km südwestlich von Douz, Dorf (weit gestreut, zwei separate Ortsteile) zwischen Dünenketten und Oasengärten. Viele Häuser gehören Adhara, ehemaligen Nomaden, die jetzt ein halbnomadische Leben führen. Teilweise leben sie auch davon, daß Touristen auf ihren Dromedaren Ritte in die Wüste unternehmen.

Unterkunft
Hotel Zaafrane, ca. 1,5 km vom Ortszentrum entfernt (tonnengewölbte Bungalows, Zi. eDu/WC, DZ 18 TD; auch Nomadenzelte, pro Kopf 6 TD, Campingmöglichkeit im Hof; Menü für 4 TD, Organisation von kurzen Kamelausritten und mehrtägigen Kameltreks), Tel. 05495074

Sabria

24 km südlich von Douz, ist eine weitere kleine Oase. Auch sie ist in einen alten und neuen Ortsteil gespalten.

Um in den alten Teil zu gelangen, muß man im Ort den nach links hangaufwärts führenden Abzweig nehmen (nach rechts gelangt man in den neuen Ortsteil). Es ergibt sich ein Bild aus Häusern mit Tonnengewölben, Palmen und Sanddünen, auf dem Friedhof ein weißer Marabout. Die Bevölkerung besteht größtenteils aus seßhaft gewordenen Nomaden des Sabriastammes.

Der Ort führt einen permanenten Kampf mit der wachsenden Sandwüste.

El Faouar
Ca. 3.000 Ew., 25 km südlich von Douz, ein junger Ort, in dem Ghrib-Nomaden angesiedelt wurden. Es existiert ein kleines Zentrum mit Laden, Post etc. Am Freitag ist Wochenmarkt. Die Armut der Siedlung steht in offenem Kontrast zum Luxus des ca. 1 km vom Ort entfernten Hotel El Faouar.

Unterkunft
Hotel El Faouar, große Anlage, am Rande einer Düne (Klimaanlage, DZ eDu/WC 38 TD, auch Nomadenzelte, Camping möglich, Swimmingpool, Disco, preiswertes Essen, Organisation von Kameltouren, Vermietung von Dünenskiern), Tel. 05495085.

Nouail
Dieser Ort, ca. 15 km westlich von Douz, über eine ausgebaute Straße zu erreichen, wird von recht vielen Touristen besucht, weil sich hier ein gut bevölkertes Saharacamp der Veranstalter von Wüstentouren befindet.

Unterkunft
Camp Nouail (Bungalows und Nomadenzelte, auch Campingmöglichkeit, populäres Etappenziel von Saharaexkursionen, preiswertes Essen, Alkoholausschank, Organisation von ein- und mehrtägigen Exkursionen mit Geländewagen, Dromedar oder zu Fuß).

Blidet
Dorf ca. 30 km nordwestlich von Douz und 24,5 km südwestlich von Kebili, heute am Fuß eines Hügels auf dem das alte Blidet angelegt war. Letzteres ist verfallen, nur die Moschee mit ihrer weißen Kuppel hat noch Bestand. In der Umgebung des Dorfes durchfährt man gepflegte Palmenhaine und kommt ferner an einem See vorbei.

Kebili
Ca. 6.000 Ew. Das kleine Markt- und Verwaltungszentrum der Nefzaoua wird recht häufig von Reisegruppen besucht; es ist Ausgangspunkt für Schottüberquerungen nach Tozeur, 89 km nordwestlich, und Ausflüge nach Douz, 28,5 km südlich.

Man sieht dem Ort kaum die historische Rolle an, die er in verschiedenen wirtschaftlichen und politischen Zusammenhängen spielte. Im **Mittelalter** war Kebili z.B. ein großer Sklavenmarkt. In der Zeit der französichen Herrschaft befand sich hier eine wichtige Kaserne der Fremdenlegion. Auch in der Geschichte der **Befreiungsbewegung** taucht Kebili vorübergehend als zeitweiliger Verbannungsort von Bourguiba (1934) auf.

Dennoch sind historisch gewichtige Bauten in dem kleinen, modern ausschauenden Ort mit seinem ganz passabel gestalteten Zentrum und Basarviertel um die Place de l'Indépendance, wo Eukalyptusbäume für Schatten sorgen und Sitzbänke ein wenig Gemütlichkeit bieten, nicht ausfindig zu machen.

Thermalbäder
An der Straße nach Douz, ca. 1 km vom Zentrum, liegen an der Straße zwei Thermalbäder. Zuerst kommt das Männerbad (ummauertes Becken, Durchmesser ca. 40 m; mit zwei Cafés im Umfeld), dann ca. 50 m weiter ortsauswärts leicht zurückgesetzt das Frauenbad (Hammambau). Zu letzterem gehört fer-

ner ein Freibad, das noch weiter nach hinten liegt und von außen nicht einzusehen ist (Frauen und Kindern vorbehalten).

Ancienne Kebili
Ca. 50 m vor dem Männerbad zweigt nach rechts eine schmale Straße nach Ancienne Kebili ab. Nach ca. 700 m muß man sich bei einer Gabelung nach links wenden. Von hier ist es noch einmal ca. 1 km Fahrt oder Fußwanderung durch einen Palmenhain bis Alt-Kebili, einem ausgedehnten Ruinenfeld, in dem der Verfall unvermindert weitergeht.

Dieser vor einiger Zeit aufgegebene Ort hatte einen römischen Vorgänger; Säulen- und Kapitellfragmente etc. machen das mehr als deutlich.

Kebili-Info

Cafés, Restaurants
An der Place de l`Indépendance sowie in Hotel Oasis (mittlere Kategorie).

Feste
Dattelfest, im November, in Ancienne Kebili. Der Sommer ist wie in den anderen Oasen die Zeit der Hochzeiten. Diese dauern traditionellerweis mehrere Tage. Es wird nach Geschlechtern getrennt gefeiert.

Markttag
Dienstag

Supermarkt
Magasin Général, bei dem höheren Antennenmast.

Unterkunft
Mittel:
Oasis (3***), Tel. 491436, DZ 58 TD; Fort des Autruches (2**, mehrere Schwimmbäder, darunter ein Thermalbad, Maurisches Bad, Bar und Restaurant, oft von Reisegruppen belegt), Tel. 490233;
Kitam (2**, Neubau, gepflegte Zimmer mit Bad, Dusche, Toilette und Balkon, Sonnenkollektoren auf dem Dach), Tel. 491338, DZ 35 TD.

Verkehr:
Busse und Louages nach Tozeur, Gabès, Douz sowie in kleinere Nefzaoua-Orte.

Umgebung/Ausflug
Vorschlag für eine Visite in die Wüste: Kebili – Douz, 28,5 km – Zaafrane, 41 km – Sabria/El Fouar, 64,5 km – Blidet, 104,5 km – Kebili, 129 km.

Kleine Oasen im Nordwesten
Nordwestlich von Kebili passiert die Straße zum Schott und nach Tozeur ein gutes Dutzend gleich einer Kette aufgereihter kleiner Oasen, so u.a. Tombar (schöner Palmenhain), Souk ahad und Om es Somaa.

Chott el Djerid:
Der größte Salzsee der Sahara

Nördlich von **Douz** und **Kebili** liegt der riesige Chott el Djerid, ein Gemisch aus Salzsee und Sandwüste, das größte Gebiet dieser Art in der gesamten Sahara.

Diese ausgedehnte, abflußlose Senke soll noch während der letzten Eiszeit eine mit dem Mittelmeer verbundene Lagune gewesen sein – freilich ist das bislang lediglich eine Hypothese.

Die heutige Situation wird dagegen vor allem dadurch bestimmt, daß im Winter und Frühjahr von den Gafsabergen mit Salzen, Gips und anderen Sedimenten angereichertes **Wasser** zufließt, das dann unter den Bedingungen extremer Hitze und Trockenheit in den Sommermonaten verdunstet.

In den Monaten des Zuflußes ist das Chott el Djerid ein von zahllosen Wasserlachen überflutetes Schlamm-See-Gebiet – an den Rändern bestehen dann metertiefe Salzsümpfe.

Sobald die Wärme, extreme Trockenheit und Hitze Einzug hält, kristallisieren die Salze und verbacken mit dem Schlamm und dem Sand, den der Wüstenwind herbeiträgt, zu einer dicken Kruste, die noch einige Zeit auf feuchter Unterlage ruht.

Im Hochsommer, wenn dieser Prozeß weitgehend abgeschlossen ist, präsentiert sich das Chott el Djerid – von kleinen weißglänzenden Inseln aus Salzkristallen – und -schollen abgesehen – als bräunliche Salz-Ton-Ebene, die in Abschnitten von Sand zugeweht ist.

Chott-Durchquerung, Exkursion
Unter den Franzosen wurde erstmals ein Damm für eine Straßenverbindung von Kebili nach Tozeur aufgeschüttet. Dieser verfiel in den 60er Jahren wegen fehlender Instandhaltung: dadurch war die Route bald an vielen Stellen durch Gräben und Salztümpel unterbrochen oder auch unterspült. Überquerungen waren zu einem abenteuerlichen Unternehmen geworden.

Diese wilde Zwischenzeit ist nun seit Mitte der 80er Jahre wieder vorbei. Nun gibt es sogar eine breite, bequeme Asphaltstraße, für deren Bau nicht zuletzt auch das Ziel der Tourismusförderung maßgebend war.

Die Überquerung des Chott ist ein fester Bestandteil der Rundreisen durch die Oasen der Nefzaouia und des Bled el Djerid. Sie wird an verschiedenen Stellen unterbrochen, wo einige Besonderheiten existieren.

Zum Schluß noch eine Warnung: Gehen Sie auf keinen Fall auf die Kruste des Chott. Das mag rein äußerlich ganz stabil erscheinen, ist es aber nicht immer. Es kann Ihnen dann also passieren, daß Sie in tiefem Morast landen.

Bled el Djerid: Oasen nördlich des Chott el Djerid

Nördlich der riesigen Senke des Chott el Djerid erstreckt sich eine Gruppe von Oasen (**Tozeur, Nefta, El Hamma, El Quidane**), die Bled el Djerid genannt werden.

Diese Region ist wie das Chott el Djerid und die **Nefzaoua-Oasen** extrem trocken (jährliche Niederschlagsmenge 80-120 mm) und im Sommer sehr heiß (häufig um die oder sogar über 50 °C). Die Oasen werden von großen fossilen unterirdischen Wasserreserven versorgt.

Dank intensiver Versorgung mit Wasser und des trocken-heißen Sommerwetters gedeihen hier **Datteln** allererster Güte.

Geschichte
Die Besiedlung des Bled el Djerid reicht bis in die numidische Zeit zurück. In der römischen Epoche befanden sich hier verschiedene Garnisonen – so in **Thusuros/Tozeur, Nepte/Nefta**

In christlicher Zeit fungierten Nefta und Tozeur als Bischofssitze. Ab dem 7. Jh. wurde die Region gegen den Widerstand der berberisch-christlichen **Bevölkerung** von arabischen Invasoren islamisiert.

Im 11. Jh. war der Bled el Djerid wie viele Regionen des Landes Opfer der Beni Hilal; damals wurden die Siedlun-

Die Sahara

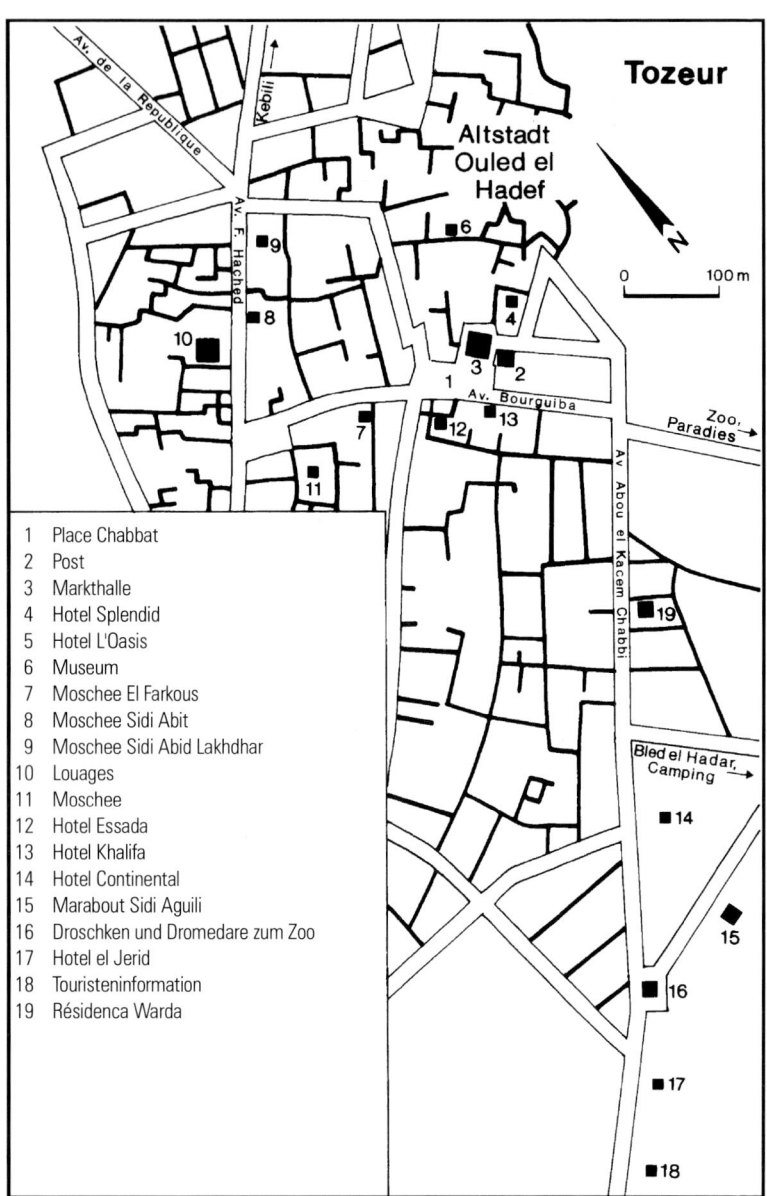

1 Place Chabbat
2 Post
3 Markthalle
4 Hotel Splendid
5 Hotel L'Oasis
6 Museum
7 Moschee El Farkous
8 Moschee Sidi Abit
9 Moschee Sidi Abid Lakhdhar
10 Louages
11 Moschee
12 Hotel Essada
13 Hotel Khalifa
14 Hotel Continental
15 Marabout Sidi Aguili
16 Droschken und Dromedare zum Zoo
17 Hotel el Jerid
18 Touristeninformation
19 Résidenca Warda

gen und Palmenwälder niedergebrannt und das Bewässerungssystem zerstört. Es dauerte lange Zeit, bis die Oasenwirtschaft wieder in Gang kam.

Im **Mittelalter** war der Djerid, insbesondere Tozeur, ein prosperierender Etappenort auf der Karawanenroute zwischen Schwarzafrika und Mittelmeer.

Ökonomie
Der Bled el Djerid ist mit ca. 1,6 Mio. Palmen die größte Gruppe von Oasen in Tunesien. Jährlich werden ca. 30.000 t Datteln geerntet, das ist etwa die Hälfte der Dattelproduktion des gesamten Landes. Ingesant werden 70 Sorten angebaut, darunter die Spitzensorte Deglet en Nour, die lediglich hier und in den Nefzaouia-Oasen gedeiht. Das starke Wachstum der Bevölkerung des Bled el Djerid in diesem Jahrhundert und die Heraufkunft des Massentourismus haben zu einer erheblichen Zunahme des Wasserverbrauchs geführt und eine deutliche Verringerung des Grundwasserspiegels der fossilen Wasserreserven hervorgerufen. Einige artesische Brunnen sind inzwischen vollständig versiegt, bei anderen ist die Förderleistung deutlich zurückgegangen. Mittlerweile sind Tiefbrunnen und Pumpen erforderlich.

Tozeur
Ca. 35.000 Ew., seit den 70er Jahren hat sich dieses Städtchen inmitten einer großen Oase immer mehr zu der am stärksten von Touristen besuchten Gegend des Bled el Djerid entwickelt, zugleich ist es auch dessen Verwaltungs- und Marktzentrum.

Neben dem nun stark vertretenen Fremdenverkehr spielt auch das Handwerk eine beachtliche wirtschaftliche Rolle, wobei es durch den **Tourismus** zusätzlichen Auftrieb erhielt. Natürlich bleibt auch nach wie vor die Oasenlandwirtschaft mit ihren 400.000 Dattelpalmen ein wichtiger Faktor.

Stadtgeographie
Tozeur setzt sich aus der Stadt im Norden und der Oase im Osten und Süden zusammen. Letztere mißt 1050 ha. In ihr sind übrigens sechs kleine Weiler versteckt.

Herz und Kommunikationszentrum der Stadt ist die Place Ibn Chabbat, die gesäumt wird von Läden, Cafés, Restaurants, der Markthalle, der Post und dem Hotel Splendid.

Hauptachse der Stadt ist die Av. Habib Bourguiba, die die Place Ibn Chabbat mit der Durchgangsstraße Nefta-Gafsa verbindet.

Besonderes Augenmerk verdient die schöne Altstadt, die **Ouled Hadef**; ihre verwinkelten Gassen sind teilweise überwölbt. Die Häuser verfügen über alte Lehmziegelfassaden, von denen einige bis ins 14. Jh. zurückgehen. Mitten in der Altstadt befindet sich auch ein kleines archäologisches Museum, dessen nicht sonderlich systematische Sammlung aus römischen Säulen und Statuen sowie verschiedenen Gegenständen der tunesischen **Volkskunst (Keramik, Schmuck**, Gebrauchsgegenständen etc.) besteht.

Südlich vom Hotel Oasis und Rathaus beginnt die ausgedehnte Oase, die auch von Touristen besichtigt werden darf, was übrigens in einem Ausmaß geschieht, daß einem angst und bange wird.

Die **Sahara**

Die Oase
Tozeurs Palmerie ist etwa 1.000 ha groß, sie wird von etwa 200 Quellen und artesischen Brunnen versorgt.

Dattelpalmen, teilweise mit Gemüsegärten als Unterbau, von zahlreichen Sandwegen durchzogen, gelegentlich ein Weiler, das ist das Bild, das man bei Spaziergängen in Tozeurs Palmoase bekommt.

Ein Drittel der Palmen gehört einer kleinen Clique von lediglich 60 Familien, 10 % sind im Besitze der religiösen Gemeinschaft Zaouia Tidjaniya, mit dem Rest müssen sich zahlreiche Minibauern zufriedengeben. Die Besitzer der größeren Stücke lassen ihre Palmengärten von Kleinpächtern bewirtschaften. Zur Erntezeit werden zahlreiche Aushilfskräfte beschäftigt.

Sehenswert
Die ganze Stadt ist sehenswert; andererseits fehlen jedoch hervorhebenswerte Einzelbauten. Man wird den Stadtspaziergang an der Ecke Av. Farhat Hached/Av. Habib Bourguiba beginnen, wo man auf das Minarett einer gewaltigen Moschee schaut. Dann geht man an zahlreichen Touristenläden vorbei zur Place Ibn Chabbat, wo Cafés zu einer kurzen Pause einladen. Nächstes Ziel ist dann die Markthalle auf der Nordostseite des Platzes. Danach begibt man sich in die verwinkelte Altstadt mit ihren originellen Ziegelsteinfassaden. Man wird schließlich wieder zur Place Ibn Chabbat zurückkehren und entweder den Streifzug beenden oder eine Wanderung durch die Oase anschließen.

Museum Dar Cherait
2 km südlich vom Zentrum, am Ende der Av. Abou el Kacem Chabbi, nagelneu, erst 1990 eröffnet, ein Museum mit erstklassigen Sammlungen, ist in kurzer Zeit zur Hauptattraktion von Tozeur aufgestiegen. Der starke Andrang von großen Reisegruppen bereitet manchmal Schwierigkeiten. Das Museum ist Teil eines palastähnlichen Baus. Sein Zentrum bildet ein prächtiger Innenhof mit Brunnen, der von Arkaden umgeben ist, und dessen Wände mit erlesener Keramik geschmückt sind. Von hier gehen vier Räume/Bereiche aus, in denen sich interessante Austellungen befinden: das Zimmer des Beys (türkisch-osmanischer Herrscher; Renommierstück des Museums), das Zimmer der Frauenarbeit, eine traditionelle Küche, ein Maurisches Bad und eine Koranschule.

Für Freunde/Freundinnen handwerklicher Gegenstände aus dem arabisch-islamischen Kulturkreis bietet das Museum eine Fülle von Exponaten wie Keramik-, Messing-, Kupfer- und Silbergegenstände, Glaswaren, Perlmutt-Intarsienarbeiten, kunstvoll verzierte Möbel, Bücher, Waffen, traditionelle Gewänder, einschließlich Festtagskleidung.

Zu den Pluspunkten gehören ferner die Austellung zur modernen tunesischen **Malerei** und das komplette Nomadenzelt im Untergeschoß.

Geöffnet ist das Dar Cherait Museum von Di-So von 8 Uhr bis zum späten Abend. Angesichts der vielen Details ist es ratsam, an einer Führung teilzunehmen.

Im Gebäudekomplex befinden sich außerdem im Parterre ein Café und ein luxuriöses Restaurant.

Museum Achéologique et Traditionel
In diesem Museum im Grabbau von Sidi Bou Aissa, in der Rue de Kairouan, mitten in der Medina, herrscht das liebe Durcheinander.

Wer sich aber ein bißchen in arabisch-islamischer **Kultur** und tunesischer Geschichte auskennt, kann hier durchaus ein paar interessante Stunden erleben. An dieser Stelle nur eine kleine Auswahl aus dem Exponatensalat (inklusive diverser Staubschichten): Musikinstrumente, Haushaltsgeräte und Möbel, Korantafeln, alte Manuskripte, darunter Ibn Chabbats Bewässerungs- und Wasserverteilungssystem für Oasen aus dem 13. Jh., Bücher, Münzen. Geöffnet Di-So 8-12 und 15-18 Uhr.

Belvédère

Vom Dar Cheraït zweigt nach Osten ein Weg ab, der ein Stück durch die Oase führt und nach ca. 1 km einen etwa 30 m hohen, bizzaren Sandsteinfelsen namens Belvédère erreicht, von dem man einen faszinierenden Blick über das Meer der Palmwipfel der Oase und ausgedehnte Wüste hat.

Unweit von dem Felsen sprudelt von einer Quelle 30°C warmes Wasser in einen Badeteich (Ras el Aioun), ein unter Einheimischen und den Gästen des nahegelegenen Campingplatzes beliebter Flecken.

Die schöne Aussicht und die sprudelnde Quelle können aber andererseits nicht verbergen, daß es mit der **Wasserversorgung** im Bereich Belvédère wegen der Anlage des Neubauviertels von Dar Cheraït und dessen hohen Wasseransprüchen nicht gut bestellt ist und in Zukunft noch schwieriger werden wird. Bei meinem Besuch des Belvédère im Herbst 1993 war unübersehbar, daß große Bestände von Palmen im Absterben begriffen sind.

Zoo, Paradiesgarten

Von der Av. Abou el Kacem Chabbi gibt es zwei Wege: der erste beginnt bei Hotel l`Oasis (Länge 4 km), der zweite bei Hotel Continental (Länge 2,5 km). Beide führen jeweils auch ein Stück durch den Palmenhain der Oase. Häufig werden sie zu einer Rundtour kombiniert. Viele Touris mieten Pferdekutschen, die beim Hotel Continental abfahren. Es besteht auch die Möglichkeit ein Fahrrad zu leihen (Verleih an der Av. Aboud Kacem Chabbi).

Ich habe die zweite Zufahrt genommen. Nachdem man den Oued überquert hat, wird ca. 700 m östlich vom Hotel Continental das Dorf Bled el Hader erreicht, in dem noch alte Lehmziegelhäuser existieren.

Hier befand sich in römischer Zeit die Hauptsiedlung der Oase. Auch im **Mittelalter** bestand in Bled el Hader eine nennenswerte Ortschaft. Im Zentrum des heutigen Dorfes steht noch eine alte Moschee aus dem 11. Jh. Ihr abgesetztes Ziegelminarett befindet sich über Steinblöcken des römischen Kastells von Thusuros.

Etwa 200 m von der Moschee entfernt steht der **Marabout des Ibn Chabbat**, jenes 1282 verstorbenen legendären Imams, der einst das Wasserverteilungssystem für die Oase entwarf. Dieses alte Bauwerk ist 1990 durch Regenfälle beschädigt worden und wartet auf Renovierung.

Die Straße durchquert alsbald den neueren Ort Abbès und trifft beim **Marabout Sidi Ali Bou Lifa** auf die erste Route. Diese Grabesstätte zieht sehr viele Gläubige an. Der Bau liegt im Schatten eines gewaltigen Baumes (Umfang des Stammes ca. 10 m). Eine fromme Legende besagt, daß der Heilige ihn vor über 700 Jahren noch selbst gepflanzt habe. Vom Marabout sind es nur noch 200 m bis zum Zoo, dessen Parkplatz in der Saison von den zahlreichen Ausflugsbussen und Pferdekutschen überfüllt ist. Der kleine Zoo ist nicht sonderlich gut bestückt und wird auch nicht den Bedürfnissen der einsitzenden Tiere gerecht. Zu sehen sind u.a.: Dromedar, Strauß, Löwe, Affe, Fenek, Koyote, Mufflon, Wildschwein, Waran, Hornviper, Falke, Steppenadler, Bussard.

Dem Zoo ist ein üppiger Garten, Paradiesgarten genannt, benachbart, der durch seine Planzenfülle und Blütenpracht betört, für die Rosen, Hibiskus, Bougainvillea, Oleander und Geranien sorgen. Über allem bilden mächtige Palmen, zwischen denen Aprikosen-, Feigen- und Bananenbäume stehen, einen grünen Schirm. Durch diesen paradiesischen Park führen breite Pfade, es gibt auch verschiedene Sitzgelegenheiten.

Zoo und Paradiesgarten sind täglich von 8.30-19 Uhr geöffnet.

Si Tijani Zoo du Desert
Am Nordrand der Stadt, ein weiterer kleiner Zoo. Auch hier herrschen für die Tiere keine ihren Bedürfnissen entsprechenden Lebensbedingungen. Im Tijani Zoo befinden sich u.a.: Löwen, ein Schaf mit vier Hörnern, ein Braunbär, ein Hängebauchschwein, Affen, Falken, Geier, Königsadler. Geöffnet täglich von 8 Uhr bis Sonnenuntergang.

Tozeur-Info

Cafés
Mehrere Cafés an der Place Ibn Chabbat/Zentrum; Café Diamanta, an der Av. Abou el Kacem Chabbi und das Café im Museum Dar Charait.

Feste
Oasenfestival, in der zweiten Dezemberhälfte, Ausstellung von Handwerk einschließlich Demonstation von Arbeitsgängen; Kamelrennen, Reiterspiele, Folklore.

Markt, Wochenmarkt, Supermarkt
Es gibt eine Markhalle im Zentrum der Altstadt, der Wochenmarkt findet am Dienstag statt, es gibt einen Supermarkt/Magasin Général, 1 km ab Zentrum, an der Straße nach Nefta, geöffnet Di-Sa 8-12.30 und 14.30-19, So 8-13.30 Uhr.

Restaurants
De la République, im Zentrum, Av. Habib Bourguiba, im offenen Innenhof (einfach, Standardgerichte, auch Couscous; preiswert);

Le Paradis, in einer Seitenstraße der Av. Bourguiba (mehrere Tische im Freien; Standardgerichte, einfach, billig);

Le Soleil, Av. Abou el Kacem Chabbi, gegenüber der Résidence Warda (relativ neu, Inneneinrichtung und Mobiliar aus hellem Holz, tunesische und europäische Küche, Standardgerichte, Preise recht niedrig);

Diamanta, Av. Abou el Kacem Chabbi, gegenüber von Hotel Continental (Standardgerichte, Preise recht niedrig);

Restaurant du Sud, Av. Farhat Hached (Spezialitäten aus Sfax);

Le Petit Prince, nahe Gouverneurspalast, am Rande der Oase (Gartenlaube; relativ teuer);

Restaurant im Museum Dar Cheraït (gehobene Kategorie; teuer, geöffnet 12-14 und 20-22 Uhr);

Bled el Djerid: Oasen nördlich des Chott el Djerid

Touristeninformation
Syndicat d`Initiative, Av. Habib Bourguiba (bei Tankstelle), geöffnet Mo-Sa 8.30-12 und 15-18 Uhr, Organisation von Kutschfahrten und Dromedarritten (pro Person pro Stunde 4 TD) durch die Oase sowie Geländewagen-Exkursionen in die Umgebung. Ferner werden Fahrten mit dem Lézard-Rouge-Zug von Metlaoui in die Seldjaschlucht angeboten.

ONTT
Av. Abou El Kacem Chabbi, geöffnet Mo-Sa 8.30-13 und 15-17.45 Uhr.

Unterkunft
Sehr einfach:
Khalifa, mitten in der Altstadt (kleine saubere Zi., gDu/WC, von der Terrasse Blick auf die Altstadt), Tel. 450858; Essaada, Av. Habib Bourguiba (billigste Bleibe von Tozeur, spartanisch, gDu/WC, Dusche extra), Tel. 450097, DZ 6 TD; Résidence Warda, nahe Av. Abou el Kacem Chabbi, die zum Belvedere führt (saubere Zimmer, Dachterrasse), Tel. 452597, DZ 13 TD.

Jugendherberge
Av. de la République (nicht gerade sauber, sanitäre Anlagen in schlechtem Zustand).

Einfach:
El Jerid (1*), Tel. 454488, DZ 25 TD; Splendid, beim Markt (Zi. eDu/WC und gDu/WC; Speisesaal), Tel. 450053.

Mittlere Kategorie:
Continental (3***), Tel. 450526, DZ 35 TD;
Oasis (3***), Tel. 450522, DZ 56 TD;
Ras el Ain (3***), Tel. 452003, DZ 74 TD;
Hafsi (3***), Tel. 452558, DZ 49 TD;
Basma (3***), Tel. 452488, DZ 60 TD;
Phedra (3***), Tel. 452185, DZ 60,5 TD;
Palmyre (3***), Tel. 45204, DZ 84 TD;
Dar Ghaouar (2**), Tel. 452782, DZ 34 TD.

Obere Kategorie:
Abou Nawas (4****), Tel. 453500, DZ 80 TD.
Salah Eddine (5*****), Tel. 454888;
Palm Beach (5*****), Tel. 453911

Camping
Campement Beaux Reves, Av. Abou el Kacem Chebbi, nahe Fremdenverkehrsbüro (schöner Garten, schattig, funktionierende sanitäre Anlagen, auch Nomadenzelte);
Camping I`Oasis, in Degache, 9 km (ruhig, sauber, unter Palmen, geräumige Stellplätze, auch Bungalows);
Camping Bled el Hadar, am Ortsrand Richtung Zoo/Paradise (im Palmengarten, ruhig, kleine Stellplätze);

Verkehr
Bus: Nach Nefta, Kebili (umsteigen für Douz); Hafzaoua/algerische Grenze (1x tgl.), Degache (stündlich), Gofsa und Tunis (via Gafsa/Kairouan, 7 Std., mehrmals tgl.).
Louages: Nach Nefta (häufig), Gafsa, Gabès (häufig), Kebili und Tamerza keine regelmäßige Direktverbindung, es können aber Lounges organisiert werden.
Flugzeug: Flughafen, 4,5 km westlich, Hauptziele: Tunis, Djerba, Paris; nur mit dem Taxi erreichbar, Büro von Tunis Air, Av. Farhat Hached.

Umgebung

El Hamma du Djerid
Ca. 3.500 Ew., 9 km nördlich von Tozeur, am Südostrand des **Chott el Gharsa**, 110.000 Dattelpalmen auf 600 ha, eine kleine Gruppe von **Oasen**, die zwar kein eigenständiges Reiseziel ist, aber doch manchen Touristen auf der Durchfahrt von Gafsa nach Tozeur zu einem kurzen Halt animiert.

Der neue „Complexe Touristique" soll wohl dafür sorgen, daß die Leute ein bißchen länger bleiben und die sechs 37-40°C heißen schwefel- und kochsalzhaltigen **Thermalquellen** zu Kurzwecken nutzen, was unter Einheimischen schon seit langer Zeit populär ist. El Hammas Thermalquellen sollen gegen Hautkrankheiten, Arthritis und Nervenschmerzen helfen. Das Heilwasser speist verschiedene örtlichen Hammams.

El Hamma du Djerid besteht aus den vier Dörfern Er Erg, Msaaba, Mhareb und Nemlet (insgesamt 3.500 Ew.).

Hier ist die nach modernen Anbaumethoden arbeitende Großplantage „Oasis" zu Hause, die ihre Haine nur halb so dicht mit Palmen bestellt, wie es Tradition ist (150 statt 300 Bäume pro ha). Ihr ist es damit gelungen, überdurchschnittliche Erträge zu erzielen.

Restaurant, Unterkunft
Complex Touristique el Hamma mit Restaurant mit guter Auswahl, Bar, Café.

El Quidane-Gruppe
Etwa 3 km östlich von El Hamma du Djerid und 9 km nordöstlich von Tozeur ist eine Ansammlung von verschiedenen sehr kleinen Oasen. Dazu gehören neben den etwas größeren Orten Degache und Kriz eine Reihe kleiner Weiler (Zaouit el Arab, Zorgane, Ouled Majed, Seddada). Insgesamt leben hier etwa 10.000 Menschen.

In den Oasen der El Quidane-Gruppe finden wir außer Dattelpalmen auch recht viele Feigenbäume, Zitrusfrüchte und Ölbäume.

Degache (Campingplatz mit Bungalows) und Kriz sind ruhige Dörfer nur ein paar Kilometer vom übertouristisierten Tozeur entfernt, die sich durchaus für ein paar Tage Ausspannen eignen. Bauliche Sehenswürdigkeiten sind natürlich rar in derart bescheidener Umgebung, vielleicht kann man als solche die alte Lehmziegelmoschee von **Ouled Majed** oder den **Marabout** des **Sidi Bou Hilal** in **Seddada** ansehen, der im Herbst für kurze Zeit zum Pilgerziel wird.

Nefta

20.000 Ew., dieses Oasenstädtchen, 23 km westlich von Tozeur, die zweite Kapitale des Fremdenverkehrs im Bled el Djerid, war in der Zeit vor der Ankunft des Automobils eine sehr wichtige Karawanenstation. Aber auch heute ist der Ort nicht unbedeutend, jetzt ist es vor allem die jahrhundertealte Funktion als Wallfahrtsort mit ehemals großer **Sufitradition**, die dafür verantwortlich ist, daß Nefta die Rolle eines hochkarätigen religiösen Zentrums – „Kairouan des Südens" – spielt.

Sichtbar wird dies an den sehr zahlreichen religiösen Bauwerken, darunter allein 24 Moscheen (acht Freitagsmoscheen) und über 100 Marabouts.

Nefta besitzt wie Tozeur schöne Altstadtviertel in überlieferter Lehmziegelarchitektur. Davon ist allerdings im Jahre 1990 durch schwere Regenfälle einiges zerstört worden. Das Erscheinungsbild der Stadt wird schließlich abgerundet durch die ca. 10 qkm große Oase mit ihren etwa 400.000 Dattelpalmen, deren Früchte von hervorragender Qualität sein sollen.

Wie im benachbarten Tozeur ist auch hier inzwischen der internationale Fremdenverkehr voll etabliert und von großer wirtschaftlicher Bedeutung.

Ferner ist das Städtchen für verschiedene Handwerke bekannt, so die Teppich-, Woll- und Seidenweberei, **Töpferei** und die traditionelle Lehmziegelherstellung.

Stadtgeographie
Nefta besteht aus zwei Stadthälften, welche durch einen Talkessel mit Palmenhain, die Corbeille, klar voneinander getrennt sind. Hier entspringt der **Oued**. Die ausgedehnte Oase nimmt den Süden der Gemarkung ein.

Der westliche Teil der Stadt (El Bayada nördliche Hälfte, Beni Ali südliche Hälfte), der sich über einen Hügel erstreckt, ist altstädtisch, traditionell.

Sein belebtes Zentrum wird von der Place de l'Independance gebildet, die von einem malerischen Soukviertel umgeben ist, mit Geschäften, Cafés und den Lebensmittelmarkt.

In den verwinkelten Gassen mit schönen alten Torbögen und tunnelartigen Durchgängen des Stadtteils El Bayada – insbesondere in der Umgebung der Sidi Dhaifallah Moschee – sieht man auch einige Häuser mit ausgesprochen schönen Ziegelornamenten. Durch die schweren Regenfälle von 1990 wurden hier unglücklicherweise eine ganze Reihe von weiteren sehenswerten Bauten (auch Marabouts und Moscheen) zerstört.

Eine besondere Konzentration von Marabouts, Zaouias und Moscheen, alle in weiß, befindet sich am Nordrand der Weststadt. Sie sind in der Form einer Kette aneinandergereiht. Größter Bau ist die vierkupplige **Zaouia Sidi Salem** (auch Große Moschee) aus dem 15. Jh. Von letzterer hat man einen feinen Blick zur **Corbeille** hinunter, jenem schon oben erwähnten Talkessel und Palmenhain (ein üppiges Gewirr von Gärten, Bächen, Gräben und Kanälen), in dem sich zahlreiche Quellen (über 100) befinden, aus denen der Oued von Nefta gespeist wird. Hier existieren auch verschiedene Thermalquellen (ca. 80°C heiß), die einen bei der lokalen Bevölkerung beliebten Badeteich bilden (Badezeit: Frauen morgens, Männer mittags).

Man wird bis zur **Zaouia des Sidi Brahim**, einem Kuppelbau aus dem 12. Jh., hinaufgehen, im nahegelegenen Café de la Corbeille einkehren und die herrliche Aussicht auf die Corbeille, Stadt und die Oase samt Wüstenrand genießen. Vom Café de la Corbeille führt übrigens auch eine breite Teerstraße zum Neustadtzentrum hinunter (ca. 2 km, Einmündung in die Av. Habib Bourguiba bei der Information).

Nördlich von der Oststadt und südlich von der Weststadt liegt die breite Durchgangsstraße, die von Tozeur kommt und nach El Oued in Algerien führt, die im Ortsbereich Av. Habib Bourguiba heißt.

Entlang dieser Hauptstraße (vorwiegend im Ostabschnitt) ist die schmale Neustadt von Nefta angelegt. Hier haben sich Banken, die Post, Tankstellen und das Fremdenverkehrsamt niedergelassen.

Im Süden des östlichen Abschnitts der Av. Habib Bourguiba, der Oststadt im engeren Sinne, auch Ouled Ech Chrif genannt, befindet sich ein zweites großes altes Stadtviertel. Auch hier findet man zur Genüge traditionelle

Lehmziegelarchitektur. Mittelpunkt dieses Teils ist die Place de la Libération (Läden, Cafés, Markthalle), die von einem betriebsamen Souk umgeben ist.

Auch hier kann man einen interessanten Stadtbummel unternehmen.

Zwischen West- und Oststadt überquert die Durchgangsstraße Tozeur-El Oued auf einer Brücke den Oued. Südlich von dieser Brücke befindet sich eine moderne Anlage, die das Wasser des Oued auf verschiedene Kanäle für die Oase verteilt.

Ausflüge in die Oase
Zum Besuch von Nefta gehört neben den Streifzügen durch die Altstadt auch ein Ausflug in die nach Süden an die Stadt angrenzende ca. 10 qkm große Oase, die bis zum Chott el Djerid reicht. Es besteht die Möglichkeit, Kutsche oder Kamel zu mieten oder auch mit Guide die Oase zu durchwandern – selbstverständlich geht das auch auf eigene Faust, da die Orientierung nicht allzu schwer ist.

In dieser Oase befindet sich auch die **Zaouia des Sidi Bou Ali**, das große Ziel der zahlreichen einheimischen Neftapilger und -pilgerinnen, das den ausländischen Touristen aber nicht zugänglich ist – ein ausgesprochen unscheinbarer Bau, dem man von außen überhaupt nicht ansieht, welche hochkarätige religiöse Funktion er hat.

Der hier ruhende Heilige kam im 13. Jh. von Marokko nach Nefta, er soll die **Dattelpalme** von der algerischen Oase Touggourt mitgebracht haben.

Nefta-Info

Cafés
An der Place de la Libération, im Zentrum des Stadtteils Ouled Ech Chrif (Altstadtatmosphäre) sowie oberhalb der Corbeille (fantastische Aussicht);

Feste
Folklorefestival im April; Dattelfest im Winter; verschiedene Heiligenfeste (Moussem).

Hammam
In der Nähe der Post, Männer morgens, Frauen nachmittags.

Markt
Am Donnerstag ist Wochenmarkt auf dem Platz unterhalb der Moschee Sidi Ben Abbès.

Restaurants
In allen Hotels; Restaurant du Sud, Av. Habib Bourguiba (preiswertes kleines Lokal, regionale Küche, nur einheimisches Publikum);

Touristeninformation
Syndicat d`Initiative, an der Hauptstraße, bei der Mobil Tankstelle, geöffnet tgl. 8.30-17 Uhr, Organisation von Dromedarritten, Kutschfahrten, Geländewagen-Exkursionen, Tarife (pro Stunde): Dromedar 2,5 TD, Dromedarführer 5 TD, Pferdekutsche (4 Plätze) 6 TD, Führer pro Tag 35-40 TD;

Unterkunft
Einfach:
El Habib, Tel. 457497, DZ 14 TD; Marhala (Touring Club), Ausfallstraße Richtung Algerien (einfach, aber gepflegt, architektonisch ansprechend, Zimmer eDu/WC, Speiselokal, Ausschank von Alkohol, kleines Schwimmbad im Innenhof, in der Saison stark belegt), Tel. 430027, DZ 18 TD.

Die Sahara

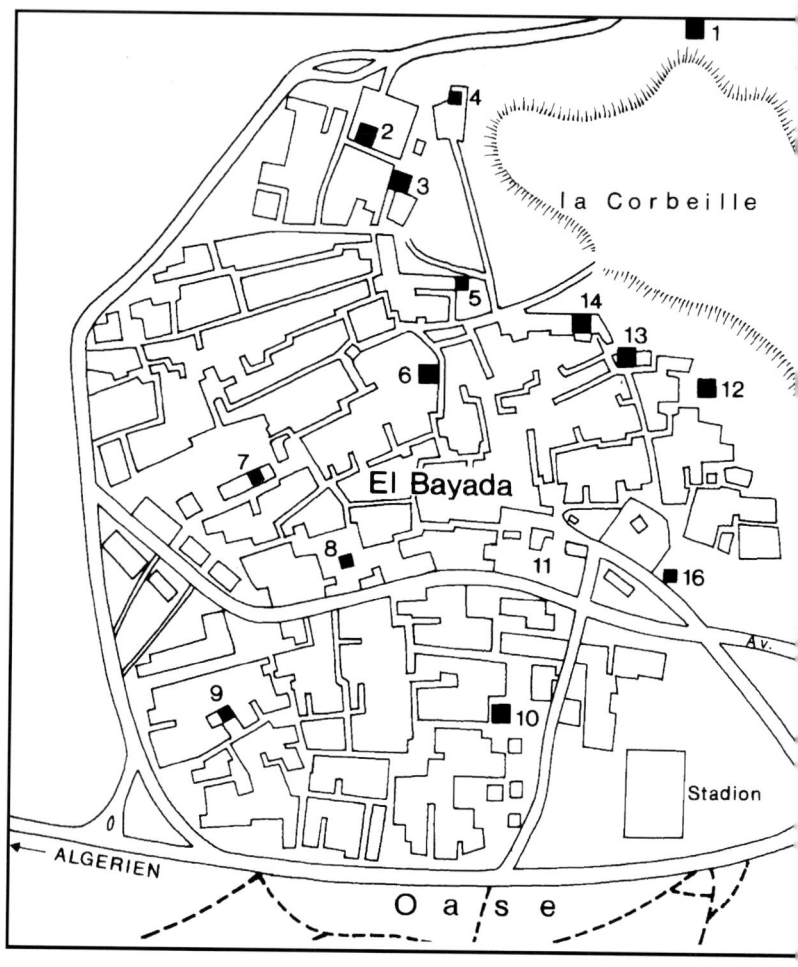

1 Hotel Sahara Palaca
2 Hotel Mirage
3 Sidi Brahim
4 Café de la Corbeille
5 Sidi el Machami
6 Sidi Dhaifallah
7 Sidi Lahmadi
8 Sidi Houssine
9 Sidi Ahmed Ben Rabha
10 Sidi Mustapha Ben Azzouz
11 Place de L'Independance
12 Sidi Salem

Bled el Djerid: Oasen nördlich des Chott el Djerid

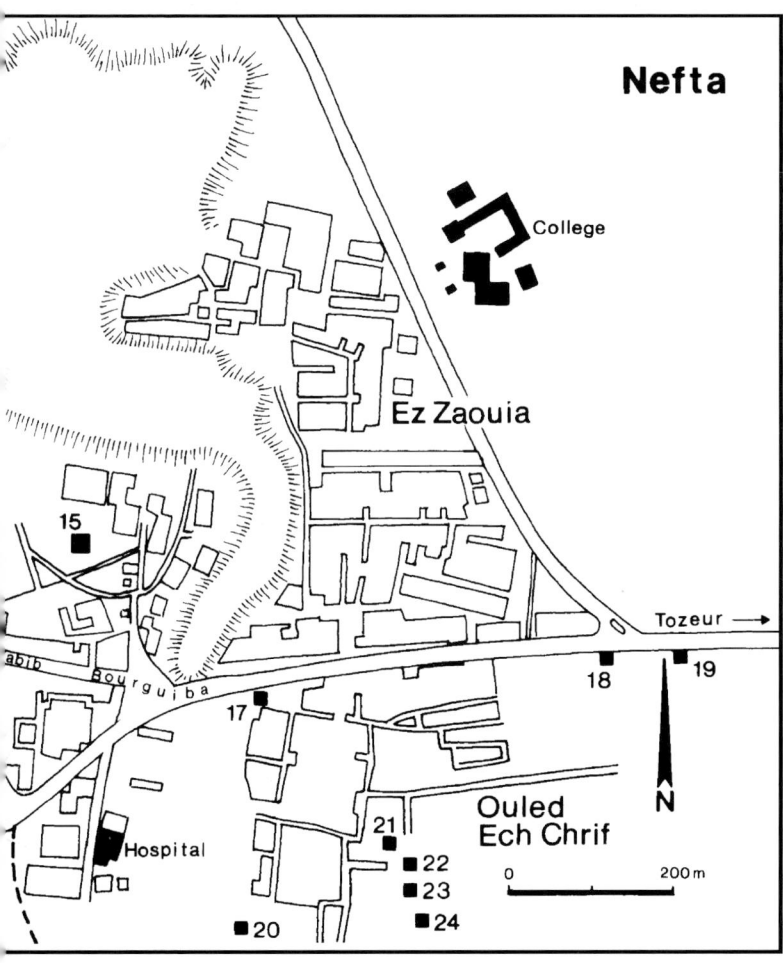

13 Sidi Ahmed Miaad
14 Saf el Mouaad
15 Sidi Ben Abbès
16 Sidi Ahmed Ben Salah
17 Post
18 Sidi Abdallah Laamoudi

19 Hotel les Nomades
20 Moschee Sidi M'Khareg
21 Moschee Sidi Boucitta
22 Markt
23 Place de la Libération
24 Moschee el Khalalta

Untere Mittelklasse:
Nomades, am östlichen Ortseingang (Bar, Restaurant, Swimmingpool, Zi. im traditionellen Ambiente, eDu/WC, gemütlich), Tel. 530052.

Mittel:
La Rose (3***), Tel. 430696, DZ 70 TD;
Horizon (3***), Tel. 430378, DZ 66 TD;
Carvanserail (3***), Tel. 430355, DZ 60 TD.

Verkehr

Bus: nach Tozeur (häufig, teilweise Weiterfahrt nach Gafsa, Sfax und Kairouan), Tunis (1x tgl.) und Hasaoua (1x tgl.).

Louages: nach Tozeur und Hazaoua/algerische Grenze.

Flugzeug: Flughafen, ca. 20 km entfernt, Richtung Tozeur.

Umgebung/Ausflüge

Sandrosenmarkt/Marché des Roses du Sahara
Ca. 10 km westlich von Nefta (Richtung Algerien) verläßt man die Hauptraße nach links und trifft am Chott el Djerid auf einen Markt für Mineralien und andere Souvenirs, wobei hauptsächlich Sandrosen angeboten werden, die von Nomaden aus der nicht weit entfernten **Grand Erg Oriental** herangeschafft werden. Man muß allerdings deshalb nicht unbedingt diesen Markt aufsuchen, Sandrosen bekommt man auch in **Nefta**, **Tozeur** und **Houmt Souk**/Djerba.

Was sind Sandrosen?
Sie bilden sich, wenn das kapillar nach oben steigende Grundwasser im Bereich der Erdoberfläche verdunstet und sich dabei der Gips mit dem Quarzsand zu bizarren gesteinshaften Formen verbindet. Diese gelblich bis rötlich aussehenden Sandrosen sind sehr zerbrechlich und sollten entsprechend gut verpackt werden.

Weiterfahrt nach Algerien
Über Tozeur und Nefta lief bis vor ein paar Jahren ein starker touristischer Durchgangsverkehrs Richtung algerische Sahara. Seit vor etwa fünf Jahren bürgerkriegsähnliche Verhältnisse in Tunesiens westlichem Nachbarland ausgebrochen sind, werden diese Trips nur noch von wenigen Wüsten-Abenteurern unternommen, die sich aus Sucht über jedes Risiko hinwegsetzen. Davon hält sie auch nicht ab, daß islamistische Gruppen mittlerweile eine Reihe von Ausländer/Ausländerinnen ermordet haben und ganz allgemein die Ausländer/Ausländerinnen aufgefordert haben, das Land zu verlassen.

Bergland von Gafsa

Nördlich von den Oasen des Djerid folgt zunächst eine schmale, über 100 km lange Gebirgskette, die bis zu 679 m hoch ist. Daran schließt nach Norden ein Streifen an, der im Westen und Osten ziemlich flach ist (100 bis 200 m), im Zentrum aber Mittelgebirgscharakter hat (**Bou Jepra**, 812 m).

Erst nördlich von diesem durchschnittlich etwa 30 km breiten Streifen, dessen **Vegetation Wüstensteppe** ist, beginnt das ausgedehnte und wesentlich höhere Bergland von Gafsa. Diese in West-Ost-Richtung verlaufenden Bergzüge um Gafsa (etwa 150 km Länge), der **Djebel Bou Ramli** im Westen mit 1156 m und der **Djebel Biada** im Osten mit 1165 m, bilden die Klima- und Vegetationsbarriere zwischen der zentraltunesischen Steppe und Südtunesiens Wüsten.

Die Region wird von den früher nomadisierenden Hammama bewohnt, die heute weitgehend seßhaft sind. Außerhalb, der im zentralen Bereich gelegenen Oase Gafsa wird hauptsächlich **Viehwirtschaft** betrieben und nur da und dort ein wenig produktive **Landwirtschaft** (Getreide, **Oliven**, Obstbäume). Im **Tourismus** ist eine Gruppe von Bergoasen im Grenzgebiet zu Algerien zu Ruhm gekommen, ansonsten wird die gesamte Gebirgsregion links liegen gelassen.

Gafsa

Ca. 65.000 Ew., Handels- und Verkehrsknotenpunkt der Region zwischen Tozeur, Kasserine und Sfax, in einer großen Oase zwischen Djebel Orbata und Djebel Ben Younes.

Der Ort ist in der Anlage überwiegend modern, die Altstadt ist relativ klein.

Gafsa ist Durchgangsort von Fahrten in den Bled el Djerid, aber kein eigenständiges Reiseziel.

Ein Teil der **Bevölkerung** lebt noch von der Oasen-Landwirtschaft, aber das reicht bei vielen nicht zum Lebensunterhalt, weshalb die meisten Oasenbauern zusätzlichen Beschäftigungen nachgehen. Hauptzweige außerhalb der Landwirtschaft sind der **Handel**, das **Handwerk** (**Teppiche**, Wolldecken), die Verwaltung sowie der **Phosphat-Bergbau** im Umland.

Die unspektakuläre Oase
Im Westen, Osten und Süden ist die Stadt von einer großen Oase umgeben, die aus drei Hainen besteht, die jeweils etwa 100.000 Palmen besitzen.

Diese Oase wirkt nicht sonderlich spektakulär, da ihr der Kontrast zu den Sandbergen einer Vollwüste fehlt. Außerdem wirken auch die Palmen selbst ein wenig mickrig, was damit zusammenhängt, daß Gafsa bisweilen einem kühlen und feuchten Nordwind ausgesetzt ist.

Unter wirtschaftlichem Aspekt sind übrigens die im Zentrum der Oase angebauten Gemüse, Weinreben und Obstbäume wichtiger als die Dattelpalmen. Am Rand der Oase findet man auch Getreidefelder und **Olivenhaine**, die durch Eukalyptusbäume vor dem Wind der Halbwüste geschützt sind.

Bergland von Gafsa

Geschichte
In der römischen Zeit bestand hier eine Siedlung namens Capsa, die Garnison und **Thermalbad** war. An letzeres erinnern noch die Römischen Bäder in der Altstadt.

Unter den Byzantinern erhielt der Ort Befestigungen, die ihn aber letztlich nicht davor bewahren konnten, daß er 680 durch arabische Okkupanten zerstört wurde.

Die heutige arabische Stadt geht auf das 15. Jh. zurück, als auf byzantinischen Fundamenten eine Kasbah angelegt wurde. Etwa 100 Jahre später wurde die Festung weiter ausgebaut. In der Zeit der französischen **Kolonialherrschaft** kam Gafsa zu besonderer Bedeutung durch die Entdeckung großer Phosphatvorkommen in der Umgebung.

1942 wurde die Stadt von der deutschen Naziarmee besetzt. Im Winter 1942/43 kam es zu schweren Kämpfen mit den Alliierten, durch die große Teile zerstört wurden.

Beim Wiederaufbau wurden moderne Stadtteile mit breiten Alleen und großen Plätzen angelegt.

1980 brach hier ein lokal begrenzter Aufstand aus, der von etwa 60 Personen ausgelöst wurde, die von auswärts kamen, und ein Fanal zum Sturz von Bourguiba setzen wollten. Es gelang ihnen zwar im Handstreich, die in Gafsa stationierte Garnison zu besetzen, aber schon nach etwa einem Tag wurde die Stadt durch eiligst herbeigeschaffte Verstärkungen durch die Bourguiba-Truppen zurückerobert.

Stadtgeographie
Zentraler Treffpunkt und Schnittpunkt der frequentiertesten Verkehrsadern ist der Square Bourguiba, ein großer Platz mit einer kleinen schönen Parkanlage, der von zahlreichen Geschäften und Cafés umgeben ist. An seiner Südseite liegt der Busbahnhof, an seiner Ostseite finden wir die noch relativ junge Markthalle, die an die Stelle des offenen Souks getreten ist.

Der Markt wird auch von vielen noch teilnomadisch lebenden Menschen aus dem entfernteren Umland besucht.

Ein spezifisches Produkt, für das Gafsa weithin bekannt ist, sind verschiedene Wolldecken: weiß-rot gestreifte Battanias und mit geometrischen und figürlichen Mustern versehene Ferrachias.

An der Westseite des Bourguiba-Platzes erstreckt sich ein sehr belebtes Altstadtviertel mit zahlreichen kleinen Läden und offenen Marktständen. Wichtigste Geschäftsstraße dieses Stadtteils ist die Rue Kilani Metoui, die den gesamten Bereich zwischen Bourguiba Square und Kasbah durchquert und direkt an der Kasbah auf die breite Av. Habib Bourguiba trifft.

Die Kasbah von Gafsa geht auf die Hafsiden zurück (1434). Im 17. und 19. Jh. wurden verschiedene Umbauten vorgenommen. Im Zweiten Weltkrieg war zur Zeit der deutschen Besatzung hier ein Munitionslager eingerichtet, das 1943 bei einem Luftangriff explodierte. Dabei wurde die Anlage bis auf Teilstücke der Außenmauern zerstört. Letztere wurden in jüngster Zeit restauriert.

Sehenswürdigkeiten
Gafsa ist nicht allzu reich an sehenswerten Bauten; die Kasbah, die so etwas sein könnte, ist z.B. – wie oben schon angeführt – weitgehend zerstört.

Viele Touristen sehen sich die Römischen Bäder (nahe der Information) an.

Gafsa

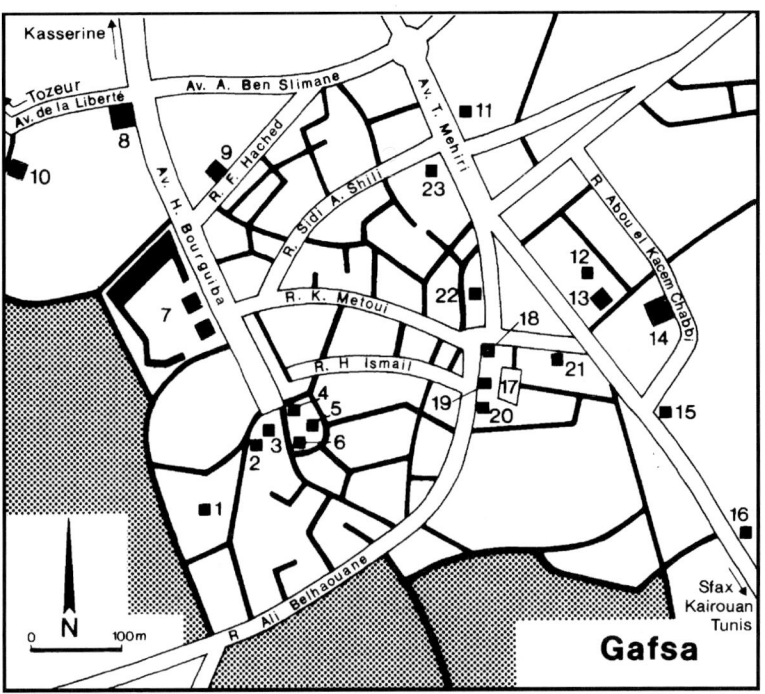

1 Große Moschee
2 Hammam
3 Dar el Bey
4 Museum
5 Touristeninformation
6 römische Bäder
7 Kasbah
8 Post
9 Telefon
10 Onat-Teppichmanufaktur
11 Hotel Khaffallah
12 Hotel Gafsa
13 Louages
14 Markthalle, Supermarkt
15 Hotel Maamoun
16 Hotel La Lune
17 Busbahnhof
18 Hotel Alaya Pacha
19 Hotel de la République
20 Hotel de l'Oasis
21 Hotel Tunis

Bergland von Gafsa

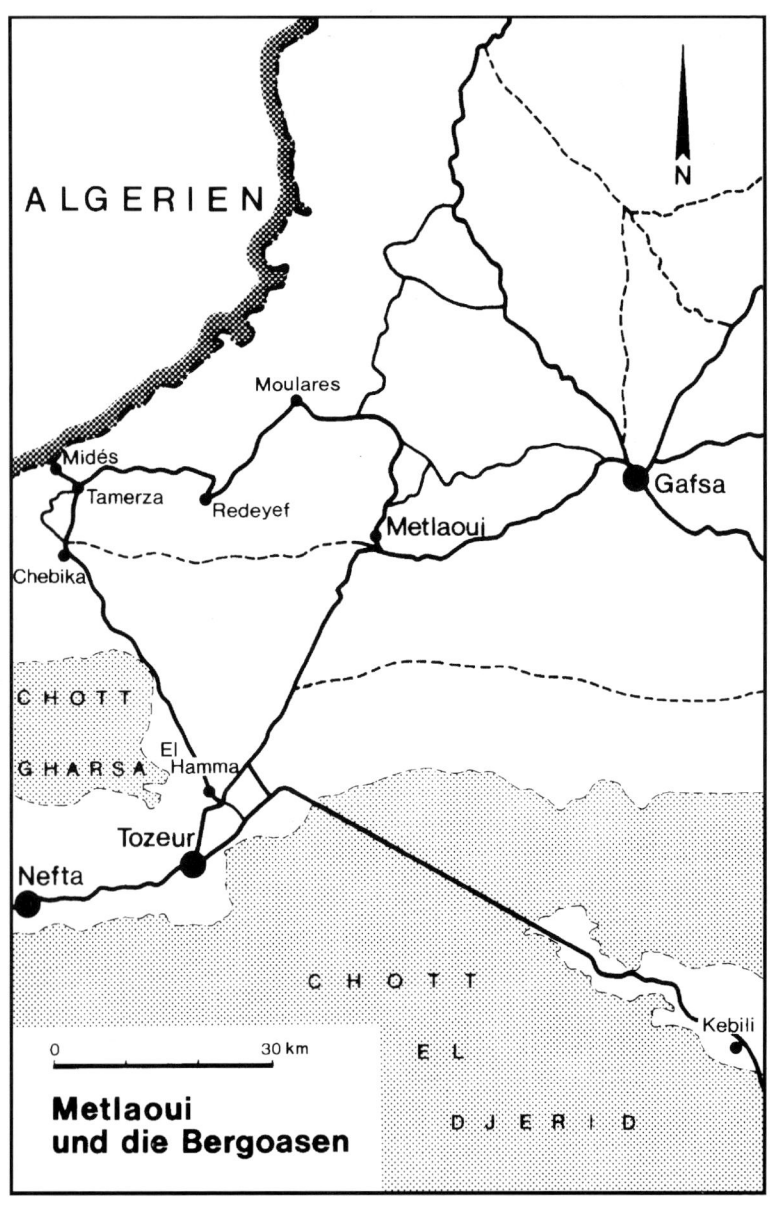

Metlaoui und die Bergoasen

Bei ihnen handelt es sich um zwei von großen Quadersteinen eingefaßte Badebecken, die untereinander durch einen Tunnel verbunden sind. Sie erhalten ihr Wasser von 25° C warmen Quellen.

In Nachbarschaft zum größeren Becken steht der Dar el Bey, ein ehemaliger osmanischer Palast, an dem die verbauten antiken Säulen auffallen. Hier ist heute ein Hammam untergebracht.

Im Bereich der Römischen Bäder existiert ferner ein kleines Museum, in dem sehenswerte Mosaiken ausgestellt sind. Nicht uninteressant ist auch das alte Wohnviertel südlich der Römischen Bäder mit der Großen Moschee aus dem 14. Jh., die nach ihrer Zerstörung im Zweiten Weltkrieg im alten Stil wieder aufgebaut wurde.

Restaurants
Eine Reihe einfacher Lokale findet man südlich und westlich vom Park (nahe Busbahnhof). Zur mittleren Kategorie gehören die Restaurants der Hotels Gafsa und Jugurtha.

Unterkunft
Einfach:
Hotel de Tunis, am Busbahnhof;
   Alaya Pacha, Square Bourguiba;
   El Bechir, Place de la Victoire;
   Oasis, Rue Ali Belhaouane.

Mittel:
Hotel Gafsa, Rue Ahmed Snoussi, Zentrum, Tel. 06224000 (2**, Zi. mit WC/Dusche, Restauraunt mit tunesischer und internationaler Küche), DZ 40 TD;
Maamoun, nahe Markt, Tel. 062224333 (3***, auch Restaurant), DZ 40 TD.

Obere Kategorie:
Hotel Jugurtha, Sidi Ahmed Zarouk, 6 km vom Zentrum, ausgeschilderter Abzweig von der Straße nach Tozeur, Tel. 0621300, mitten in einer Palmoase (3***, Swimmingpool von Thermalwasser gespeist; Restaurant).

Verkehr
Bahn: ganz wenig Verkehr; tgl. lediglich je ein Zug nach Metlaoui und Sfax/Tunis. Der Bahnhof liegt 3 km südöstlich vom Stadtzentrum, an der Straße nach Gabès.
Bus: Der Busbahnhof liegt am Bourguiba Square; es bestehen u.a. Verbindungen nach Tozeur/Nefta (tgl. 5x), Metlaoui/Redeyef (tgl. 3x); Kasserine, Sfax, Gabès, Sousse, El Kef, Feriana/Bou Chebka, Kebili/Douz, Tunis (auch Schnellbusse), El Guettar, Mdilla.
Louage: Gute Verbindung mit Tozeur und Gabès am Hotel Maamoun.

Umgebung

El Guettar

Ca. 6.000 Ew., Oasendorf, ca. 18 km südöstlich von Gafsa, zwischen dem El Guettar Salzsee und dem Djebel Orbata gelegen. Die hiesigen **Datteln** gelten im Vergleich zu Gafsa als von erheblich besserer Qualität. El Guettars **Palmenhaine** werden durch ein ansonsten nur in den Nefzaoua-Oasen verbreitetes System bewässert. Für dieses sind ca. 1000 m lange unterirdische Kanäle charakteristisch, die Foggaras genannt werden. Insgesamt soll es davon in El Guettar 28 geben, von denen aber die meisten verfallen sein sollen.

Bergland von Gafsa

Metlaoui

Ca. 18.000 Ew., Städtchen, 42 km südwestlich von Gafsa, mitten in Tunesiens Phosphatbergbauregion, hat einen ganz anderen Charakter als die Oasen. Hier wird das Erscheinungsbild nicht von Dattelpalmen, sondern von Industrieanlagen (Phosphatverarbeitung, Kraftwerk) bestimmt. Der Ort ist relativ weitläufig angelegt, die verschiedenen Arbeitersiedlungen liegen weit auseinander. In der Regel leben Arbeiter aus gleichen Herkunftsorten zusammen.

Der Phosphatbergbau von Metlaoui, Moulares und Redeyef
Seit 1896 wird in der Umgebung von Metlaoui Phosphat abgebaut. Der Bergbau befand sich während der Kolonialzeit in der Hand der französischen Gesellschaft „Compagnie des Phosphat et du Chemin de fer du Gafsa" und gehört heute dem tunesischen Staat.

Damals wie heute ging dieser international früher sehr begehrte Rohstoff fast vollständig in den Export, wobei aber inzwischen doch die ersten Verarbeitungsstufen in Tunesien selbst durchgeführt werden.

Um das Phosphat verschiffen zu können, wurde bereits 1899 eine Schmalspurbahn von Metlaoui über **Gafsa** nach **Sfax** (Hafen) angelegt. Nach der Entdeckung weiterer Lager bei Redeyef (1904), Moulares (1909) und **Djebel Mdilla** (1913) wurde das Netz entsprechend erweitert.

Die ersten Arbeiter kamen aus Marokko, Libyen und Algerien (Umgebung von El Oued) erst einige Zeit später wurden auch Halbnomaden aus der Region beschäftigt.

Der Schwerpunkt des Phosphatabbaus hat sich im Laufe der Zeit durch Erschöpfung der Lagerstätten von Metlaoui nach Redeyef und Moulares verschoben, aber die Verwaltung und der Hauptumschlag befinden sich nach wie vor in Metlaoui. Der Betreiber, die staatliche Gesellschaft „Phosphates de Gafsa", gehört zu den größten Unternehmen des Landes. Sie beschäftigt mehr als 10.000 Menschen, sie besitzt eigene Schulen und Krankenhäuser, ein eigenes Sozialversicherungssystem, eigene Ferienhäuser und einen großen landwirtschaftlichen Betrieb mit 26.000 ha Land.

Der Abbau erfolgt im Untertagebau, ist also schwere Arbeit und nicht ganz ungefährlich. Anschließend wird der Rohstoff mit Loren und auf Förderbändern zur Bahn gebracht, um schließlich von Gabès (früher Sfax) aus verschifft zu werden.

Die Produktions- und Exportzahlen wie auch die Preise sind durch die Abhängigkeit von der Nachfrage auf dem Weltmarkt sehr starken Schwankungen unterworfen.

Tunesien war früher der Hauptexporteur von Phosphat, ist inzwischen jedoch auf Platz vier abgefallen. Es tut sich sehr schwer, da es auf der Kostenseite den Hauptkonkurrenten (vor allem Marokko) unterlegen ist, die den klaren Vorteil haben, daß sie das Phosphat im Tagebau gewinnen können. Die Weltnachfrage war Anfang der 90er Jahre rückläufig, zog aber 1995 wieder an.

Gorges du Seldja

10 km westlich von Metlaoui ist eine 15 km lange, stellenweise bis zu 150 m tiefe Schlucht, die sich durch ihre faszinierenden Formen auszeichnet. Dies qualifiziert sie zur beliebten Touristenattraktion.

Diese bizzare Schlucht, durch die der **Oued Seldja** fließt, bietet in den einzelnen Abschnitten höchst unterschiedliche Erscheinungsbilder: sie besitzt im Bereich des Eingangs die Form einer schmalen Klamm, weitet sich zwischendurch zu einem Talkessel aus, bevor es dann durch den extrem engen Durchbruch des **Coup du Sabre** geht. Anschließend führt uns der Lauf des Oued Seldja wieder in einen weiten Talkessel, bevor die Schlucht nochmals ausgesprochen eng wird. An ihrem Ende befindet sich die Quelle Ras el Aioun. Die Guides warnen ihre Klientel zu großer Vorsicht vor Schlangen.

Eine besondere Attraktion ist die Fahrt mit dem **Lézard Rouge** von Metlaoui in die Seldja-Schlucht. Der Zug fährt gegen 10.30 (in der Saison tgl.) in Metlaoui ab, die Rückkehr erfolgt gegen 13 Uhr, es wird unterwegs mehrfach für Fotos u.a. angehalten. Es handelt sich um einen Salonzug, der dem tunesischen Bey Mohammed Naceur 1910 vom französischen Staat geschenkt wurde und der nun, in seiner alten Pracht wiederhergestellt, seit 1984 den Touristen/Touristinnen dient.

Bergoasen im Westen der Phosphatregion

Tamerza

Ca. 5.000 Ew., 75 km nordwestlich von Metlaoui, ist die größte und bedeutendste von drei **Bergoasen** – ein landschaftlich sehr schönes Gebiet. Das alte Tamerza ist auf einem langgestreckten Hügelgelände zwischen zwei Oueds angelegt. Es wurde 1969 durch schwere Regenfälle erheblich zerstört und anschließend aufgegeben. Danach begann es zu verfallen, mittlerweile wurde aber ein Teil für die touristische Neugier restauriert. Wer sich die traditionelle Architektur der Bergdörfer der Region ansehen möchte, findet allerdings in Midès, das wesentlich besser erhalten ist, günstigere Bedingungen.

Westlich von der aufgegebenen Altstadt folgt entlang der Durchgangsstraße zunächst ein älterer, noch bewohnter Ortsteil, bevor man in das moderne Tamerza gelangt. Hier befindet sich unterhalb von Hotel Les Cascades ein vielbesuchter kleiner Wasserfall (8 m hoch) im Oued. In seinem Umfeld lassen sich schöne Kurzspaziergänge machen.

Fest
Festival des Cascades (Anfang Mai, ca. drei Tage, Folkore, Musik, Tanz).

Markt
Wochenmarkt am Samstag.

Restaurant
In den beiden Hotels sowie Restaurant Typica, an der Zufahrt zu Hotel Les Cascades. Ferner existiert im Dorf ein Laden.

Unterkunft
Einfach:
Les Cascades, Tel. 448520 (Schilf- und Palmhütten paradiesisch im Palmengarten, mit Restaurant und Schwimmbad), DZ 18 TD.

Mittel: —

Obere Kategorie:
Tamerza Palace (4****, schöne Aussicht auf Alt-Tamerza, den Palmenhain und die Berglandschaft), Tel. 245214, DZ 78 TD.

Verkehr
Täglich mehrere Busse nach Redeyef sowie Louages nach Metlaoui/Gafsa und Tozeur.

Wanderung:
Tamerza – Midès und zurück
Von Tamerza besteht die Möglichkeit, eine schöne Wanderung nach Midès zu unternehmen – mehrere canyonartige Schluchten, bizarre Gesteinsformationen. Hin- und Rückweg führen über unterschiedliche Routen, insgesamt sind etwa 5 Stunden Gehzeit zu veranschlagen. Man kann diesen Ausflug auch auf Eselsrücken unternehmen. Esel und Guide können über Hotel Les Cascades organisiert werden.

Midès

11 km westlich von Tamerza, fast an der Grenze zu Algerien, von der Topographie her die faszinierendste der drei Bergoasen. Alt-Midès liegt hoch über einer steilen Felsschlucht. Ursprünglich kamen in diesem Bereich drei Schluchten zusammen, davon wurde aber vor langer Zeit eine zugeschüttet.

1972 wurde der alte Ort, der reichlich baufällig geworden war, aufgegeben und in der Umgebung der Palmoase ein neues Dorf angelegt. Später wurden einige Häuser restauriert. Insgesamt ist hier viel mehr erhalten als in Tamerza.

Beim typischen Midès-Haus sind die Wohn- und Schlafräume um einen Innenhof angelegt. Die Dächer bestehen aus Palmstämmen, die mit Lehm verputzt sind.

Zur Inneneinrichtung der Häuser zählen Schlafpodeste, Wandnischen für Lampen und an der Wand angebrachte Seilschlaufen zum Anbinden des Webrahmens.

Gut erhalten ist die kleine mehrkuppelige Moschee; die massive Umfassungsmauer ist restauriert worden. Unterhalb von Alt-Midès geht es auf breiter Straße durch die Palmerie nach Neu-Midès hinüber.

Unterkunft
Einfacher Campingplatz mit Café, am Rand der Palmoase

Chebika

Ca. 13 km von Tamerza, die dritte der Bergoasen – ebenfalls ein schöner Flekken. Es war wie Ad Turres/Tamerza und Mades/Midès in römischer Zeit einmal Militärposten in der langen Stützpunktlinie von Gabès nach Tebessa.

Auch hier ist der alte Ort – ein paar Häuser aus Stein und Lehm, ein Marabout (Grab von einem der Gründer) oberhalb, verlassen.

Man wird die schöne Berglandschaft genießen und vom Parkplatz, am Ende des Zufahrtweges, auf einem Pfad den Bach entlang wandern, der in eine Schlucht mit rötlichem Fels führt. Nach etwa 15 Minuten wird die Quelle erreicht.

Café
Am Parkplatz.

Redeyef

Heute kommen die vielen Besucher der Bergoasen auf direktem Wege von Tozeur, der am Chott el Gharsa entlang führt, so daß sie nicht mehr durch das Bergbaugebiet müssen, durch das die alte Route via Metlaoui, Moulares und

Redeyef, alle typische Bergarbeiterorte, verlief.

Der letzte dieser Orte, nur 24 km von Tamerza entfernt, ist Redeyef, eine langgezogene Ortschaft. Das Ortszentrum ist ca. 600 m von der Durchgangsstraße entfernt. In der Umgebung der großen Moschee befindet sich die ehemalige französische Ursiedlung, mehrere im rechten Winkel angelegte Straßen, die von ziegelgedeckten Einfamilienhäusern gesäumt werden mit Vorgärten und Haustierställen. Auch die ehemalige Kirche existiert noch.

Die Minen, der Daseinsgrund für diese Ortschaft, befinden sich am Ortsrand.

Unterkunft
Jugendherberge mit Möglichkeit zum Campen.

Verkehr
Busse nach Metlaoui, 51 km und Tamerza, 24 km.

Glossar

Abou	Vater
Adrar	Gebirge
Aghlabiden	Arabische Dynastie (Herrschaft in Tunesien 800-900)
Aid	Fest
Ain (Pl. Aioun):	Quelle
Allah	Arabisch: Gott
Andalous	Andalusier; aus Spanien nach Tunesien geflüchtete Mauren
Arj	Arab. Großfamilie, Clan
Artisanat	Laden für Kunsthandwerk
Aziz (fem. Aziza)	Liebling (Geliebte)
Bab (Pl. Biban)	Tor; auch ganzes Stadtviertel
Babouches	Pantoffelartige Schuhe
Ben	Sohn von ...
Beni	Söhne von ...; dem Stammesnamen vorangestellt
Bendir	großes Tambourin
Bèsega	In Tunesien verbreitetes Kartenspiel
Bey	Beamtentitel in der osmanischen Verwaltung (türk. Herr)
Bidonville	Slum
Bir	Brunnen
Bled	Land im Gegensatz zu Stadt
Bordj	Festung, Burg
Boukha	Feigenschnaps
Burnus	Kapuzenmantel aus Wolle
Chechia	im Norden Tunesiens populäre Filzmütze
Cheikh	Arabisch: Alter Mann; auch Stammesführer; Oberhaupt einer Gemeinschaft (Familie, Dorf, Bruderschaft); auch Ehrentitel
Chott	Salzsee
Colon	frz. Bezeichnung für Siedler
Dahar	Bergland, Bergrücken, Bergkamm
Dar	Haus
Datteln	Reich an Vitaminen, Grundnahrungsmittel der Oasenbewohner, Ernte von September bis November
Derbouka	kelchförmige Trommel aus Ton
Destour	Verfassung
Djebel	Berg
Djedid	Neu
Djellabah	Leichter Übermantel mit Kapuze (traditionelle Männerkleidung in der Stadt)
Djema (auch Djamaa)	Freitagsmoschee, Versammlung, Freitag
Djin	Guter oder böser Geist (unsichtbar)
Dromedar	Kamel mit einem Höcker
DZ	Doppelzimmer
DZ eDu/WC	DZ mit eigener Dusche und Toilette
DZ gDu/WC	Dusche und Toilette auf dem Flur
El	bestimmter Artikel im Arabischen
Erg	Düne, weites Sandfeld
EZ	Einzelzimmer

EZ eDu/WC	EZ mit eigener Dusche und Toilette		Frauen als Ausgehgewand überwerfen
EZ gDu/WC	Dusche und Toilette auf dem Flur	Hammada	Stein- und Felswüste
Fantasia	Fest mit Reiterspielen	Hammam	Maurisches oder Türkisches Bad
Fatiha	die 1. Sure des Korans, sie wird beim täglichen Gebet sowie bei Hochzeiten, beim Besuch heiliger Stätten und bei Beerdigungen rezitiert.	Hanafiten	islamische Rechtsschule, Gründer Abu Hanifa (gest. 855)
		Hara	jüdisches Viertel
		Harem	Raum für die Frauen
		Harissa	Scharfe Pastete
		Henna	Arabisch: Hinna; 1. Färbemittel aus Blättern und Stengeln des Hennastrauches; 2. Bezeichnung der Zeremonie des Färbens der Hände und der Füße mit Mustern durch die Frauen am Vorabend großer Feste, vor allem von Hochzeiten.
Fayence	ornamental oder figürlich bemalte Keramikfliese		
Fellah	Bauer		
Fiche	Formular, Meldezettel		
Foggara	Kanäle, die Grundwasser sammeln (underirdisch) und verteilen		
Fondouk	Herberge, Karawanserei, Gasthaus		
Fsakia	Fläche, mittels der Regen für Zisternen aufgefangen wird	Hijab	Schleier
		Imam	Vorbeter (im Islam)
		Kadi	Richter
Ghaita	arabische Flöte	Kaftan	Besticktes Frauengewand
Ghar	Höhle		
Ghorfa	Berberischer Vorratsspeicher mit Tonnengewölbe	Kaktusfeige	s. Opuntien
		Kalaa	Festung
		Kamel	s. Dromedar
Gourbi	Lehmhütte, primitive Behausung	Kasbah	Große Festung, befestigter Teil der Altstadt
Gourbiville	Slum		
Hadj	Pilgerreise nach Mekka	Kebir	groß
		Kef	Fels, Klippe
Hadji	MekkapilgerIn, Ehrentitel	Khaima	Nomadenzelt
		Kholkhal	Fußreif, traditioneller Schmuck der Frauen
Hafis	Korankenner		
Haik	1,40 bis 1,80 m langes Tuch, das traditionelle arabische		
		Kotteb	Koranschule (Arabisch)

Koubba	Überkuppeltes Mausoleum	Muezzin	Mann, der das Gebet von der Moschee ausruft – heute per Lautsprecher
Ksar (Pl. Ksour)	Befestigte Siedlung, Speicherburg		
Kufische Schrift	dekorative Schrift	Mufti	Rechtsgelerter
Laghmi	Saft aus dem Stamm der Dattelpalme	Opuntien	Kaktusart, mannshoch, oft kilometerlange Hecken, Windschutz, fleischige, spitzstachelige Stengel, runde stachelige „Blätter", schöne Blüten, süße Früchte mit kleinen sehr spitzen Nadeln (Vorsicht!)
Lla, Lalla	liebevolle Anrede älterer Frauen		
Louage	Sammeltaxi		
Loud	Kurzhalslaute		
Maghreb	Arabischer Westen		
Makhzen	Lagerhaus		
Malouf	Klassische andalusische Musik		
Marabout	Islamischer Heiliger; auch Heiligengrab, das Ziel der Verehrung und von Wallfahrten ist; kleiner, weißgetünchter, kubischer Bau mit Kuppel als Dach.	Oued (Pl. Oudiane)	Flußtal (auch Wadi); in der Wüste, von wenigen kurzen Regenschauern abgesehen, trockenliegend
		ONAT	Staatliche Institution zur Förderung des Handwerks, in den Touristenorten mit eigenen Läden vertreten
Medersa, Medrese	Islamische Hochschule		
Medina (Pl. Medoun)	Stadt (arabisch), heute auch Altstadt		
Medjez	Furt	ONTT	Fremdenverkehrsamt
Mehari	Schnelles Reitdromedar	Ouled	Kinder von ...; wird dem Stammesnamen vorangestellt
Menzel	Bauernhof von Gärten und Feldern umgeben		
		Palme	verschiedene Arten; Dattelpalme, in den Oasen, Krone lichter, Früchte meist länglich; Kanarische Dattelpalme, Palme der Boulevards der Städte, Stamm dicker, Krone dichter und weiter; Fächerpalme, fächerförmige Blät-
Midha	Anlage für rituelle Waschungen		
Mihrab	Gebetsnische in der Moschee		
Minarett	Turm der Moschee		
Minbar	Kanzel in der Moschee		
Mouloud	Geburtstag des Propheten		
Moussem	Volksfest zu Ehren eines Lokalheiligen		

Pascha	ter, in Küstennähe angebaut. Titel für hohe Beamte im Osmanischen Reich	Sharia	das Religionsgesetz, das alle Lebensbereiche regelt
Patio	Innenhof	Sidi	Herr, Meister
Qibla	Gebetsrichtung nach Mekka	Souk	das traditionelle Geschäfts- und Handwerkerviertel der Altstädte
Ramadan	Fastenmonat; der neunte Monat im islamischen Kalender, der auf dem Mondjahr basiert	Stele	aufrechtstehende Steinplatte, die als Grabstein fungiert
		Sufi	islamischer Mystiker
Ras	Felsvorsprung, Kap	Sunna	Überlieferte Lebensgewohnheiten und außerkoranische Aussagen des Propheten
Reg	flache Kieselflächen in der Sahara		
Riad	Innenhof, Garten		
Ribat	Islamisches Kloster militanter religiöser Eiferer mit Festungscharakter	Sure	Name für die Abschnitte, in die der Koran eingeteilt ist
		Syndicat d'initiative	Touristikkooperative (Information)
Sahel	Ufer, Küstenstreifen, Randgebiet der Sahara	You-You	Freudenschrei traditionell orientierter Frauen bei festlichen Anlässen
Schischa	Wasserpfeife		
Schott (auch Chott)	Salzsee	Wadi	Flußtal (oft trocken)
Sebkha, Sebkhet	Salztonsenke	Zaouia/Zawija	Sitz einer religiösen Bruderschaft, kann ein großer Gebäudekomplex sein mit Moschee, Medrese, Heiligengrab
Sebsi	Wasserpfeife		
Sefsari	Traditioneller Umhang der Stadtfrauen		
Seguia	Bewässerungskanal in den Oasengärten	Zitouna	Olive, Ölbaum

Literaturverzeichnis

Bouraoui, S. (Hg.), Etudes et recherches en droit de l'environnement, Tunis 1994, Cérès, Einführung in die Umweltsituation und das Umweltrecht.

Boukhris, M., Les Droits de la Famille, Tunis 1992; übersichtliche Einführung zur gegenwärtigen Situation „der Familie" in Tunesien; wichtiges statistisches Material.

Bourial, H. (Hg.), Répertoire de l'Environnement en Tunisie 1992, Tunis 1992, Editions La Nef; sehr wertvolles Adressbuch zu Organisationen der Umweltschützer und Institutionen im Umweltbereich.

Chaabane, K., Die Herausbildung des tunesischen Kapitalismus und die Rolle des Staates in der nachkolonialen Entwicklung, Münster 1989, materialreiche Arbeit zu Fragen der wirtschaftlichen Entwicklung.

Chamari, A.C., La Femme et la Loi en Tunisie, Casablanca 1991, Editions le fennec; eine übersichtliche Einführung.

Därr, K., TransSahara, Jede Menge Tips für Reisen durch Wüste, Steppe, Busch, Hohenthann 1994, 9. Auflage.

Darghouth Medimegh, A., Droits et Vecu de la Femme en Tunisie, Lyon 1992; eine Untersuchung, die die tatsächliche Situation der Frauen jenseits der Reformgesetze zeigt – informativ.

Dridi, M., Zum Problem der kulturellen Identität, der Westernisierung und ökonomischen Unterentwicklung in der Dritten Welt. Fallbeispiel Tunesien, München 1980.

Eckert, U. und W., Reisehandbuch Tunesien, Hohenthann 1993; umfangreicher Reiseführer, zahllose Orts- und Routenbeschreibungen.

Elmanoubi, K., Industrialisation & competivité de la Tunisie, Tunis 1993, l'Or du Temps; informativer Vergleich mit den auf dem Textilweltmarkt konkurrierenden Ländern Türkei, Portugal etc.

Faath, S., Herrschaft und Konflikt in Tunesien. Zur politischen Entwicklung der Ära Bourguiba, Hamburg 1989, wuquf; aktuellste Untersuchung zur politischen Geschichte des nachkolonialen Tunesien im deutschen Sprachbereich, materialreich, gut belegt.

Faath, S., Mattes, H., Demokratie und Menschenrechte in Nordafrika, Hamburg 1992, wuquf; mit einer sorgfältigen Studie zum Fall Tunesien.

Faath, S., Mattes, H. (Hg.), Tunesien, wuquf 2, Beiträge zur Entwicklung von Staat und Gesellschaft in Nordafrika, Hamburg 1988, wuquf; eine Reihe lesenswerter Aufsätze.

Freund, W., Die Djerbi in Tunesien. Soziologische Analyse einer nordafrikanischen Minderheit, Meisenheim 1970; Geschichte und Gesellschaft der Djerbi, es wäre sehr interessant, einmal zu untersuchen, welche sozialen und kulturellen Implikationen der Djerba-Tourismus bislang hatte.

Jäggi, M., Stauffer, B., Grün und integriert. Wie in Tunesien Naturlandschaften für Luxustourismus zerstört werden, Zürich 1990, Rotpunktverlag; am Beispiel von Douz und Tabarka wird die tunesische Tourismuspolitik einer ökologischen Kritik unterzogen, fundiert, lesenswert.

Keil, R. (Hg.), Hanin. Prosa aus dem Maghreb, Heidelberg 1989, Wunderhorn; auch tunesische Erzählungen, das Buch zum Schnuppern.

Kouki, M., Tunesische Gastronomie, Tunis o.J., viele Rezepte, übersichtlich, nur in Tunesien erhältlich.

Marzouki, I., Le Mouvement des Femmes en Tunisie. Au XXème siècle, Tunis 1994, Cérès, für die Zeit nach 1984 leider nur ein kurzes Postkript.

Quertani, M., Das Gesundheitswesen in Tunesien als Pushfaktor gesellschaftlicher Entwicklung und Indikator sozialer Sicherheit. Ein Beispiel nationaler Sozialpolitik für die Dritte Welt, Frankfurt/M. u.a. 1993, Lang

Richter-Dridi, I., Frauenbefreiung in einem islamischen Land – ein Widerspruch?, Frankfurt/M. 1984, Fischer; lesenswerte Einführung zu Fragen der Frauenemanzipation in Tunesien. Allerdings mittlerweile etwas in die Jahre gekommen.

Schliephake, K. (1984), Tunesien: Geographie, Geschichte, Kultur, Religion, Staat, Gesellschaft, Bildungswesen, Politik, Wirtschaft, Stuttgart 1984; einziges Buch im deutschen Sprachraum, das eine umfassende Länderkunde bietet, Beiträge reichen bis Ende der 70er Jahre, breite Palette von Beiträgen zum Kultursektor, Autoren/Autorinnen vertreten sehr unterschiedliche Positionen.

Zarrad, T., Le developpment agro-alimentaire de la tunisie en Question, Tunis 1994, Cérès; fundierte Studie zur Situation im Agrarsektor.

Personen- und Sachregister

A

Aberglauben	122
Abwanderung	189
Adapter	85
Agrargesellschaft	23
Aid el Kebir	57
Aid es Seghir	57
Alltag	57
Alltagskultur	49
Almohadendynastie	18
amnesty international	34
Anreise	82
Antike	15, 69, 75
Antiquitäten	81
Apotheken	88
Arabisch	101
Arabisierung	20
Arbeiter	24
Arbeitslosigkeit	40
Arbeitsmigrant	116
Archäologie	15, 89
Architektur	55, 69, 118, 121, 160, 163, 172
Ärzte	88
Ärztliche Versorgung	85
ATFD	35
ATPNE (Association Tunisien pour la Protection de la Nature et de l`Environnement)	35
Aufforstung	13
Außenhandel	42
Außenpolitik	22
ausländisches Kapital	28
ausländischen Investitionen	39
Ausspracheregeln	102
Auto	80, 83
Autonomie	25

B

Babouches	70
Baden	88, 89
Badesaison	82
Bahn-Fähre-Verbindung	83
Banken	94
Bars	67
Basiswortschatz	102
Bauernverband UNA	29
Befreiungsbewegung	24, 28, 35, 197
Behörden	98
Beni Hilal-Invasion	17
Berbertum	145
Bergbau	36
Beschneidung	59
Bevölkerung	19, 20, 23, 29, 36 37, 42, 45, 48, 68 115, 118, 138, 140 142, 145, 161, 165 184, 195, 199, 213
Bewässerung	188, 191, 196
Bewässerungssysteme	18
Bildung	21
Bildungswesen	10, 45, 47, 50, 101
Binsenflechterei	75
Bodenerosion	38, 183
Bodenschätze	11
Botschaften	90
Boukha	66
Brunnen	183, 191
Burnus	70
Bus	109, 129, 195

C

Café	66, 67, 136 138, 140, 150, 171 193, 198, 204, 209
Calèche	151
Camping	105, 206
Christentum	16, 48, 52
Colons	25, 37
Couscous	61, 64, 76
CTP	30
CTP (ab 1993 MR, ehemalige kommunistische Partei)	34

D

Dar	119
Datteln	151, 171, 188, 199, 217

Dattelpalme	156, 187, 209	Fremdherrschaft	22, 23
Demokratisierung	29, 32	Führerschein	78
Desertifikation	183, 196	Fundamentalisten	32, 53, 67
Destour-Partei	24		
Devisenbestimmungen	80	**G**	
Diskotheken	67	Geld	93
Djessour	160	Genossenschaften	28
Djins	56	Geschäfte	98
Dromedar	166, 181, 191	Geschenke	80, 93
Dürren	24	Geschichte	15
		Gesellschaft	45
E		Gesundheitswesen	10, 28, 36, 43
Einwanderung	113, 139	Gewerkschaft CGTT	24
Einwanderungspolitik	22	Gewerkschaften	30, 35
Eisenbahn	109	Gewerkschaftsverband UGTT	29, 35
Ennahdha	29, 31, 34, 50	Gewichte	96
Ersatzteile	80	Ghorfas	163
		Gleichberechtigung	
F		der Frau	27, 47, 50, 189
Fähre	83, 129	Gold	76
Fahrrad	108	Golf	106
Familie	45	Greenpeace	35
Färberei	73	Großgrundbesitzer	22, 36
Feiertage	57	Grundwasser	183
Fernsehen	100	Grundwasserspiegel	108
Feste	57, 91		
Festival des Cascades	219	**H**	
Festival National du Sahara	193	Hadith	52
Film	60, 95	Hafsidenreich	19
Finanzen	22	Halfaflechterei	75
Fischerei	38, 115, 135	Hammam	68
	145, 156	Handel	116, 213
Flechterei	73	Handweberei	71
Flora	97	Handwerk	23, 36, 70, 116
Fluggesellschaften	126		125, 137, 172, 213
Flugzeug	82, 129, 195	Haouch	119
	206, 212	Henna	56, 70, 151
Folkloredarbietungen	60	Hochzeit	59
Fotografieren	91	Höhlenarchitektur	152
Frauenemanzipation	27, 32	Höhlendörfer	144, 161
	46, 57	Holzverarbeitung	76
Frauenorganisation UNFT	29	Hotels	104, 132
Frawa	118		
Fremdenverkehr	39	**I**	
Fremdenverkehrsämter	104	Illegale Opposition	34

Impfungen	80
Industrie	36, 38, 40
	43, 152
Internationale Festivals	60
Internationale Küche	67
Islam	27, 46, 49
	51, 56, 58
	79, 122, 141
IWF	30, 42

J

Judentum	52
Judenverfolgungen	18
Jugendherberge	105, 152, 155
	206, 221

K

Kalender	58
Kalifat	16
Kalligraphie	55, 96
Kamel	181
Karawanen	184
Kartenmaterial	106
Kebab	64
Kelims	125
Keramik	95, 125, 138, 201
Kino	95
Kleidung	70, 79, 107, 160
Kleinbauern	23, 25, 37
Klima	12, 81, 112, 188
Klöppelei	73
Kolonialherrschaft	21, 47, 48
	188, 214
Konsulate	90
Kooperativen	28
Koran	52, 56, 101
Krankenhäuser	88
Krankenversicherungen	78
Ksar	163, 170
Küche	60
Kulinarisches	60
Kultur	17, 18, 57, 107
	118, 160, 203

Kunsthandwerk	95
Kupfer	77

L

Laghmi	66, 188
Landflucht	11, 23
Landkarten	81
Landwirtschaft	36, 40, 43
	115, 144, 171
	188, 193, 213
Lebensmittelgeschäfte	68
Legale Opposition	34
Lézard Rouge	219
Liberalisierung	46
Literatur	96
Louages	110, 129, 212

M

Malerei	96, 202
Marabouts	56, 96, 122, 164, 167
Markt	68, 78, 140, 174
	193, 204, 209
Maße	96
Maurische Bad	68
MDS	30, 33
Menschenrechte	33
Menschenrechtsorganisation	
LTDH	29, 34
Menzel	118
Messing	77
Metallverarbeitung	76
Mietwagen	110
Migration	121
Mihrab	55
Militär	22
Minarett	55, 121, 123
Mittelalter	16, 64, 122
	197, 201, 203
Modernisierung	33, 49
Monokulturen	23
Monotheismus	52
Moral	45, 53
Moscheen	53, 59, 96, 98
	107, 121, 167
MTI	29
MUP	30

MUP/PUP	33
Museen	96, 98
Musik	55, 60, 97

N

Nachtclubs	67
Nacktbaden	107
Nationalisierung des Bodens	28
Nationalparks	97
Neo Destour-Partei	25, 34, 49
Niederschläge	36, 43, 115, 142
Nomadenkultur	18
Nomadismus	190
Notruf	97

O

Oasen	144, 181, 183
	187, 189
Oasenlandwirtschaft	187
Oberschicht	20, 23
Öffnungszeiten	97
Ökonomie	23, 28, 36, 39, 43
	57, 156, 183
	188, 193, 201
Ölbaum	158
Oleanderbüsche	181
Ölförderung	144
Oliven	158, 171, 213
ONTT	103, 104
Opferfest	57
Orthodoxie	49, 50, 53, 56, 79

P

Palmblattflechterei	75
Palmen	181, 188
Palmenhaine	135, 156, 217
Palmwein	188
Parlamentswahlen	26, 32
Partizipation	31
Patriachalismus	189
Pauperisierung	23
PCT	33
Personenkult	29
Pflanzenwelt	181
Phosphat	11, 43, 145
Phosphat-Bergbau	144, 213, 218
Pluralismus	29, 31, 32, 33
Politik	15, 27, 47, 49
Polizei	98
Polygamie	27
Post	98, 99
Praktische Reiseinformationen	78
Preise	99
PSD/Parti Socialiste Destourien	28, 31, 33

R

Radfahren	106
Radio	100
Ramadan	51, 107
RCD/Rassemblement Constitutionel Démocratique	32, 33, 35
Reformen	26, 27, 49
Reiseapotheke	80
Reisedokumente	78
Reisekasse	100
Reisevorbereitungen	78
Reisezeit	81
Reiten	106
Religion	33, 45, 48, 49, 51
Republik	22
Republikanische Verfassung	26
Restaurants	67, 140, 151
	155, 157, 164, 171
	174, 194, 198, 204
	207, 209, 217, 219
Rohstoffe	22

S

Säkularismus	49
Salzmeer	190
Salzsee	198
Sammeltaxis	110
Sandrosen	212
Satire	100
Schariagerichte	50
Schiff	83
Schilfmattenflechterei	116
Schlangen	87
Schmuck	70, 76, 116, 170, 201

Schreibweise	81, 101
Schulpflicht	48
Schulwesen	189
Segeln	105
Siedlungen	183
Siedlungsweise	118
Silber	76
Sklaverei	190
Skorpione	87
Souks	95, 122, 150
Speicherburgen	144
Spinnerei	73
Sprache	18, 101
Staatsgüter	22
Stauseen	37
Steppen	184
Stickerei	73, 116
Strände	89
Straßennamen	81
Straßennetz	110
Streusiedlungen	118
Subsistenzwirtschaft	188
Sufismus	18
Sufitradition	207
Sunnitentum	17, 51
Supermärkte	68, 98

T

Tauchen	105
Taxi	110, 129
Telefon	99
Tennis	106
Teppiche	71, 95, 125, 190, 213
Textilien	163
Textilindustrie	39
Thé à la menthe	65
Theater	60, 103
Theokratie	33
Thermalquellen	153, 207
Tierwelt	12, 13
Toleranz	19
Töpferei	75, 116, 138, 140, 208
Tourismus	37, 39, 42, 116, 122
	125, 135, 140
	144, 161, 166
	171, 190, 191
	195, 201, 213
Touristeninformation	98, 103
Trinken	65
Trinkgeld	108
Tunika	70

U

Umwelt	35, 108, 115
Umweltprobleme	43
UNFT	34
Unterkunft	104, 140
	152, 155, 157
	158, 164, 169
	194, 198, 206
	207, 217, 219
Unternehmerverband UTICA	29

V

Vegetation	12, 183, 213
Verfassung	26, 28, 33, 50
Verhaltenstips	107
Verkehr	137, 138, 140, 141
	152, 155, 156
	157, 158, 164
	169, 170, 171
	174, 195, 206,
	217, 220, 221
Verkehrsmittel	108
Verpflegung	78
Versalzung	187
Versandung	196
Verständigung	101
Viehwirtschaft	38, 142, 151, 193, 213
Visa	78
Volksaufstände	24
Volkshumor	100
Volksislam	49, 56, 122
Volkskunst	70, 201

W

Wandern	106
Wanderungsbewegung	144
Wasser	115, 119
	183, 187, 190

	191, 195, 199
Weberei	140, 153, 172
Wechselkurs	94
Wein	65
Weltmarkt	28, 39, 43
Wirtschaft	17, 28, 36, 39, 43, 115
Wochenmärkte	98
Wohnhöhlen	161, 165, 170
Wolldecken	163
Wüste	13
Wüstensteppe	142, 213

Z

Zahlen	103
Zaouias	96
Zaubermittel	56
Zeitungen	95, 111
Zeitunterschied	111
Zensur	100
Zisternen	115, 183
Zoll	111
Zollbestimmungen	80
Zuckerfest	57
Zweisprachigkeit	48, 101

Ortsregister

A
Adjim	126, 135, 141
Aghir	137
Ahaggar	181
Alt-Matmata	98, 163, 185
Ancienne Kebili	198
Arkou	118
Atlas	11

B
Barrage Romain	151
Béjà	40, 60
Belvédère	203
Ben Gardane	145, 158
Beni Barka	175
Beni Kheddache	167
Beni Metir	166
Bergland von Gafsa	142
Bergland von Matmata	145, 163
Bir Soltane	185
Bizerte	11, 24, 40, 60, 73, 105
Bled el Djerid	142, 199
Blidet	197
Bordj Djillidj	141
Bordj el Kebir	122
Bordj el Khadra	185
Bordj Kastil	137
Bordjel Kebir	114
Bou Grara	105, 153
Bou Jepra	213
Bulla Regia	60, 89

C
Cap Bon	11, 22, 37, 66, 106
Cedriane	137
Chebika	220
Chemtou	89
Chenini	98, 151, 161
Chott el Djerid	11, 142, 187
	188, 190, 198
Chott el Fedjaj	142
Chott el Gharsa	207
Corbeille	208
Coup du Sabre	219

D
Daghagra	179
Dahar	11, 106, 117, 142
	152, 160, 163, 174, 185
Djama el Ghorba	123
Djebel Abiod	174
Djebel Biada	213
Djebel Bou Ramli	213
Djebel Mdilla	218
Djebeniana	71
Djeffara-Ebene	11, 145
	154, 158, 163
Djerba	9, 18, 38, 48
	49, 71, 79, 81
	82, 89, 96, 98
	101, 105, 106
	110, 112, 160
Djerid-Oasen	187
Djorf	153
Dougga	60, 89
Douirat	161, 171
Douz	9, 81, 98, 142
	185, 190, 198
Dünen von El Hofra	195

E
El Aoidid	179
El Borma	144
El Djem	60, 71, 75, 89
El Faouar	197
El Guettar	217
El Hamma	75, 199
El Hamma du Djerid	207
El Hamma du Gabès	153
El Kantaoui	105
El Kantara	137
El Katib	139
El Khadim	179
El May	118, 126, 137
El Quidane	199
El Quidane-Gruppe	207

F
Foum Tataouine	60, 172

G
Gabès	9, 44, 60
	88, 98, 106
	109, 125, 142
	145, 188, 189
Gafsa	11, 29, 30, 71, 88
	142, 213, 218
Gammarth	90
Ghorfas	155, 163, 169
Ghoumrassen	161, 169
Gigthis	153
Gorges du Seldja	218
Grab von Rabbi Sidi Youssef	153
Grab von Sidi Ahmed Ben Adjel	156
Grabbau von Sidi Boulbaba	150
Grabstätten der sieben Riesen	171
Grand Erg Oriental	142, 212
Guellala	75, 137
Guermessa	161, 170

H
Haddej	165
Hammam Lif	60
Hammamet	9, 60, 90, 98, 106
Hara Kebira	119, 138
Hara Seghira	119
Haus der Fatima	166
Hergla	75
Houmt Souk	60, 78, 88
	101, 106, 114
	118, 122, 212

J
Jdaria	158

K
Kairouan	11, 51, 71, 77, 96
Karthago	15, 60, 75, 89, 96
Kasserine	60
Kebili	142, 197, 198
Kelibia	83, 106
Kerkennah	38, 60
Korba	60
Ksar Beni Bilal	175
Ksar El Hallouf	163, 167
Ksar Ghilane	98, 144, 185
Ksar Hadada	163, 169
Ksar Metameur	156
Ksar Sedra	179
Ksar Tounkett	175
Ksar Zahra	175, 179
Ksour Djelidat	175

L
La Goulette	60, 106
La Marsa	60
La Plage de Sidi Mahrès	131

M
Madhia	17, 98
Mahboubine	118, 139
Mahdia	18, 90, 106
Maktar	89
Marabout	207
Marabout des Beni Barka	171
Marabout des Heiligen Ghazi Mustapha	124
Marabout des Ibn Chabbat	203
Marabout des Sidi Arfa	169
Marabout Sidi Ali Bou Lifa	203
Mareth	153
Matmata-Bergland	160
Medenine	88, 125, 142, 154
Medina	52, 53
Medjerda	11, 22, 23, 37
Mekka	51, 55, 58
Melitta	119, 140
Meninx	140
Metameur	156, 163
Metlaoui	11, 22, 218
Metouia	153
Midès	220
Midoun	118, 125, 140
Moknine	75
Monastir	60, 90, 97, 98, 105
Mornag-Ebene	66
Moschee der Fremden	123

Moschee Jemaa Kedima	171
Moulares	218
Museum Achéologique et Traditionel	202
Museum Dar Cherait	202

N

Nabeul	60, 73, 75, 90
Nationalpark Sidi Toul	97
Nefta	9, 96, 98, 142 188, 199, 212
Nefzaoua	145
Nefzaoua-Oasen	142, 187, 190, 199
Nouail	197
Nouvelle Matmata	165

O

Oase von Gabès	150
Oasen	13, 117, 187, 207
Oudref	153
Oued	208
Oued Gabès	151
Oued Seldja	218
Ouled Debbab	171
Ouled Hadef	201
Ouled Majed	207
Ouled Soltane	179

P

Plage Sidi Djemour	141
Plateau des Satans	181
Port El Kantaoui	106

R

Ras (Kap) Tourgueness	140
Redeyef	218, 220
Rekkada	97
Remada	185
Ruinenstadt Gigthis	154

S

Sabria	196
Sahara	9, 11, 117, 172, 181, 198
Sahara-Nationalpark Djebil	97
Sahel	23, 71, 142, 189
Sandrosenmarkt/Marché des Roses	
du Sahara	212
Sayada	73
Sebkha de Sidi Garous	140
Seddada	207
Sedouikech	126, 140
Sfax	11, 24, 29 44, 75, 106 109, 110, 116 142, 189, 218
Si Tijani Zoo du Desert	204
Sidi Bou Hilal	207
Sidi Bou Said-Amilcar	106
Sidi Garous-Lagune	132
Sidi Mahrès	128
Sidi Oqba-Moschee	96
Sidi Youssef	106
Soliman	90
Sousse	9, 11, 29, 60 75, 90, 98, 106 109, 110, 116
Strand von Séguia	132
Sufetula	89
Synagoge La Ghriba	138, 139

T

Tabarka	60, 90, 105
Tademait	181
Tamerza	219
Tamezret	166
Taoujout	166
Tataouine	88, 172, 185
Techine	167
Thibar	66
Thuburbo Majus	89
Thusuros/Tozeur	199
Tibesti	181
Toujane	167
Tozeur	9, 29, 32 43, 82, 97, 98 110, 142, 144 188, 199, 212
Tunis	10, 15, 18 19, 24, 29, 32 35, 40, 44, 47 66, 75, 77, 83

	88, 95, 97, 103
	109, 110, 116
	121, 189, 190
Türkenmoschee	123

U

| Umm et Turkia | 137 |

Z

Zaafrane	196
Zaouia des Sidi Bou Ali	209
Zaouia Sidi Brahim	123, 208
Zaouia Sidi Salem	208
Zaouia Sidi Zitouni	124
Zarzis	9, 60, 78, 82
	83, 88, 89, 98
	101, 105, 156
Zentraltunesischen Steppe	142
Zitouna-Moschee	96
Zraoua	166
Zriba	167